존 맥아더,

천국을
말하다

THE
GLORY
OF
HEAVEN

존 맥아더 지음
조계광 옮김

생명의말씀사

THE GLORY OF HEAVEN Second Edition
by John MacArthur

Copyright © 1996, 2013 by John MacArthur
Published by Crossway
a publishing ministry of Good News Publishers
Wheaton, Illinois 60187, USA.
This edition published by arrangement with Crossway through rMaeng2.
All rights reserved.

This Korean Edition Copyright © 2008, 2013 by Word of Life Press, Seoul, Republic of Korea.

이 한국어판의 저작권은 알맹2 에이전시를 통하여 Crossway와 독점 계약한 생명의말씀사에 있습니다.
신 저작권법에 의하여 한국 내에서 보호 받는 저작물이므로 무단 전재와 무단 복제를 금합니다.

존 맥아더, 천국을 말하다

© 생명의말씀사 2008, 2013

2008년 3월 3일 1판 1쇄 발행
2008년 4월 15일   3쇄 발행
2013년 10월 30일 2판 1쇄 발행
2025년 12월 2일   3쇄 발행

펴낸이 | 김창영
펴낸곳 | 생명의말씀사

등록 | 1962. 1. 10. No.300-1962-1
주소 | 서울시 종로구 경희궁1길 6 (03176)
전화 | 02)738-6555(본사) · 02)3159-7979(영업)
팩스 | 02)739-3824(본사) · 080-022-8585(영업)

기획편집 | 유선영, 김현정, 신유리
디자인 | 박소정, 최윤창
인쇄 | 주손디앤피
제본 | 주손디앤피

ISBN 978-89-04-16437-0 (03230)

존 맥아더,

천국을
말하다

|

THE

GLORY

OF

HEAVEN

"우리의 영원한 본향을 탐구할 때

우리가 신뢰할 수 있는 길잡이는 오직 성경뿐이다.

이 책은 천국에 다녀왔다는 주장과 더불어 제기되는

천국에 대한 감상적인 생각을 철저히 파헤쳐

우리를 다시 성경으로 돌아가게 만든다.

그 과정에서 저자는

성경에 근거한 예리한 통찰력을 바탕으로

우리에게 꼭 필요한 진리를 가르친다."

어윈 루처, 무디 교회 담임 목사

"만일 그리스도 안에서

우리가 바라는 것이

다만 이 세상의 삶뿐이면

모든 사람 가운데

우리가 더욱 불쌍한 자이리라"

고전 15:19

THE
GLORY
OF
EAVEN

contents

2007년 갤럽 여론조사에 따르면, 미국 성인의 81퍼센트가 천국을 믿는 것으로 나타났다.[1] 10년 전과 비교하면, 상당히 증가된 수치다. 당시에 비슷한 조사를 실시한 결과, 천국을 믿는 사람은 72퍼센트에 그쳤다.[2] 또한, 2007년 조사에서는 죽으면 천국에 갈 것으로 믿느냐는 질문에 그렇다고 대답한 사람도 거의 80퍼센트에 육박했다. 대다수 사람이 천국을 믿고 있고, 또 그들 대부분이 사후에 천국에 갈 것이라고 확신하고 있는 셈이다.

그런데 참 아이로니컬하게도 천국에 대한 관심은 급속히 증가하는데, 하나님을 믿는 믿음은 꾸준히 감소하고 있다. 두 여론조사가 실시된 10년 사이에 무신론이 전례 없는 속도로 빠르게 증가했고,[3] 현재는 성경을 신화나 전설로 생각하는 사람들의 숫자가 기록적인 수준에 이르렀다.[4]

오늘날, 서구 사회 안에서 세속주의를 부추기는 세력들이 크게 위세를 떨치고 있다는 것은 공공연한 현실이다. 대중매체, 정부, 학술계, 오락 산업 등 사회의 가치관을 주도하는 세력들이 여러 형태로 연합해 성경의 하나님을 대적하고 있다. 이들은 역사적 기독교 신앙과 성경의 도덕성을 거칠게 공격하며 물질주의적 세계관을 부추기고 있다. 그 결과, 서구 사회는 방향을 잃은 채 크게 흔들리고 있다. 천국을 믿고, 그곳에 갈 것이라고 기대하는 사람들의 숫자는 크게 증가했는데, 정작 하나님을 믿는 믿음은 지난 7년(2000–2007년) 사이에만 4퍼센트나 감소했다. 이 글을 쓰고 있는 지금도 이런 경향은 조금도 달라질 것 같지 않다.[5]

또 한 가지 이상한 일은 2007년 갤럽 조사에 응한 사람들 가운데 3분의 1이 지옥을 믿지 않는다거나 확실히 알 수 없다고 대답한 것이다. 마귀의 존재를 의심하는 사람들도 그와 비슷한 수치를 나타냈다.

완고한 무신론, 포스트모던 사회의 회의론, 성경에 대한 무지, 자기애, 극심한 부도덕이 만연한 이때, 그토록 많은 사람이 천국에 관심을 가지는 현상을 과연 어떻게 이해해야 할까? 한 가지는 분명하다. 이런 현상을 성경이 가르치는 천국에 대한 관심이 고조되었다는 징후로 보기는 힘들다는 것이다. 오히려, 이 수치는 많은 사람들이 천국을 제멋대로 생각하고 있다는 것을 보여 준다. 대다수 출판물에서 다루는 천국의 개념은 인간의 상상력이 빚어낸 허구일 뿐, 하나님의 말씀에 계시된 영광스러운 그리스도의 왕국과는 거리가 멀다.

물론 뉴에이지 운동가, 몽상가, 컬트 집단 추종자들이 성경을 등지고 스스로의 꿈과 환상을 좇는 것은 그다지 놀라운 일이 아니다. 그러나 천국을 제멋대로 생각하는 오늘날의 풍조는 일반 세상보다 복음주의 공동체 내에서 훨씬 더 큰 파장을 일으키는 듯하다. 그런 증거가 최근에 출판된 몇 권의 복음주의 베스트셀러에 잘 드러나 있다.

예를 들어, 토드 부포와 린 빈센트가 함께 저술한 『3분: 소년의 3분은 천상의 시간이었다 Heaven Is for Real』는 2011년 최고의 베스트셀러 가운데 한 권이다.[6] 이 책은 콜튼 부포라는 네 살 된 어린아이의 천국 방문기를 다룬다(콜튼의 아버지는 빈센트 양에게 콜튼이 천국을 보았다고 말했다). 콜튼은 맹장 파열로 생명이 위급한 상황에서 수술을 받는 도중 천국을 방문했다고 주장했다. 천국에 관한 그의 이야기는 어린아이의 상상력에서 비롯하는 온갖 공상과 비현실적인 내용으로 가득하다. 천국에 관한 콜튼의 증언 가운데서 특별히 깨달음을 주는 내용이나 초월적인 진리는 전혀 발견되지 않는다. 천국에 관한 성경의 가르침에는 경이롭고 영광스러운 내용이 가득하지만, 콜튼의 이야기에는 그런 특징이 전혀 드러나 있지 않다. 그럼에도 토드는 마치 성경이 자기 아들의 이야기를 뒷받침하고 있기라도 한 듯, 여러 가지 성경 구절을 인용해 증거로 제시했다.

뉴욕타임스의 기사는 이 책의 성공적인 결과를 아래와 같이 간략하게 설명했다.

『3분: 소년의 3분은 천상의 시간이었다』는 2010년 말에 출판되면서부터 차츰 입소문을 타고 베스트셀러가 된 후로 뉴욕타임스 베스트셀러 논픽션 부문 페이퍼백 도서 가운데서 59주나 1위를 차지했다(물론 연속 1위는 아니었다). 최근에 이 책을 출판한 토머스 넬슨사는 콜튼이 인정한 삽화를 그려 넣은 어린이용 그림책을 출판했고, 이 책도 현재 베스트셀러에 올라 있다. 이 밖에도 이 책은 자신의 믿음을 "전문 자산"으로 생각하는 콜롬비아 영화사 부사장 데본 프랭클린의 허락 아래 2014년에는 영화로 제작될 예정이다.[7] 텔레비전 설교자 제이크스가 공동 제작을 맡기로 되어 있다.

같은 장르에 속하는 또 한 권의 베스트셀러는 메리 닐 의사가 쓴 『To Heaven and Back 천국에 다녀오다』(국내 미출간_편집자주)라는 책이다.[8] 천국에 관한 닐의 이야기는 콜튼 부포의 이야기 못지않게 내용이 빈약할 뿐 아니라 기독교 교리에서 훨씬 많이 벗어나 있다. 2012년 5월에 나온 이 책은 출간 첫 달에 뉴욕타임스 베스트셀러 목록에서 1위를 차지했다.

2장에서 『3분: 소년의 3분은 천상의 시간이었다』의 내용을 좀 더 자세히 살펴볼 생각이다. 그리고 몇 편의 부록에서는 닐의 이야기를 비롯해 같은 장르에 속하는 다른 인기 있는 책들의 내용을 살펴보게 될 것이다. 내가 여기에서 말하고자 하는 요점은 복음주의 신자들 가운데서 인간의 상상이 만들어낸 이야기들이 많은 인기를 누리고 있을 뿐 아니라 열정적인 추종자들을 불러 모으고 있다는 사실이다. 불과 20년 전만해도 이름 있는 복음주의 출판사들은 이런 종류의 책에 눈길조차 주지 않았다. 그러나 요즘 기독교 출판사들은 성경 주석과 성경 관련 서적을

모두 합친 것보다 이런 종류의 책을 더 많이 출판해 판매하고 있다.[9]

천국에 다녀왔다는 사람들의 상세한 증언을 읽는 일은 매우 흥미롭지만, 단순한 취미가 위험한 유혹의 덫이 될 수 있다는 점을 간과해서는 안 된다. 그런 이야기들을 읽는 독자들은 천국에 관한 그릇된 생각을 갖게 될 가능성이 높을 뿐 아니라 주관적이고, 미신적이며 천박하기 그지없는 영성에 치우칠 소지가 다분하다. 천국에 다녀왔다고 주장하는 사람을 믿어야 할 이유는 없다(요 3:13, 1:18). 사후 세계를 방문했다는 신비로운 이야기들을 읽어 봤자 혼란과 모순, 그릇된 희망과 불건전한 교리, 많은 해악 외에는 아무것도 건질 것이 없다.

그럼에도 불구하고, 오늘날 그런 책들이 인기를 누리는 현상은 천국을 알고 싶어 하는 사람들의 열망이 얼마나 큰가를 잘 보여 준다. 사실, 그런 열망은 그 자체로는 아무 문제가 없다. 성경에 관심을 집중하고 하나님의 말씀을 지식과 희망의 근원으로 삼는다면, 그런 열망을 통해 많은 유익을 얻을 수 있다.

기독교인이 천국에 관심을 기울이는 것은 바람직하면서도 유익한 일이다. 성경은 천국을 사모하는 마음을 기르라고 거듭 강조한다. 그런 성경 본문 몇 곳을 인용하면 다음과 같다.

> "그러므로 너희가 그리스도와 함께 다시 살리심을 받았으면 위의 것을 찾으라 거기는 그리스도께서 하나님 우편에 앉아 계시느니라 위의 것을 생각하고 땅의 것을 생각하지 말라"(골 3:1-2).
>
> "우리가 주목하는 것은 보이는 것이 아니요 보이지 않는 것이니 보이는 것

은 잠깐이요 보이지 않는 것은 영원함이라"(고후 4:18).

"그러나 우리의 시민권은 하늘에 있는지라 거기로부터 구원하는 자 곧 주 예수 그리스도를 기다리노니"(빌 3:20).

히브리서 11장에 따르면, 천국을 사모하는 마음은 참 믿음의 핵심에 해당한다. 성경에 근거한 참 믿음을 가진 자들은 세상에서 나그네와 외국인처럼 살아가며(13절), 하늘의 본향을 추구한다(14절). 히브리서 저자는 "그들이 이제는 더 나은 본향을 사모하니 곧 하늘에 있는 것이라 이러므로 하나님이 그들의 하나님이라 일컬음 받으심을 부끄러워하지 아니하시고 그들을 위하여 한 성을 예비하셨느니라"(16절)라고 말했다. 여기에서 "성"은 하늘의 예루살렘, 곧 인간의 상상을 초월하는 천국의 도성을 가리킨다. 그곳은 구원받은 자들의 영원한 안식처다. 따라서 신자들이 천국에 깊은 관심을 기울이는 것은 지극히 당연하다.

사실, 모든 사람 심지어는 마음이 강퍅한 무신론자들까지도 천국을 생각하며, 그곳이 어떤 모습일지 상상한다. 사람들은 누구나 그곳에 가고 싶어 한다. "사람들에게는 영원을 사모하는 마음을 주셨느니라"(전 3:11)는 말씀대로, 하나님은 인간의 마음에 그런 갈망을 심어 주셨다. 이 말씀은 회의주의와 세속주의가 기승을 부리는 오늘날과 같은 세상에서도 여전히 변하지 않는 진리다.

약 50년 전에 신학자 윌버 스미스(트리니티 복음주의 신학교의 성경학 교수)는 천국을 주제로 매우 훌륭한 책을 저술했다. 그는 그 책에서 천국에 대한 관심이 쇠퇴하고 세속주의가 만연해가는 현실을 안타깝게 여겼다.

당시는 1960년대 말이었다. 현대 합리주의가 몇십 년을 지배하는 동안, 주류 교단에 속한 교회들이 영적으로 파산 상태에 이르렀다. 당시의 사람들은 그들의 조상들이 꿈조차 꾸지 못했던 물질적인 번영을 향유했다. 대중매체는 온통 정치, 스포츠, 오락을 비롯한 세상의 일에 집중되었다. 아마도 역사상 그 어떤 세대보다 영적 문제에 무관심했던 세대였을 것으로 추정된다.

윌버 스미스는 "지난 사반세기 동안에 출간된 천국에 관한 책들 가운데 실질적으로 의미가 있는 책은 단 두 권뿐이다"라는 말로 서두를 꺼냈다.[10] 그가 쓴 책의 첫 장의 제목은 "천국을 거부하는 현대 사상"이다.[11] 그는 하나님은 죽었다고 주장했던 프리드리히 니체와 종교를 폐지하고 세상의 진리를 확립하는 것이 철학의 역할이라고 강조했던 칼 마르크스 같은 선도적인 현대 철학자들의 글을 인용했다. 또한, 그는 "종교는 인민의 아편이다"라는 칼 마르크스의 말을 좋아했던 블라디미르 레닌의 글을 인용했다. 레닌은 천국의 소망을 "자본주의의 노예들을 부추겨 인간성을 잠재우고, 세상에서의 좀 더 나은 삶을 희구하는 마음을 무디게 만들어 정신적으로 혼미하게 하는 것"이라고 말했다.[12]

아울러, 스미스는 현대 사상에 근거한 학문들이 대부분 천국의 개념을 공공연히 적대시하고 있는 현실을 지적했다. 예를 들어, 과학 분야에서는 실제로 존재하지 않는 것들은 탐구할 방법이 없다고 주장한다. 안타깝게도 눈에 보이는 것만이 유일한 현실이라는 그릇된 주장을 일삼는 과학자들이 너무나도 많다. 스미스는 철학에도 "천국을 위한 자리는 마련되어 있지 않다"고 말했다. (그는 "기독교의 천국 교리보다 더 어리석은 것을 상상할 수 있을까?"라고 말했던 철학자 알프레드 노스 화이트헤드를 인용했다.[13] 설상가상으로, 자유주의와 합리주의의 영향을 받은 현대 신학은 천국을 믿는 신앙을 포기하고, 현대 사상에 근거한 다른 학문들과 마찬가지로 천국을 "미신이자 신화요 구시대적 개념"으로 치부했다.[14]

요즘의 지성적인 사두개주의는 스미스가 그런 분석을 내놓았을 당시보다 훨씬 더 해롭고 섬뜩하다. 세속주의와 물질주의가 포스트모던 시대의 표징이 되었다. 그런 모든 경향에도 불구하고 천국의 영광과 믿음의 확신을 갈망하는 사람들의 열망이 수그러들지 않고 있는 것은 참으로 놀랍다. 대다수의 지식인이 인간은 "원시 점액"에서 진화했으며 영적 세계도 없고 영원한 미래도 없다고 외치고 있지만, 사람들은 오히려 그들보다 더 많은 것을 알고 있다. 그 이유는 하나님이 그들에게 영원을 사모하는 마음을 허락하셨기 때문이다. 천국은 현실이고, 그곳에 가고 싶어 하는 것은 인간의 자연스러운 본능이다.

이 책의 목적은 천국에 관한 성경의 가르침을 자세히 살피는 것이다. 개인이 천국에 관해 어떻게 생각하고, 무엇을 상상하든, 성경이 가르치는 천국은 그와는 다르고, 또 무한히 더 월등하다. 성경보다 천국을 더 잘 알게 해주는 것은 없다. 특히, 개인의 상상이나 가사 상태의 체험으로는 그런 지식을 절대로 얻을 수 없다. 찰스 스펄전은 이렇게 말했다.

은혜로운 것을 상상하면, 잠시 작은 천국이 이루어지는 듯하다. 그러나 상상으로 천국을 묘사할 수 있다고 생각해서는 안 된다. 세상의 흙먼지에서 자유롭고, 가장 위대한 지식에 근거하며, 아무리 신중하게 주의를 기울이고, 아무리 고상한 형태를 취하더라도 상상으로는 천국을 묘사할 수 없다. 성경은 "하나님이 자기를 사랑하는 자들을 위하여 예비하신 모든 것은 …… 사람의 마음으로 생각하지도 못하였다"(고전 2:9)고 말씀한다. 상상은 좋은 것이지만 우리에게 천국을 알려줄 수 없다. 우리가 상상하는 천국은 머지않아 모두 오류로 드러날 것이다. 아무리 훌륭한 성을 짓더라도 모두 모래성이 될 것이고, 거센 바람에 날려 가는 엷은 구름처럼 되고 말 것이다. 상상은 천국을 묘사할 수 없다. 천국은 "눈으로 보지 못하고 귀로 듣지 못하며 사람의 마음으로 생각하지도 못한다"[15].

천국을 올바로 이해할 수 있는 길은 오직 성경에 계시된 하나님의 말씀을 통하는 것뿐이다. 성경은 천국에 관해 믿을만한 진실을 제공하는 유일한 원천이다. 이 점은 앞으로 거듭 강조될 것이다. 이 책의 목적은 사람들의 임사 체험이 마치 성경에 없는 사후 세계의 진실을 알려 주기라도 하는 것처럼 그들의 경험담에 이목을 집중하는 것이 왜 그릇되고 위험한지를 설명하는 데 있다.

아울러, 이 책은 천국과 천사들과 사후 세계에 관한 성경의 가르침을 제시한다. 그런 것에 관한 가르침은 성경만으로 충분하다. 왜냐하면 선한 일을 행할 능력을 갖추는 데 필요한 것은 무엇이든 성경에서 발견할 수 있기 때문이다(딤후 3:17). 어떤 목격자의 증언일지라도 성경에 보태야 할 만큼 신뢰성을 갖춘 내용은 없다.

성경의 가르침을 살펴보면, 하나님의 기록된 말씀이 천국과 영적 세계를 분명하고도 온전하게 보여 주고 있다는 것을 알게 될 것이다. 물론, 성경이 대답하지 않고 침묵하는 문제들도 많다. 우리는 하나님이 정해주신 계시의 한계를 겸허히 인정해야 한다. 성경이 침묵하는 것에 대해 불필요한 사변을 일삼는 행위는 매우 어리석다. 또한, 마술적인 수단을 통해 영적 신비를 탐구하려는 행위는 심각한 죄에 해당한다. 하나님이 성경을 통해 계시하신 것보다 그분과 천국과 천사와 사후 세계에 관해 더 많이 알고 있다고 주장하는 사람들의 말에 귀를 기울이는 것은 매우 위험하다.

하늘의 것을 사모하라는 성경의 명령은 천국에 관해 쓸데없는 공상을 일삼지 말고, 그리스도와 참된 하늘의 영광에 관심을 집중하라는 뜻이다. "위의 것을 생각하고 땅의 것을 생각하지 말라"(골 3:2)는 명령은 가장 크고 첫 번째 되는 계명, 곧 "네 마음을 다하고 목숨을 다하고 뜻을 다하고 힘을 다하여 주 너의 하나님을 사랑하라"(막 12:30)는 계명을 다르게 표현한 것이다.

천국에 관해 아무리 큰 관심을 기울이더라도, 다른 사람의 임사 체험을 바탕으로 헛된 공상과 상상을 일삼는 행위는 위의 것을 사모하는 것과는 아무런 관계가 없다. 오직 하나님이 허락하신 성경의 무오한 진리만이 천국에 관한 믿을 만한 지식을 제공하므로 그 가르침에 온 마음과 생각을 집중해야 마땅하다. 나는 모두가 이 책을 통해 이 가장 중요한 한 가지 메시지를 깨닫게 되기를 바란다.

자, 그러면 이제부터 천국에 관한 성경의 가르침이 인간의 마음에서 나온 사변과 공상보다 무한히 월등한 이유가 무엇인지 자세히 살펴보기로 하자.

I

THE
GLORY
OF
HEAVEN

그릇된 천국 여행기

누구나 천국을 생각하면서 그곳이 어떤 곳인지 궁금했던 적이 있었을 것이다. 사후 세계에 대한 소망은 인간의 마음속에 깊이 뿌리 박혀 있다. 천국에 대한 생각은 도덕성, 탐미심, 종교심과 더불어 인간과 동물을 구분 짓는 중요한 특성에 해당한다. 이런 특성들은 우리가 하나님의 형상으로 창조된 영적 피조물이라는 사실에서 비롯한다. 이 사실은 인간의 본질을 규정할 뿐 아니라 인간이 다른 모든 피조물을 다스리는 독특한 위치를 차지하게 된 이유를 보여 준다(창 1:26, 5:1; 약 3:9). 하나님은 인간에게 "영원을 사모하는 마음을 주셨다"(전 3:11).

이 세상의 삶이 끝나면 사람의 존재도 끝난다는 무신론의 주장은 인간의 본성을 거스른다. 그것은 인간의 영성을 부인하는, 비인간적인 주장이 아닐 수 없다.

성경은 인간이 하나님을 의식하는 본성을 지니고 있다고 분명하게 가르친다. "이는 하나님을 알 만한 것이 그들 속에 보임이라 하나님께서 이를 그들에게 보이셨느니라"(롬 1:19). 이 말씀의 헬라어 원문을 문자대로 번역하면, "하나님에 관한 것이 그들 안에 분명하게 알려졌다"는 뜻이다. 인간은 하나님의 존재를 직관적으로 의식한다. 우리는 그분의 존재를 느낄 수 있다. 왜냐하면 하나님이 우리를 창조하실 때 그런 지식을 마음속에 심어 주셨기 때문이다.

하나님은 이 생득적 지식을 보완하시기 위해 창조하신 만물을 통해 자신의 영광을 분명하게 드러내셨다. "창세로부터 그의 보이지 아니하는 것들 곧 그의 영원하신 능력과 신성이 그가 만드신 만물에 분명히 보여 알려졌나니"(롬 1:20). 이것이 광활한 우주 어느 곳을 바라보든, 하나님의 지혜와 권능과 위대하심을 발견할 수 있는 이유다. 가장 강력한 망원경을 통해 우주의 저 먼 곳을 바라보면, 상상을 초월하는 그 장엄한 모습에 넋을 잃고 말 것이다. 또한, 가장 정밀한 현미경을 통해 물방울을 관찰하면, 그 정교한 모양을 통해 창조주 하나님의 무한하신 능력과 말로 다할 수 없는 위대하심을 깨닫게 될 것이다. 그러나 그런 것들은 우리가 마음과 양심으로 이미 알고 있는 것을 다시 상기시켜 주는 역할을 하는 데 그칠 뿐이다. 우리는 무한히 영광스러우신 하나님에 의해 창조되었고, 우리를 위한 그분의 계획은 이 짧은 지상 생활보다 무한히 더 광대하다.

무신론의 주장은 하나님에 관한 인간의 생득적 지식을 제거하거나 피조 세계의 증언을 묵살할 수도 없으며, 인간의 양심에 재갈을 물리거나 영원을 사모하는 마음 혹은 천국에 대한 갈망을 사그라지게 만들 수 없다. 사실 그렇게 하지도 못한다.

이런 사실은 중요한 세계 종교들과 인류 역사에 큰 영향을 미쳤던 문화들이 완전한 낙원(니르바나, 엘리시움, 발할라, 유토피아, 샹그릴라 등)의 개념을 지니고 있었던 이유를 설명해 준다. 그러나 이런 사실만으로는 모든 사람이 낙원을 조금씩 다르게 상상하는 이유를 알기는 어렵다. 심지어는 천국에 다녀왔다고 주장하는 사람들조차도 천국을 설명하는 내용이 제각기 다르다. 하나님이 인간에게 영원을 사모하는 마음을 주셨다면, 천국에 관한 생각이 사람마다 다른 이유는 과연 무엇일까?

실낙원

이 질문에 대한 대답은 우리가 죄와 죄책으로 오염된 타락한 피조물이라는 불행한 현실에서 찾을 수 있다. 죄는 우리의 생각과 감정과 상상력은 물론, 무엇보다도 영적인 일을 이해하는 능력에 심각한 영향을 미쳤다. 우리는 심지어 우리의 마음조차도 옳게 분별할 수 없다. 성경은 "만물보다 거짓되고 심히 부패한 것은 마음이라 누가 능히 이를 알리요마는"(렘 17:9)이라고 말씀한다.

우리는 본능적으로 천국의 현실을 의식하고 거기에 이끌리지만, 그와 동시에 우리의 부패함과 죄책을 의식한다. 아담과 하와가 금단의 열매를 따 먹고 나서 즉시 벌거벗은 몸을 가린 채 하나님 앞에서 숨으려고 했다는 사실은 매우 의미심장하다(창 3:7-11). 그들이 느꼈던 수치심이 하나님의 위대하심을 의식하는 마음보다 훨씬 더 컸다. 그때부터 그들은 타락한 피조물로서 하나님을 피하려는 본성을 지니게 되었다. 이성과 의식을 따른다면, 그들은 하나님의 영광에 매료되어 그분을 사모하고 그분 앞에서 넘치는 기쁨과 사랑을 느껴야 마땅했다. 불순종하기 전까지는 그랬지만, 죄가 모든 것을 삽시간에 바꿔 놓았다. 그들은 자신이 가장 필요로 하는 존재, 곧 사랑과 헌신을 받기에 합당하신 유일하고 참되신 하나님으로부터 도망쳐야 했다.

그 후로 모든 인간은 그런 무익한 노력을 수없이 되풀이해 왔다. 우리는 부패한 본성을 지니고 태어난다. 우리는 우리의 죄를 부끄러워하고, 우리가 하나님의 은혜를 받을 자격이 없다는 것을 잘 알고 있다. 우리는 본능적으로 하나님의 전능하신 능력과 무한한 지혜를 의식하고 놀라워한다. 하나님은 우리가 잊지 않도록 그런 진리를 창조된 만물에 영원히 기록하셨다. 만일 우리가 온전한 정의가 실현되는 하나님의 법정에 서게 된다면, 그분의 의로우신 분노 앞에서 그 어떤 주장이나 변명도 내세우지 못할 것이다. "지으신 것이 하나도 그 앞에 나타나지 않음이 없고 우리의 결산을 받으실 이의 눈 앞에 만물이 벌거벗은 것 같이 드러나느니라"(히 4:13). 따라서 타락한 인간은 하나님이 계시하신 진리를 가로막고, 왜곡시키려고 애쓸 수밖에 없다(롬 1:18).

하나님을 의식하는 타고난 본성을 묵살할수록, 사람들은 영적으로 더 큰 혼란에 빠지고 도덕적으로 더욱 방탕하게 행동할 수밖에 없다. 로마서 1장 21-25절은 인간의 부패한 본성이 어떤 심각한 결과를 낳는지를 여실히 보여 주고 있다.

"하나님을 알되 하나님을 영화롭게도 아니하며 감사하지도 아니하고 오히려 그 생각이 허망하여지며 미련한 마음이 어두워졌나니 스스로 지혜 있다 하나 어리석게 되어 썩어지지 아니하는 하나님의 영광을 썩어질 사람과 새와 짐승과 기어다니는 동물 모양의 우상으로 바꾸었느니라 그러므로 하나님께서 그들을 마음의 정욕대로 더러움에 내버려 두사 그들의 몸을 서로 욕되게 하게 하셨으니 이는 그들이 하나님의 진리를 거짓 것으로 바꾸어 피조물을 조물주보다 더 경배하고 섬김이라 주는 곧 영원히 찬송할 이시로다 아멘"

사람들이 의도적으로 하나님을 아는 지식을 가로막고 그분에 대한 계시를 거부한다고 해서 그것이 곧 하나님의 존재를 부인하는 것은 아니라는 사실을 기억해야 할 필요가 있다. 오히려 사람들은 자신들의 구미에 맞는 신을 만들어 낸다. 우상 숭배자도 인성을 지닌 인간인 이상 하나님에 관한 생득적 지식을 완전히 제거할 수 없기 때문에 상상력을 동원해 자신의 취향에 적합한 거짓 신을 만들어 낸다. 어떤 사람들은 "새와 짐승과 기어 다니는 동물"과 같은 피조물을 섬기기도 하고, 또 어떤 사람들은 돌로 우상을 만들거나 신화 속의 가공적인 신을 숭배하기도 한다. 오늘날 대다수 사람들은 개인적으로 자신의 형상을 반영하는 우상을 마음속에 그리며 살고 있다. 그들은 성경의 하나님을 섬긴다고 생각하지만, 실상은 자아를 숭배하고 있다. 이 모든 것은 피조물을 섬기는 우상 숭배에 해당한다. 그것들 가운데 어느 것이 더 세련되고, 더 낫다고 말할 수 없다. 모두 완고한 무신론에 비해 하나도 나을 것이 없다.

사실, 거짓 종교는 완고한 무신론보다 유일하고 참되신 하나님을 더욱 철저하게 부인하고 왜곡한다. 왜냐하면 인간이 만든 종교는 영적 진리를 체계적으로 왜곡시켜 새롭게 변형하기 때문이다.

사후 세계에 대한 사람들의 믿음은 거짓 종교에 의해 왜곡될 가능성이 특히 더 크다. 거짓 신을 만들어 낸 사람들은 거짓 천국까지 만들어 내야 한다. 이런 일들이 성경의 하나님을 믿는다고 주장하는 사람들 사이에서조차 갑작스레 유행이 되고 말았다.

유행이 된 사후 여행기

인간의 상상으로 빚어낸 천국에 관한 이야기를 다룬 몇 권의 책이 최근에 베스트셀러 목록에 오르고 있다. 그런 책을 출판하는 속도가 점차 빨라지고 있는 듯하다. 천국이나 지옥을 방문했다는 공상적인 이야기가 요즘 출판계에서 "사후 세계 여행기"라는 장르로 새롭게 부각되었다. 복음주의 블로거와 도서 비평가로 활발한 저술 활동을 펼치고 있는 팀 찰리스는 이 새로운 장르를 "천국 여행기"라고 일컬으며, 이렇게 말했다.

요즘 천국 여행을 했다는 이야기가 큰 관심을 불러 모으고 있다. 돈 파이퍼는 천국에서 90분 동안 머물렀다고 주장했고, 그의 경험담을 기록한 책은 4백만 부가 팔려 나갔다. 콜튼 부포는 천국에 얼마 동안 있었는지 알지 못하지만, 그의 여행기는 6백만 부 이상 팔렸고 그 이야기를 어린아이용으로 만든 책도 50만 부가 팔려 나갔다. 빌 위스는 잘못된 웹사이트를 이용해 예약을 했는지 지옥을 방문했다고 주장했고, 지옥의 경험담이라서 인지 판매 실적은 천국의 경험담에 비해 많이 뒤떨어졌다. 그러나 그가 디트로이트 여행기를 썼다면 판매 실적이 『지옥에서의 23분 23 Minutes in Hell』보다 훨씬 더 저조했을 것이 틀림없다. 아무튼 그는 자신의 책이 몇 주 동안 베스트셀러 목록에 오른 것을 지켜볼 수 있었다. 이런 종류의 책들은 여러 권 더 있다. 이런 책들은 기독교 출판계 내에서 사후 여행기라는 새로운 장르를 확립했고, 핫케이크나 아미시 이야기(2006년에 발생한 아미시 총기 사건을 토대로 한 소설_역자주)처럼 잘 팔리고 있다.[1]

사실, 일반 출판계에서는 사후 여행기를 다룬 책들이 이미 1970년대 이후부터 단골 메뉴로 자리 잡았다. 복음주의 출판계는 지금까지는 유행에 조금 뒤쳐진 감이 있었지만, 현재는 그동안 뒤쳐진 공백을 메우기라도 하듯 사후 여행기 장르의 책들을 한꺼번에 쏟아내고 있다.

의학 연구가들이 사후 세계를 탐구하기 시작하다

독자들이 천국 여행기와 임사 체험담에 매료되기 시작한 때는 엘리자베스 퀴블러 로스 의사의 『죽음과 죽어감 On Death and Dying』이 출판된 직후였다.[2] 퀴블러 로스는 1960년대에 말기 환자들을 연구했던 스위스계 미국인 정신과 의사다. 그녀는 "죽음의 다섯 단계"라는 이론으로 유명하다.

그녀는 죽음에 관한 자신의 생각을 제시하면서 죽었다가 살아난 것으로 보이는 몇몇 사람들의 이야기를 소개했다. 그들 중 대부분은 수술실에서 외과 의사를 통해 목숨을 건졌거나 사고 현장에서 응급처치원에 의해 의식을 회복한 사람들이었다. 그들은 삶의 "저쪽 편"에서 경험하거나 보았다고 생각하는 흥미로운 이야기들을 전했다.

퀴블러 로스는 임사 체험 현상을 좀 더 깊이 탐구해 보기로 결정했고, 그 연구가 사후 세계에 관한 자신의 생각을 바꾸어 놓았다고 말했다. 그녀는 『죽음과 죽어감』을 쓰기 위해 연구를 시작하기 전만 해도 죽은 뒤에는 모든 의식을 잃는다고 믿었던 합리적인 회의론자였다. 그녀는 이렇게 말했다. "이 연구를 처음 시작할 때만 해도 나는 사후의 삶에 대해 아무 관심도 없었고, 죽음이 무엇인지 확실하게 알지도 못했다."[3] 그러나 그녀는 사람들의 임사 체험담을 듣고, 초자연적인 것을 믿게 되었다고 말했다.

퀴블러 로스가 죽음에 관한 그녀의 첫 번째 베스트셀러를 출간한 지 약 5년 뒤에 또 다른 전문가가 임사 체험을 연구해 두각을 나타내기 시작했다. 레이먼드 무디도 퀴블러 로스처럼 인간의 심리에 관심이 있는 의사였다. 그는 사람들이 죽음의 현실에 어떻게 대처하는지에 관한 연구를 진행했다. 그의 첫 번째 책은 『다시 산다는 것 Life after Life』이었고, 이 책은 1975년에 출간되자마자 곧바로 큰 호응을 이끌어 내 베스트셀러가 되었다.[4]

무디의 책은 임상적 사망 상태에 이르렀다가 다시 살아난 백여 명의 이야기를 다루었다. 그들은 모두 죽음 저편의 삶을 깨달음과 위로와 평화를 주었던 긍정적인 경험으로 진술했다.

갑작스레 세상의 많은 관심이 죽었다가 살아난 사람들의 증언에 쏠리는 듯 보였다. "임사 체험을 연구하는 과학자들을 통해 과연 사후 세계의 어떤 진실이 밝혀지려나?"라는 물음이 초미의 관심사로 떠올랐다. 천국을 경험했다고 주장하는 사람들의 증언이 갈수록 많아졌다. 레이먼드 무디는 첫 번째 책이 성공을 거둔 이후 15년에 걸쳐 여러 권의 후속편을 저술했다.[5]

인간의 유한성을 감상적으로 다루는 영지주의의 망령

사후의 삶에 관한 관심이 갑작스레 증폭된 것은 고무적인 현상처럼 보인다. 이 모든 현상은 높은 학식을 갖춘 의학 전문가 두 사람이 외견상으로는 이른바 "과학적 탐구 방법"을 적용해 제각기 연구를 시도한 데서부터 시작되었다. 퀴블러 로스는 취리히 대학교에서 유럽의 가장 권위 있는 의학자들 밑에서 정신과 수업을 받았다. 그녀의 역작이 출간될 당시 그녀는 시카고 의과대학교에서 교수로 일하고 있었다. 또한, 첫 번째 책이 출간된 바로 그 다음 해에 그녀는 하버드 대학교에서 인간의 불멸성을 주제로 강의 활동을 펼쳤다. 레이먼드 무디는 버지니아 대학교와 웨스트조지아 대학교에서 각각 심리학 박사 학위를 취득했다. 또한 그는 의사 자격증을 취득해 법정 정신과 의사로 일했고, 조지아와 네바다주에 있는 권위 있는 여러 의과대학교에서 의대생들을 가르쳤다.

그렇다면 이 저명한 두 의사들은 마침내 영성과 과학의 관계를 밝혀냈을까?

그렇지가 못했다. 엘리자베스 퀴블러 로스와 레이먼드 무디는 성경의 권위에 대해서는 아무 관심이 없었다. 또한 그들은 존경받는 의사였음에도 불구하고 임사 체험을 연구하는 과정에서 과학을 내팽개치고 경솔하게도 중세의 미신을 받아들였다. 그들의 저서가 지속적으로 영향력을 발휘하면서 신앙과 이성 모두 큰 해를 입게 되었다.

초자연적인 현실을 받아들이는 것과 진리를 믿는 것은 서로 같지 않다. 불신앙으로 성경의 권위를 거부한 채 초자연적인 현실만을 받아들이는 행위는 항상 큰 재앙을 초래하기 마련이다.

퀴블러 로스와 레이먼드 무디는 그런 사실을 입증하는 산증인이 되었다. 그들은 과학을 신봉하는 합리주의자로 임사 체험 연구를 시작했다고 말했고, 죽어 가는 사람들이 경험하는 이상한 현상을 자연적인 관점에서 합리적으로 설명할 수 있을 것이라고 확신했다. 그러나 두 사람 모두 무신론적인 물질주의를 그보다 훨씬 더 해로운 사상으로 대체하고 말았다.

퀴블러 로스는 점차 뉴에이지 신비주의로 기울기 시작했다. 다른 사람들의 임사 체험을 연구한 결과를 책으로 펴낸 후에 그녀 자신도 직접 유체 이탈 상태에서 빛의 속도로 여행하는 놀라운 현상을 경험했다고 주장했다. 그녀는 죽은 사람과 접촉하기 위해 강령회와 관계를 맺기 시작했고, 뉴에이지 운동을 대표하는 사람 가운데 하나가 되었다. 심지어 한 때는 제이 바햄이 이끄는 이상한 컬트 집단에 참여하기도 했다. 제이 바램은 영들을 육체로 만들어 산 .사람과 성행위를 하게 할 수 있다고 주장했던 뻔뻔한 사기꾼이었다.[6] 퀴블러 로스는 신비주의에 빠져든 결과로 과학계에서 명성을 잃게 되었고, 남편과도 이혼했다. ("일부 사람들은 그녀의 정신 건강을 의심하기 시작했다.")[7]

퀴블러 로스는 이렇게 말했다. "물리적인 육체는 단지 집이나 신전, 또는 고치에 불과하다. 우리는 죽음이라는 변화를 거치게 될 때까지 그 안에 몇 달, 또는 몇 년 동안 머물 뿐이다. 우리는 죽는 순간에 고치에서 벗어나 다시 한 번 나비처럼 자유로워진다."[8]

죽음에 관한 한 세계에서 가장 유명한 권위자가 죽음 자체의 현실을 의문시하기까지는 그리 많은 시간이 걸리지 않았다. 퀴블러 로스는 "죽음은 없었다. 단지 하나의 영역에서 또 다른 영역으로 전환하는 것만이 존재했다"라고 결론지었다.[9] 그녀가 뉴에이지의 신념을 공공연히 드러내며 기괴한 주장들을 펼치기 시작하자, 학술계와 과학계의 비평가들 사이에서 가장 잘 알려진 그녀의 초기 저서들조차도 객관적인 과학에 바탕을 둔 연구가 아니었다는 비판이 제기되었다. 다시 말해, 어리석은 사변에서 비롯한 일화들을 의학 용어로 신중하게 포장해 학문적인 합법성을 부여했다는 비판이 쏟아졌다. 퀴블러 로스가 신비주의와 뉴에이지 사상으로 더 깊이 빠져들수록 학술계와 과학계에서 그녀의 명성은 점차 그 빛을 잃게 되었다. 그녀는 1990년대 중반에 뇌졸중이 여러 차례 발병해 신체의 일부가 마비되는 고통을 겪다가 2004년에 애리조나주의 한 요양원에서 최후를 맞았다.

그럼에도 불구하고 그녀의 저서들(특히 임사 체험에 순진하게 매료되어 진술한 내용들)은 아직까지 죽음과 사후 세계에 관한 서구 사회의 관점에 강력하게 영향을 미치고 있다.

한 저술가는 퀴블러 로스의 생애와 기행을 논평하는 기사를 슬레이트에 게재했다. 그는 그곳에서 이렇게 말했다. "그녀의 저서는 죽어가는 사람들이 진실을 말하는 지혜가 산 사람들보다 더 월등하다는 근거 없는 신념을 마치 종교처럼 떠받들고 있다. …… 인간의 유한성을 감상적으로 다루는 태도는 오늘날의 대중문화 속에 깊이 침투되었고, 때로는 「터치드 바이 언 엔젤Touched by an Angel」과 「데드 라이크 미Dead like Me」와 같은 죽음에 관한 드라마의 자료가 되기도 한다."[10] 매우 일리 있는 지적이다. 죽었다가 살아났다는 증언들이 지니는 가장 큰 위험 가운데 하나는 죽음의 경험을 낭만화하고, 그런 주장을 펴는 사람들이 마치 초월적인 지식을 지니고 있는 것처럼 생각하게 만드는 것이다.

지금까지 논의한 내용은 사실 영지주의의 사고방식에 해당한다. 영지주의는 기독교에서 파생한 이단이다. 다양한 컬트 집단을 포괄하는 이 이단은 2세기경에 처음 모습을 드러낸 이후로 최소 4세기 동안 초기 기독교와 힘을 겨루었다. 그 후로도 영지주의의 잔재가 남아 약간씩 형태를 달리해 종종 모습을 드러냈다. 임사 체험에 관한 세간의 관심도 뉴에이지 운동을 통해 되살아난 영지주의 사상의 전형적인 사례에 해당한다.

영지주의의 가장 두드러진 특징은 성경 외에 다른 경로를 통해 참된 깨달음을 얻을 수 있다는 것이다. 영지주의자들은 성경을 대놓고 부인하지 않았다. 그들은 "그노시스('지식'을 뜻하는 헬라어)", 곧 신비적인 경험을 통해 얻는 초자연적인 깨달음이 성경의 참된 의미를 파헤치는 데 필요한 열쇠라고 가르쳤다. 아울러 그들은 영지적인 깨달음은 신비로운 경험을 한 사람들을 통해 소수의 선택된 사람들에게만 전달된다고 주장했다.

임사 체험을 한 사람들이 영적 세계에 대해 특별한 지식을 가지고 있다는 신념은 영지주의의 대표적인 교리에 해당한다. 임사 체험, 곧 죽었다가 다시 살아났다는 증언에 집착하는 사람들이 미신과 신비주의와 점성술 따위에 쉽게 빠져드는 것은 조금도 놀랍지 않다.

초자연주의에 관한 레이먼드 무디의 관심도 불행한 쪽으로 치닫기는 마찬가지였다. 그가 사후 세계와 하나님의 심판과 천국과 지옥에 관한 성경의 가르침을 단호하게 거부했다는 것이 처음부터 분명하게 드러났다. 그가 펴낸 첫 번째 베스트셀러에 보면, 다음과 같은 내용이 발견된다.

연구를 진행하는 내내 이 사회에서 우리가 흔히 접하게 되는 천국이나 지옥과 같은 것을 언급하는 말은 단 한 마디도 없었다. 사실 대다수 사람들이 자신이 종교를 믿으면서 기대했던 것과 실제로 체험한 것이 너무나도 달랐다고 강조했다. 죽었다가 살아난 한 여성은 "죽으면 천국이나 지옥에 갈 것이라는 말을 항상 들어왔는데 그런 곳은 전혀 보지 못했습니다"라고 말했다. …… 더욱이 임사 체험 이전에 신앙을 가진 적도 없고, 종교적인 훈련을 받아본 적도 없는 상당수의 사람들이 전하는 증언과 종교적인 신앙에 꽤 충실했던 사람들의 증언이 서로 크게 다르지 않은 것처럼 보였다.[11]

아울러 무디는 종교적인 신앙에 충실했던 사람들조차도 "(임사 체험을 하고 나서는) 저세상을 새롭게 이해하게 되었고, 또 그곳의 모습을 다르게 묘사했다. 그들은 일방적인 판단을 일삼지 않고, 자기실현이라는 궁극적인 목적을 향해 서로 협력하며 발전해 나가야 할 비전을 제시했다"라고 말했다.[12]

다시 말해, 무디는 자신의 실험 대상자들이 임사 체험을 통해 "한번 죽는 것은 사람에게 정해진 것이요 그 후에는 심판이 있으리니"(히 9:27)라는 진리를 거부하게 되었다고 주장했다.

무디의 연구 결과는 천국과 지옥 및 죽은 뒤의 영혼에 관해 성경이 가르치는 거의 모든 것을 왜곡시켰다. 특히 그는 심판의 현실을 암시하는 것은 무엇이든 제거하려고 노력했다. 성경은 "우리가 다 하나님의 심판대 앞에 서리라"(롬 14:10)고 자주, 명확하게 강조하지만, 무디는 실험 대상자들의 증언 가운데 그런 성경의 가르침에 모순되는 내용을 의도적으로 크게 부각시켰다. 무디의 주장대로라면, 사람들의 임사 체험은 좀 더 심오하고 색다른 "그노시스"를 깨닫는 계기가 되었던 셈이다.

대부분의 경우 사후 세계가 상급과 형벌의 장소라는 신념을 버리거나 부인했다. 심지어는 그런 신념에 익숙한 사람들도 마찬가지였다. 그들은 자신의 가장 사악하고 끔찍한 죄가 빛의 존재 앞에서 명백하게 드러났을 때도 그 존재가 분노나 진노를 터뜨리기는커녕 익살스럽기까지 한 태도로 너그럽게 이해해주는 것을 보고 깜짝 놀랐다고 한다.[13]

보이지 않는 영적 세계와 인간의 불멸성을 입증하는 경험적 증거들이 속속 드러나는 상황에서 성경의 가르침을 거부한 무디는 결국 성경 외에 다른 곳에서 설명의 근거를 찾을 수밖에 없었다. 그도 신비주의와 접촉을 시도하기 시작했다. 그가 나중에 쓴 책들은 접신술에 대한 강한 집착을 드러냈다. 예를 들어, 그는 『Elvis after Life 사후의 엘비스: 슈퍼스타의 죽음을 둘러싼 진기한 정신 경험』(국내 미출간_편집자주)라는 제목의 책을 출판했다.[14]

요즘 무디는 여전히 의학 연구가라는 가면을 쓰고 활동 중이지만, 그의 본질은 일종의 점술사다. 그는 수정구를 들여다보거나 거울을 사용해 죽은 자와의 접촉을 시도하는 것과 같은 방법, 곧 점술사의 집에서 흔히 사용되는 모든 기술을 자신의 치료 요법에 적용한다. 그는 "사이코멘티엄 psychomanteum"이라는 유령의 방을 만들었던 방법을 상세히 묘사한다. 그는 그 방에 대해 "고대 그리스에서 발견되는 것을 현대적으로 개조한 것이지만, 죽은 자의 혼령을 보기 위한 목적은 그때와 동일하다"라고 말했다.[15] 그곳은 거울이 하나 놓여 있는 특별한 방이다. 무디는 그곳에서 죽은 자의 혼령과 대화를 나눈다고 주장한다. 그는 "나는 죽은 할머니와 대화를 나눴다. 할머니는 생시의 모습 그대로 나타났다"라고 말했다.[16] 그러나 진실을 말한다면, 그는 귀신들과 대화를 나누었던 셈이다.

무디는 유령의 방에서 다른 사람들이 그들이 사랑하는 사람들과 대화를 나눌 수 있게 주선했다고 말했다. 예를 들어, 그는 한 여성에 관해 이렇게 말했다. "그녀는 숙모의 혼령을 보았다. '사이코멘티엄'을 방문한 뒤로 초자연적 현상에 관한 그녀의 생각이 바뀌었다. 이전에 그녀는 사후 세계를 의심했지만, 지금은 죽음 너머의 삶을 확신하기에 이르렀다."[17]

빛에 유혹되다

1990년대 초, 임사 체험과 천국 여행기에 관한 호기심이 뉴에이지 운동과 심령주의를 비롯해 다양한 신비주의 공동체 내에서 크게 증폭하기 시작했다. 그런 현상은 비교적 규모가 큰 종교 단체 안에까지 스며들었고, 1992년에 베티 이디의 『그 빛에 감싸여 Embraced by the Light』가 출간된 후에는 더욱더 가속화되었다.[18] 그 책은 가사 상태를 경험한 한 평신도 여성의 증언을 담고 있다. 기독교적 증언의 형태로 진술된 그녀의 책은 종교적인 색채를 물씬 풍겼다. 추천의 글을 쓴 멜빈 모스 의사는[19] 그녀의 책을 "우리 모두가 쉽게 이해할 수 있는 단순하면서도 경이로운 이야기를 전하는 임사 체험의 진정한 교과서"라고 소개했다.[20] 이 책은 곧 뉴욕타임스 베스트셀러 목록 가운데 1위를 차지했고, 무려 78주 동안이나 그 자리를 고수하면서 1,300만 권 이상이 팔려 나갔다.

이디의 환상적인 이야기는 병원에서부터 시작된다. 그녀는 자궁절제수술을 받고 나서 거의 죽음 직전의 상태에 이르렀다. 그녀는 자신의 영혼이 육체를 떠났을 때 곧장 천국으로 가지 않고, 지상의 여러 장소를 돌아다녔다고 주장했다. 그녀는 그 과정에서 천사들을 만났다고 말했다. "그 수호천사들은 그녀가 자신의 삶에 대한 중요한 사실들과 가족들과의 관계를 이해하도록 도왔다. 그들은 그녀가 죽음의 상태로 전환하는 과정을 이끌어 주었다."[21]

그러고 나서 그녀는 어두운 터널을 지나 마침내 천국의 찬란한 빛 속으로 들어갔다. 그녀는 자신의 경험을 놀라울 정도로 자세하고 생생하게 증언했다.

『그 빛에 감싸여』는 모르몬교와 뉴에이지 사상에 의해 강한 영향을 받았지만(부록 1을 참조하라), 베티 이디의 이야기는 복음주의 용어와 성경적인 이미지에 크게 의존한다. 따라서 그 책이 세속 잡지의 베스트셀러 목록에서 1위를 차지하자 복음주의 신자들은 환영의 뜻을 내비치며 크게 호응했고, 개중에는 상당한 추종자들까지 생겨났다. 복음주의 비평가들이 이디의 세계관에서 비성경적인 개념과 모르몬교의 가르침, 심각한 신학적 오류가 발견된다고 지적했지만,[22] 그녀의 책은 복음주의 공동체 내에서 광범위하고 지속적인 영향력을 발휘했다. 그녀의 책은 그와 비슷한 이야기를 좋아하는 심리를 자극하는 데 톡톡히 한몫을 했다.

천국에 관한 이야기를 듣고 싶어 하는 열정은 곧 위험한 중독으로 발전했다.

천국을 보았다는 환각에 중독된 대중들

출판업자들은 독자들의 관심이 집착 상태로 발전하는 것을 좋아한다. 오늘날 출판사들은 거의 매달 신비로운 천국 여행기에 관한 새로운 이야기를 쏟아내고 있다. 그런 범주에 속하는 책들이 출판계의 주력 상품 가운데 하나가 되었고, 독자들은 그런 책을 더 많이 요구하고 있다.

이런 흐름 속에서 내가 발견한 가장 흥미로우면서도 곤혹스러운 현상 가운데 하나는 그런 사상이 신속하면서도 은밀하게 교회에 침투하고 있다는 것이다. 1995년 이전만 해도 명망 있는 기독교 출판사가 누군가의 임사 체험을 토대로 한 신비로운 천국 이야기를 책으로 출간할라치면 아마도 상당한 고민에 휩싸였을 것이다. 그러나 놀랍게도 지금은 주요 복음주의 출판사들이 판매 실적을 올려 줄 천국 여행기를 앞다퉈 시장에 내놓고 있다.[23] 그 책의 저자들은 모두 그리스도를 믿는다고 고백하는 사람들이다. 그러나 그 책들은 모두 한결같이 공상적이고 그릇된 개념들과 오류로 가득하다.

그런 이야기들은 성경을 믿는 신자들은 절대 관심을 기울여서는 안 될 섬뜩한 현상과 엉뚱한 "계시"를 전하는 특징이 있다. 물론, 산 사람과 죽은 사람의 교류도 이런 이야기들의 또 다른 특징이다. 사람들이 죽은 사람들과 대화를 나누고, 저 세상에서 가족들의 소식을 가지고 돌아온다. 한 여성은 천국에 있는 사람들은 단지 보기만 하는 것으로 그 냄새와 느낌과 맛을 알 수 있다고 주장했다. 사고를 당한 한 사람은 사고 현장에서 천국까지 가는 동안 마귀가 눈에 보이는 형태로 자기 앞에 나타났다고 말했고, 어떤 남자는 천국의 창고에는 기적적인 치유를 기다리는 인간의 신체기관이 가득 들어 있었다고 말했다. 또 어떤 사람은 천국을 방문했을 때 착용한 넥타이에 낙원의 향기가 배어 있어 그곳의 황홀함을 다시 느끼고 싶을 때면 넥타이 냄새를 맡으면 된다고 주장했다.

아이로니컬하게 들릴지 모르지만, 이런 이야기들의 또 다른 공통된 특징 가운데 하나는 세상 것들에 깊은 관심을 기울인다는 것이다. 천국을 다녀왔다는 사람들 가운데는 천국에서는 세상의 사건들을 원하는 만큼 세밀하게 관찰할 수 있다고 주장하는 사람들이 많다. 천국에 있는 사람들이 좋아하는 소일거리도 세상에서 즐기는 것들과 별반 다르지 않다는 것이다. 천국에도 잔디밭에서 이루어지는 게임과 야유회와 스포츠 행사와 거칠게 밀치거나 때리는 놀이가 존재한다. 게다가 천국에 다녀온 사람들 가운데 대다수는 낙원에서 경험했던 색채와 소리와 냄새와 광경과 느낌 등을 놀랍도록 생생하게 전하고 있다. 그러나 그들이 천국의 장면을 묘사하는 말은 에스겔서 1장이나 요한계시록 4장과 비교하면 너무나도 세속적이다.

그런 이야기들을 기독교적으로 꾸민 것들도 많은 점에서 그 전의 세속적인 임사 체험담과 놀라울 정도로 흡사하다. 그런 책들의 내용은 천국과 사후 세계에 관한 성경의 가르침과는 거리가 멀어도 한참 멀다. 그런 책들을 쓴 저자들은 그런 사실을 크게 개의하지 않는 것처럼 보인다. 그들은 사후 세계에 관해 월등한 지식을 지니고 있다고 주장하지만, 그들의 지식은 성경이 아니라 환상이나 환영, 유체 이탈을 비롯한 점술 행위에 바탕을 둔다.

또한 그들의 증언이 중요한 세부 내용에 관해 항상 서로 일치하는 것은 아니다. 천국에 다녀온 한 사람은 사후 세계에서는 모두가 텔레파시로 의사를 나누기 때문에 언어가 필요하지 않다고 주장했다. 그러나 어떤 사람은 천국에 있는 사람들은 마치 음악처럼 들리는 천사의 언어를 사용한다고 말했다. 또한 천국에 있는 사람들이 마귀를 물리칠 목적으로 칼을 차고 다닌다고 말하는 사람이 있는 반면, 어떤 사람은 천국은 갈등이 전혀 없고 지극히 평화롭고 고요한 곳이라고 말했다. 그 밖에도 천국에는 지옥으로 곧장 연결되는 구멍이 있다고 주장하는 사람도 있다. 이는 천국에서 지옥으로 건너가거나 지옥에서 천국으로 건너오는 일은 절대 없다는 예수님의 가르침(눅 16:26)을 전혀 의식하지 않는 발언이다.

이런 장르에 속하는 베스트셀러들은 모두 그런 터무니없는 주장을 펼친다. 그런데도 그런 책들은 버젓이 그런 주장을 제기해 천국의 진정한 영광을 훼손한다.

혼수상태에 빠진 사람이나 심각한 부상을 당한 사람들의 헛소리가 예언적인 의미를 지니고 있는 것처럼 말하는 성경 구절은 어디에도 없다. 성경은 오히려 자칭 선지자라는 사람들의 주장을 액면 그대로 받아들여서는 안 된다고 거듭 경고한다. "사랑하는 자들아 영을 다 믿지 말고 오직 영들이 하나님께 속하였나 분별하라 많은 거짓 선지자가 세상에 나왔음이라"(요일 4:1/ 신 13:1-5; 렘 29:8-9; 마 7:15-16, 24:4-5; 벤후 2:1 참조).

현대 복음주의자들은 성경을 무시하고, 유행을 좇는 경향이 있다. 아마도 이들만큼 쉽게 속아 넘어가거나 스스로 파멸을 자초하는 집단은 어디에도 없을 것이다. 복음주의자들은 천국에 다녀왔다고 주장하는 사람들이 전하는 이야기를 가장 크게 환영하는 독자이자 그런 책들을 위한 가장 큰 시장이 되고 말았다.

홍수처럼 밀려오는 천국 여행기는 그 기세가 곧 수그러들 것 같지 않다. 복음주의 출판사들이 그런 책들의 출판을 중단할 기미도 보이지 않는다. 그런 장르의 책들은 수백만 권씩 팔려 나간 밀리언셀러를 기록한 경우가 많았기 때문에 이미 복음주의 출판 역사상 수익성이 매우 큰 논픽션의 한 분야를 당당히 구축하고 있는 상태다.

논픽션이라고? 그렇다. 복음주의 출판사와 도서 판매자들은 그런 책들을 논픽션으로 분류한다. 그런 식의 분류를 아무런 거리낌 없이 받아들이려면 강한 인내심이 필요하지만, 내게는 그럴 만한 인내심이 없다. 최근에 나온 베스트셀러 가운데 한 권은 "실제 이야기"라는 문구가 책 제목만큼이나 굵은 활자로 겉표지에 새겨져 있다. 이렇듯, 천국 여행기는 환상이 아닌 논픽션으로 선전되고 있다.

안타깝게도 분별력이 없는 독자들이 너무나도 많다. 그들은 그런 이야기들을 매우 진지하게 받아들인다. 하나님의 말씀을 진정으로 사랑하는 사람이라면 누구나 이런 책들이 대량으로 판매되어 널리 영향을 미치고 있는 현실에 깊은 우려를 표명하지 않을 수 없을 것이다.

다음 장에서는 그런 책들 가운데서 가장 널리 알려져 있는 책을 한 권 자세히 살펴보면서 그 이유를 설명할 생각이다.

THE
GLORY
OF
HEAVEN

천국은 진짜 있다

천국, 천사, 사후 세계에 관한 오늘날의 관심은 대부분 속된 호기심에서 비롯한다. 이는 성경의 권위를 인정하는 우리로서는 전혀 흥분하거나 축하할 만한 현상이 못된다. 성경을 신뢰하는 믿음을 가로막는 것은 무엇이든 영적으로 큰 위험을 동반하기 마련이다. 속기를 잘하는 영혼들을 꾀어 미신, 영지주의, 신비주의, 뉴에이지 사상과 같이 영적 혼란을 부추기는 것에 빠져들게 만드는 일은 특히 더 위험하다. 죽은 자들의 세계에 다녀왔다고 주장하는 사람들의 책을 탐독하며, 사후 세계를 설명하는 이야기에 병적으로 집착하는 사람들은 그런 위험을 자초할 가능성이 매우 높다.

성경은 그런 욕망을 부추기지 않는다. 구약시대에는 죽은 자와의 접촉을 시도하는 행위가 어린아이를 우상의 제물로 바치는 행위와 똑같은 죄로 취급되었다(신 18:10-12). 구약성경은 영혼의 사후 상태에 관해 그렇게 많이 말하지 않는다. 하나님의 백성이 스스로 그 문제를 파헤치려는 시도는 엄격히 금지되었다. 접신술은 애굽 종교의 주된 특징 가운데 하나였고, 가나안 족속들의 종교 가운데도 만연했다. 그러나 모세의 율법은 그런 행위를 사형에 해당하는 죄로 간주했다(레 20:27).

신약성경은 구약성경에 비해 천국과 지옥에 관한 정보를 훨씬 더 많이 제공하고 있다. 그러나 우리의 주관적인 생각과 경험을 근거로 하나님이 무오한 성경 말씀을 통해 계시하신 사실 외에 다른 결론을 도출하는 행위를 허용하지 않는 것은 조금도 달라지지 않았다. 신약성경은 기록된 말씀 밖으로 넘어가 영적 문제를 탐구하는 행위를 엄격히 금지한다(고전 4:6).

베다니의 나사로가 병에 걸려 세상을 떠났다. 예수님이 그를 다시 살리시기까지 그의 육체는 생명이 없는 상태로 무덤 속에 나흘 동안 묻혀 있었다(요 11:17). 요한복음 11장 전체가 예수님이 그를 죽은 자 가운데서 다시 살리신 사건을 다루고 있다. 그러나 나사로가 나흘 동안 어떤 상태로 존재했는지를 언급하는 말씀은 성경 어디에도 기록되어 있지 않다. 엘리야가 살려 낸 과부의 아들에서부터(왕상 17:17-24) 바울이 살려낸 유두고에 이르기까지(행 20:9-12) 성경에 나오는 죽었다가 다시 살아난 사람들의 경우도 모두 마찬가지였다. 성경의 등장인물들 가운데 육체를 떠난 영혼들이 사후에 거하는 영역에서의 경험을 기록으로 남긴 사람은 아무도 없다.

사도 바울은 천국을 실제로 경험했지만, 육체로 직접 천국에 다녀왔는지 아니면 환상으로 그곳을 보았는지 확실히 알지 못했다. 그는 그 경험을 마지못해 하는 태도로 딱 한 차례 언급했다. 왜냐하면 그의 권위를 의심하는 거짓 교사들에게 천국을 목격한 경험을 사도직의 증거로 제시해야 할 필요가 있었기 때문이다. 그는 그 경험담을 14년 동안이나 입 밖에 꺼내지 않았다. 또한, 그 일을 언급할 때도 3인칭을 사용해 "내가 그리스도 안에 있는 한 사람을 아노니 그는 십사 년 전에 셋째 하늘에 이끌려 간 자라 (그가 몸 안에 있었는지 몸 밖에 있었는지 나는 모르거니와 하나님은 아시느니라) 내가 이런 사람을 아노니 …… 그가 낙원으로 이끌려 가서"(고후 12:2-4)라고 말했다. 3인칭 대명사를 사용했지만, 그것은 바울 자신의 경험이 분명했다. 왜냐하면 그런 일을 경험한 뒤에 하나님이 그를 겸손하게 만드실 목적으로 행하신 일을 언급할 때는 1인칭 대명사를 사용해 "여러 계시를 받은 것이 지극히 크므로 너무 자만하지 않게 하시려고 내 육체에 가시 곧 사탄의 사자를 주셨으니 이는 나를 쳐서 너무 자만하지 않게 하려 하심이라"(7절)고 말했기 때문이다.

만일 오늘날의 복음주의자들이 그런 일을 경험했다면, 그들은 천국의 모습과 그곳에서 있었던 일을 상세하게 기록할 것이고, 대형 출판사는 그 기록을 서둘러 책으로 펴낼 것이 틀림없다. 그리고 그 책이 베스트셀러가 되면 곧 후속편이 뒤따를 것이고, 영화로도 제작될 것이다.

그러나 사도 바울은 자신의 경험을 언급하면서 천국의 모습을 상세히 묘사하지 않았다. 그는 단지 "말로 표현할 수 없는 말을 들었으니"(4절)라고 말했을 뿐이다. 그가 사용한 헬라어 표현에는 그가 들은 말을 사람이 전하는 것은 온당하지 않다는 의미가 담겨 있다.

초대교회 당시 가장 중요한 사도직을 수행했던 바울조차도 천국에서 듣고 본 것을 전하는 것이 금지되었다. 그런 경험을 단 세 구절로 언급한 그의 태도는 천국에 다녀왔다고 주장하는 사람들이 책을 펴내 많은 인기를 얻는 것과는 사뭇 대조된다.

그렇다면 바울이 천국에서 들은 말을 전하는 것이 온당하지 않은 이유는 무엇일까? 에스겔과 이사야와 사도 요한은 환상 중에 듣고 보았던 천국을 자세히 묘사했다. 그들의 증언은 성령의 영감으로 기록된 성경의 일부가 되었다.

바로 그것이 이유였다. 성경의 인물들이 천국을 목격한 사실을 글로 남긴 이유는 성령의 감동하심과 지시가 있었기 때문이다(벤후 1:21). 그들이 전한 경험담은 성령의 영감으로 기록된 성경 본문에 포함되었다. 전능하신 하나님이 우리를 유익하게 하시려고 그들에게 영감을 주어 정확한 용어로 그 일을 기록하게 하신 것이다. 성경 이외의 천국 목격담은 정경의 권위를 지니지 못한다.

성경이 증언하는 것보다 더 많이 알기를 바라는 것은 죄다. "감추어진 일을 우리 하나님 여호와께 속하였거니와 나타난 일을 영원히 우리와 우리 자손에게 속하였나니"(신 29:29)라는 말씀대로, 우리의 호기심은 성경에 계시된 것에 국한되어야 한다.

오늘날의 신자들은 신명기 29장 20절과 고린도전서 4장 6절("기록된 말씀 밖으로 넘어가지 말라 한 것을 우리에게서 배워")의 원리를 망각한 듯하다. 사람들은 성경 외에 다른 것들을 통해 영적 세계에 관한 진실과 하나님의 메시지와 영적 진리를 찾으려고 한다. 오늘날의 복음주의자들은 수십 년 동안 은사주의의 영향을 받아온 탓에 하나님이 누군가에게 직접 말씀하시는 것처럼 생각하는 경향이 있다. 그들은 성경 이외의 계시가 따로 있는 것처럼 믿는다. 사실 "새로운 계시"를 경건하게 받아들이는 것을 미덕으로 생각하는 사람들이 한둘이 아니다. 많은 사람이 "네가 누구이기에 감히 하나님께 직접 말씀을 들었다고 주장하는 사람을 의심하는 것인가?"라고 생각하는 것처럼 보인다.

따라서 기독교인을 자처하는 베스트셀러 작가들이 천국을 보았다고 주장하면서 그곳의 모습을 설명하면, 신자들 가운데 대다수가 무방비 상태에서 그 모든 주장을 사실로 받아들일 가능성이 매우 높다.

"천사들이 제게 노래를 불러 주었어요"

천국에 다녀왔다고 주장하는 책들은 대부분 공전의 대성공을 기록했다. 토드 부포의 놀라운 이야기를 기록한 밀리언셀러 『3분: 소년의 3분은 천상의 시간이었다』는 그 가운데 대표작이다.[1] 이 책은 성경이 아닌 개인의 경험을 근거로 사후 세계를 묘사하는 것이 얼마나 위험한지를 잘 보여 준다.

이 장르에 속하는 책들의 공통된 특징(의식이 있는 상태로 육체를 떠나 여행한다, 천상의 관점에서 사물을 보는 능력을 발휘한다, 천사와 같은 존재들을 목격한다, 빛과 색채가 선명하고 숭엄한 감정이 느껴진다, 천국을 보고 느낀 경험을 사소한 것까지 구체적으로 묘사한다)이 대부분 부포의 이야기를 통해 여실히 드러난다. 더욱이 『3분: 소년의 3분은 천상의 시간이었다」는 여러 곳에서 성경 구절을 인용하기까지 했다. 모든 이야기가 우리에게 익숙한 복음주의 용어와 비유적 표현을 통해 구체적으로 진술된다.

10년 전, 베티 이디는 복음주의의 특색을 갖추기 위해 많은 노력을 기울였지만 실패했다. 그러나 토드 부포는 임사 체험기가 마치 천국에 관한 합법적인 지식의 원천이라도 되는 것처럼 복음주의자들의 생각을 사로잡는 데 성공을 거두었다. 많은 기독교인들이 그의 책을 열렬히 환영했다.

부포는 웨슬리 사상을 이어받은 은사주의 계통의 교회에서 사역하는 겸직 목회자다. 그의 교회는 네브래스카 남서쪽에 있는 한적한 시골 마을에 위치해 있다. 그는 교리적으로는 아니지만 문화적으로는 복음주의자에 속한다. 그는 전형적인 미국 중산층에 해당하는 작은 마을의 목회자다. 그는 자신을 이렇게 소개했다. "나는 강단 위를 이리저리 거닐면서 설교하는 목회자들 가운데 한 사람이다. 불과 유황을 쏟아내듯 큰소리를 지르는 사람은 아니지만, 그렇다고 예복을 입고 조용한 목소리로 예전에 따라 예배를 드리는 사람도 아니다. 나는 이야기로 사람들의 마음을 사로잡는 이야기꾼이다."[2]

부포는 복음주의 문화와 복음주의가 기대하는 것에 그런대로 익숙한 편이다. 그는 성경의 권위를 믿는다고 말한다. 그는 가능한 한 자신의 이야기를 천국과 천사와 영적 세계에 관한 성경의 가르침과 연계시키려고 노력했다. 그는 성경적인 암시와 성경 구절로 이야기의 세부 내용을 뒷받침하려고 시도했다. 『3분: 소년의 3분은 천상의 시간이었다」는 동일 장르에 속하는 대다수 책들에 비해 성경 구절을 더 많이 인용하고 있다.

그러나 이 책은 네 살 된 소년의 경험담이라고 하기에는 다소 무리가 있다.[3] 이 책은 부포 목사의 맏아들 콜튼의 이야기다. 콜튼은 어렸을 때 맹장이 터져 거의 죽기 직전에 이르렀다. 그런 응급 상황이 지난 지 4개월 뒤에 토드의 아내 소냐가 병원에 있을 때 콜튼에게 기억나는 것이 없느냐고 물었다. 그러자 콜튼은 "기억나는 것이 있어요. 엄마, 그곳에서 천사들이 제게 노래를 불러 주었어요"라고 대답했다.[4]

그 말을 전해 들은 토드 부포는 심장이 멎을 정도로 깜짝 놀랐다. 사실 넋이 나갈 정도로 놀랐다는 그의 말은 네 살 된 어린아이에게서 그런 말을 들었을 때 보통 사람들이 취하는 행동과는 크게 달랐다. 그는 이렇게 말했다. "시간이 멈춘 듯했다. 아내와 나는 서로를 쳐다보며 '정말로 아이가 그런 말을 했다는 것인가?' 라는 무언의 의사를 교환했다."[5] 부포 목사는 그 이야기를 전하면서 콜튼이 실제로 유체 이탈과 같은 경험을 했다고 확신했다.

콜튼은 자기가 "몸 밖으로 빨려 올라가서" 천사들과 대화를 나누고, 예수님의 무릎에 앉았다고 말했다. 그가 말하는 것이 거짓말이 아니라고 확신하게 된 이유는 그가 병원의 다른 곳에서 우리가 하고 있던 일을 말해 주었기 때문이다. 콜튼은 "아빠는 작은 방에서 혼자서 기도하고 있었고, 엄마는 다른 방에 있으면서 기도도 하고 전화도 걸었어요" 라고 말했다.[6]

아이의 말을 액면 그대로 쉽게 믿는 태도가 책의 곳곳에서 확인된다. 부포 목사는 네 살이 채 못 된 어린아이의 상상력이 얼마나 풍부한지 모르고, 콜튼의 증언을 무조건 맹신했다. 그는 천국에 관한 자신의 모든 이해를 어린 콜튼의 증언에 국한시켰다. 그는 "콜튼이 실제로 예수님과 천사들을 보았다면, 나는 그를 가르치는 선생이 아니라 학생이 되고 싶었다"라고 말했다.[7]

"참으로 놀랍기 그지없는 일이었다"

토드 부포가 자기 아들이 특별한 계시를 받았다는 것을 입증하는 확실한 증거라고 생각하는 이야기 가운데는 교회학교에서 흔히 들을 수 있는 이야기, 곧 취학 전 어린아이의 전형적인 말투가 묻어나는 이야기가 대부분을 차지한다. 부포 목사는 콜튼이 천국에 관해 말하기 시작했을 때 그와 나누었던 대화를 이렇게 기록했다.

"다른 일은 없었니?"
콜튼은 눈을 반짝거리면서 고개를 끄덕였다.
"예수님께 사촌 형제가 있다는 사실을 아시죠? 예수님은 자신의 사촌 형제가 자기에게 세례를 주었다고 말씀하셨어요."
"그래, 네 말이 맞다. 성경은 예수님의 사촌 형제가 요한이라고 말한다." 내가 말했다. 그러면서 나는 속으로 얼른 나 자신을 꾸짖으며, '정보를 알려주지 말고, 아이 스스로 말하게 해야 해'라고 생각했다.

"그의 이름은 기억나지 않지만, 그는 아주 친절했어요."

콜튼이 즐거운 표정으로 말했다.

세례 요한이 "친절하다고?!"

세례 요한을 만났다는 아들의 말이 무슨 뜻인지 생각하고 있을 때 그는 장난감들 사이에 있는 플라스틱 말을 내 앞에 들어 올리면서 "아빠, 예수님이 말을 가지고 계신다는 사실을 아세요?"라고 물었다.

"말이라고?"

"그래요. 무지개 말이었어요. 내가 귀여워해 주었어요."[8]

소냐 부포도 남편과 마찬가지로 콜튼이 실제로 천국에 다녀와서 그곳에 관한 확실한 지식을 전하고 있다고 믿었다. 부포 목사는 콜튼이 세례 요한을 만났다고 했던 말을 아내에게 전하면서 그녀와 나누었던 대화를 아래와 같이 기록했다. (당시 소냐는 예배 컨퍼런스에 참석하고 있던 중이었다. 그는 흥분을 감추지 못한 채 전화로 당시의 일을 아내에게 전했다.)

나는 일어나서 계단을 뛰어 올라가 전화기를 집어 들고, 아내의 휴대폰 번호를 눌렀다. 아내가 전화를 받았다. 음악 소리와 찬송가를 부르는 소리가 수화기를 통해 들려왔다.

"지금 당신 아들이 내게 뭐라고 말했는지 알아?"

"무슨 말을 했는데요?" 아내가 소음을 뚫고 소리쳤다.

"세례 요한을 만났다고 말했어."

"뭐라고요?"

나는 아내에게 나머지 말을 마저 들려주었다. 아내가 놀라워하는 목소리가 수화기를 통해 울려 나왔다.

아내는 좀 더 자세하게 말해 달라고 했지만, 예배 컨퍼런스가 열리고 있는 장소가 너무 시끄러웠다. 우리는 결국 통화를 중단해야 했다.

"오늘 밤 저녁 식사 후에 다시 전화주세요. 알았죠? 모든 것을 다 알고 싶어요."

아내가 말했다.[9]

부포 목사는 세례 요한과 무지개 말에 관한 콜튼의 말에 심오한 의미가 담겨 있다고 생각하기 시작했다. 사실, 취학 전 어린아이들 가운데 비교적 조숙한 아이들은 항상 권위 있게 들리는 듯한 말투로 자신이 상상해 낸 이야기를 전하는 경향이 있다. 아트 링클레터와 같은 사람은 텔레비전 생방송에 출연한 어린아이들이 들려주는 심오한 말을 재미있게 언급하는 재능이 뛰어나다.

콜튼이 목회자의 집안에서 자란 아이라는 사실을 기억하라. 그는 성경의 주제에 초점을 맞춘 교육을 받았고, 많은 이야기를 들었으며, 어른들의 대화를 엿들으며 성장했다. 부포 목사는 그림책을 사용해 수많은 성경 이야기를 콜튼에게 읽어 주었다는 사실을 인정했다.[10] 그는 "예수님은 흔적(즉 그분의 손과 발에 난 못 자국)을 지니고 계셨어요"라는 콜튼의 말을 듣고, 깜짝 놀라면서 "이 아이가 그것을 보았구나. 틀림없이 보았구나"라고 말했다.[11]

책의 내용은 그런 식으로 계속 이어진다. 콜튼이 성경에서 벗어난 이

단적인 말을 하는데도 부포 목사는 그것을 사실로 인정할 방법을 모색했다. 예를 들어, 콜튼이 성령의 곁에 있던 작은 의자에 앉아 있었다고 말하자, 토드는 그에게 성령께서 어떤 모습이었느냐고 물었다.

"흠, 설명하기가 좀 어려워요. …… 성령님은 파랬어요." 콜튼이 대답했다.[12]

그런 말은 계속되는 질문이나 설명을 필요로 한다. "파랬다고?" 콜튼은 성령님을 '파파 스머프'로 생각하고 있는 것일까? 아니면 파란 안개와 같다고 말하는 것일까? "파랬다고?" 대체 콜튼은 무엇을 말하고 있는 것일까?

토드도 처음에는 이와 비슷한 의문을 가졌던 것으로 보인다. (그는 "나는 그 광경을 그려 보려고 노력했다"라고 말했다.) 그러나 콜튼은 얼른 주제를 바꾸었을 뿐, 더 이상의 설명을 덧붙이지 않았다. 콜튼이 무엇을 생각하고 그런 말을 했는지는 책을 20쪽 이상 읽어 내려가면 좀 더 확실해진다. 콜튼은 자기 아버지가 말씀을 전할 때 예수님이 하늘에서 "능력을 쏟아 내신다"고 말했다. 토드는 이번에는 "그 능력은 어떤 것이지?"라는 질문으로 콜튼의 설명을 유도했다.

"그 능력은 바로 성령님이었어요."[13] 콜튼은 성령님을 텔사 코일(고압 전류를 만들어 내는 장치_편집자주)에서 방출되는 전기와 같은 존재로 여기는 듯 보였다. 그는 예수님이 손가락 끝으로 설교자들을 향해 푸른 번갯불을 날릴 수 있는 능력을 지니고 계시는 것처럼 생각했다.

토드 부포는 너무 놀라 할 말을 잃고 말았다. 그는 "사람들의 머리 위에 만화의 말풍선을 그려 넣는다면, 내 머리 위의 말풍선에는 물음표와 감탄사가 가득 들어차 있었을 것이 틀림없다"라고 말했다.[14] 그러나 이미 토드는 콜튼이 천국을 보았다고 확실하게 믿고 있는 상태였다. 그는 자신이 설교할 때마다 항상 기도로 하나님의 도우심을 구한다는 사실을 기억하고, "하나님이 '능력을 쏟아 내시어' 기도에 응답하신다고 생각하는 것은 참으로 놀랍기 그지없는 일이었다"라고 말했다.[15]

취학 전 어린아이가 전하는 영지주의적인 통찰력

부포 목사는 콜튼의 증언을 토대로 예수님을 제외한 천국의 모든 거주자가 날개와 후광을 지니고 있다고 믿었다.[16] 또한 콜튼은 천국의 거주자들이 "숙제"를 하며 시간을 보냈다고 말했고,[17] 자신이 태어나기 오래전에 세상을 떠난 할아버지는 물론, 세상의 빛을 보지 못한 채 사라진 누이와도 대화를 나누었다고 말했다(콜튼의 어머니는 유산을 경험한 적이 있다).[18]

콜튼은 태어나지 않은 누이가 "어린 소녀"의 모습으로 나타났고, 예순한 살에 세상을 떠난 할아버지는 스물아홉 살 청년처럼 보였다고 말했다.[19] 그리고 콜튼 자신은 천국에 있는 동안 세 살 된(곧 네 살이 될) 어린아이로 지냈다고 말했다. 그는 자신도 다른 사람들처럼 날개가 있었지만, 그 크기가 매우 작아 실망스러웠다고 말했다.[20] 또한 그는 천국의 거주자들이 모두 칼을 하나씩 차고 있었는데, 자기는 너무 어려서 칼을 받지 못했다고 말했다. "예수님은 제게 칼을 주지 않으셨어요. 제게는 칼이 너무 위험하다고 말씀하셨어요."[21]

토드 부포의 질문들은 이상하게도 사물의 생김새에 주로 초점을 맞추었다. 그가 성령님의 생김새를 물은 것은 그런 질문들 가운데 하나였다. 네 살 된 콜튼이 천국의 거주자들을 목격했다고 말하자 토드는 즉시 그들의 생김새를 말해 달라고 요구했다. 그는 "내가 물을 수 있는 질문은 '그 아이들이 어떻게 생겼니? 천국에 있는 사람들의 모습이 어땠니?' 와 같은 잘문이었다"라고 말했다.[22] 콜튼이 천국에서 마귀를 보았다고 말할 때에도 부포 목사의 첫 번째 질문은 "그가 어떻게 생겼니?"[23]였다.

물론, 토드 부포는 아들에게 그리스도의 생김새를 묻는 질문도 빼놓지 않았다.

콜튼은 천국에서 예수님을 보았다. 그분의 모습은 어떻게 생기셨을까? 내가 이 문제를 자주 생각하는 이유는 내가 그리스도의 모습을 그린 그림과 사진들이 많이 걸려 있는 병원, 교회 혹은 기독교 서점과 같은 곳에서 많은 시간을 보내는 목회자이기 때문이다. 우리 가족은 예수님의 모습을 묻는 것을 일종의 놀이처럼 느꼈다. 우리는 예수님의 사진을 발견할 때마다 콜튼에게 "이 사진은 어떠니? 예수님을 닮았니?"라고 묻곤 했다.
그러면 콜튼은 잠시 사진을 쳐다보고는 작은 머리를 가로저으며 "아니에요. 머리카락이 달라요"라거나 "옷이 달라요"라고 대답하곤 했다.
이런 일이 3년 동안 수십 차례나 반복되었다.[24]

그러던 중 부포 목사는 텔레비전에서 뛰어난 그림 솜씨를 지닌 열두 살 된 소녀를 발견했다. 그녀도 천국에 다녀왔다고 주장했다. 그녀는 엄숙한 표정을 한 푸른 눈의 남자를 그려 놓고, 그것이 자신이 목격한 예수님의 모습이라고 말했다. 콜튼이 그 그림을 보고 정확하다고 말하자 토드는 "마침내 우리는 아키아나의 그림을 통해 예수님의 얼굴을 보게 되었다. 꼭 같지는 않더라도 최소한 놀라울 정도로 닮은 모습을 보게 된 것이다"라고 말했다.[25]

(푸른 눈의 예수님은 절대 사실일 리가 없다. 푸른 눈은 셈족 고유의 눈이 아니라 열성 유전에 해당한다. 종족 간의 결혼이 이루어진 세대, 곧 1세기의 헬라화된 유대인의 경우에는 푸른 눈을 가진 사람이 있을 수도 있었을 텐지만, 신약성경에 기록된 예수님의 계보에 따르면 그분이 푸른 눈을 가지셨을 가능성은 전혀 없다.)

콜튼의 임사 체험에 관한 토드 부포의 자세한 이야기는 대부분 콜튼이 병원에서 퇴원하고 나서 몇 달 뒤에 세상에 알려졌다. 그 당시에도 이야기는 일목요연하지 못했다. 단편적인 말과 일화들이 오랜 기간에 걸쳐 간간이 전달되었다. 그런 이야기는 대개 부모의 집요한 질문에 대한 대답의 형식으로 이루어졌다. 그들은 수년에 걸쳐 콜튼의 기억을 자극해 새로운 세부 내용들을 얻어 냈다. 부포 목사는 사후 세계에 관한 콜튼의 지식이 직접적인 경험을 통해 주어진 것이라고 확신했다. 그는 천국에 대한 아들의 증언이 신뢰성과 정확성과 권위를 지닌다고 믿었다.

팀 찰리스는 이 책에 대해 다음과 같이 간결하게 논평했다.

콜튼의 경험담은 대부분 일정한 유형을 따른다. 그가 그의 아버지에게 몇 가지 세부적인 내용을 증언하면, 그의 아버지는 숨이 막히거나 심장이 멈출 것처럼 놀라워한다. "숨을 제대로 쉴 수가 없었다. 정신이 하나도 없고, 머리가 빙빙 돌았다." 그런 다음에는 콜튼이 증언한 경험을 입증하기 위한 성경 구절이 그의 머릿속에 떠오르고, 콜튼은 지루해 하면서 자리를 떠난다. 그런 과정이 계속 되풀이된다.[26]

그릇된 믿음

아무 분별력 없이 『3분: 소년의 3분은 천상의 시간이었다』를 읽는 독자들은 거기에 성경 구절이 인용되어 있는 것을 보고 부포 목사가 아들의 이야기를 성경에 열심히 비추어 보고, 그것을 근거로 이야기의 정확성을 판단했다고 생각하기 쉽다. 그러나 인용된 성경 구절을 유심히 살펴보고, 그것을 문맥 속에서 분별 있게 분석할 줄 아는 독자의 경우에는 성경 구절을 인용해 증거로 삼으려는 토드 부포의 방법이 성경을 진지하게 대하는 것과는 전혀 거리가 멀다는 사실을 분명하게 감지할 수 있다. 그는 성경의 권고와 지시를 무시한 채 모든 것을 주의 깊게 헤아리지 못했다(살전 5:21; 행 17:11).

놀랍게도 토드 부포 자신도 "콜튼의 이야기를 성경 말씀에 비춰 잘 살펴보지 못했다"라고 인정했다.[27] 그러나 그는 그렇게 말하면서도 콜튼이 "전혀 당황하지 않고 성경적인 시험대를 차분하게 통과했다"고 선언했다.

그렇다면 그런 경우에 성경적인 문제는 어떤 식으로 처리되었을까? 예를 들어, 토드는 아들에게 하나님의 보좌를 보았느냐고 물었다. 그는 먼저 아들에게 "보좌"가 무엇인지를 설명해야 했다. ("나는 성경 이야기 책을 펼쳐 들고, 그것을 가리켰다.")

콜튼은 "아, 맞아요. 그것을 여러 차례 보았어요." 콜튼이 대답했다.

그러면 토드는 다른 때에도 종종 그랬듯이 갑자기 크게 흥분하기 시작한다. "내 심장의 박동이 조금 빨라졌다. 나도 과연 하나님의 보좌가 있는 천국의 현실을 들여다보게 될까?"

콜튼의 말은 계속되었다. "예수님이 하나님 바로 옆에 앉아 계신다는 것을 알고 있나요? 예수님의 보좌는 그분의 아버지가 앉아 계시는 보좌 바로 옆에 있어요."[28]

부포 목사는 여기에서도 아들의 말을 무조건 믿는 어리석음을 고스란히 드러냈다(그는 네 살 된 어린아이가 삽화가 그려진 성경책을 보고 무슨 생각을 떠올리는지 전혀 고려하지 않았다). 그는 "너무나 놀라워 정신이 없었다. 네 살 된 어린아이가 그 사실을 알 리가 없었다. 나는 다시금 '아들이 그것을 직접 본 것이 틀림없어' 라고 생각하지 않을 수가 없었다"고 말했다.[29]

『3분: 소년의 3분은 천상의 시간이었다』의 가장 큰 문제 가운데 하나는 토드 부포가 개인의 경험이 성경보다 더 확실하다는 신념을 거듭 암시하는 데 있다(그는 마취 상태에 있던 세 살 된 어린아이의 괴이한 기억을 성경보다 더 중요하게 생각했던 것으로 보인다). 그는 "어린 시절부터 목회자가 된 지금까지 반평생을 신자로 살아왔다. 전에는 그 사실을 말로만 믿었지만, 이제는 직접 알게 되었다"고 말했다.[30] 콜튼의 천국 여행기는 토드가 전에 성경을 연구해 알게 된 천국에 관한 사실보다 그에게 더 큰 영향을 미쳤던 것이 분명하다.

그런 식의 사고방식은 성경의 권위는 물론, 믿음과 경험에 관한 성경의 가르침과 정면으로 충돌한다. 신자가 스스로 미혹되지 않도록 보호하는 가장 중요한 방어책은 하나님의 기록된 말씀이 그 누구의 경험보다 훨씬 더 권위가 있고, 또 확실하다는 신념이다. 성경은 이 사실을 분명하게 가르친다. 예를 들어, 사도 베드로는 변화 산의 경험을 언급하면서(이것은 다른 증인들도 함께 목격했던 놀라운 기적이었다), "교묘히 만든 이야기를 따른 것이 아니요 …… 하늘로부터 난 것을 들은 것이라"(벧후 1:16, 18)고 말했다. 그것은 천국의 영광을 가까이에서 직접 목격한 전례 없는 놀라운 사건이었다. 그러나 베드로는 기록된 하나님의 말씀이 그런 놀라운 경험보다 훨씬 더 확실하다고 말했다. "또 우리에게는 더 확실한 예언이 있어 …… 너희가 이것을 주의하는 것이 옳으니라"(19절).

믿음은 어린아이의 신비로운 경험을 무조건 맹신하는 데서 비롯하지 않는다. 참 믿음은 "들음에서 나며 들음은 그리스도의 말씀으로 말미암았느니라"(롬 10:17).

그럼에도 불구하고, 부포 목사는 어린 콜튼의 경험을 성경보다 더 확실한 믿음의 근거로 삼았다. 토드는 "내 어머니가 하는 말이 마음에 와 닿는다"고 말하고 나서 자신의 어머니가 했던 말을 인용해 모든 이야기를 이렇게 마무리했다. "전에는 천국이 있다는 사실을 머리로만 받아들였지만, 지금은 마음속에 생생하게 그릴 수 있다. 전에는 말로만 들었지만, 지금은 언젠가 나도 그곳을 직접 보게 될 것을 안다."[31]

무엇이 위험한가?

『3분: 소년의 3분은 천상의 시간이었다』를 길게 비평한 이유는 이 책이 동일 장르에 속하는 책들 중에서 가장 많은 문제를 안고 있기 때문이 아니라 평범한 복음주의 신자가 이런 책을 아무런 해가 없다고 생각하며 읽을 가능성이 높기 때문이다. 이 책은 성경의 권위와 충족성을 훼손할 뿐 아니라 믿음과 미신을 혼동하며, 인간의 경험을 하나님의 말씀보다 더 높이 격상시킨다. 또한 성경이 가르치지 않는 하나님과 영적 세계에 관한 것을 가르치며, 성경이 아니라 신비로운 현상을 경험한 누군가의 증언을 믿음의 자극제로 받아들이도록 유도한다.

다음 장에서부터는 "성경은 천국을 어떻게 가르치는가?"라는 문제를 살펴볼 생각이다. 아울러 부록에서는 가사 상태에서 천국을 방문했다는 이야기 가운데 가장 인기 있고 영향력이 큰 책들 가운데 몇 권을 비판적으로 다룰 예정이다. 그런 책들 가운데는 복음주의 출판사에서 발간한 밀리언셀러 두 권이 포함된다. 그런 책을 쓴 저자들은 물론, 수많은 독자들까지도 인간의 증언을 신뢰와 권위를 갖춘 것으로 받아들인다. 그들은 성경에서 배울 수 있는 것보다 훨씬 월등한 깨달음을 그런 이야기를 통해 얻을 수 있다고 확신한다. 한 마디로, 이런 책들은 천국과 사후 세계에 관한 영지주의적인 사상과 비슷한 입장을 취한다. 참으로 위험하고 그릇된 일이 아닐 수 없다. 이 책들은 신비주의적인 미신에 깊이 물든 것들도 있고, 언뜻 보기에 아무런 해가 없어 보이는 것들도 있다. 이 책들은 영혼의 불멸성, 사후의 삶, 천국과 불의한 자들이 가게 될 지옥, 장차 다가올 심판에 관한 진리를 안전하게 배울 수 있는 곳은 오직 성경뿐이라는 사실을 우리에게 다시금 상기시켜준다.

이것이 이번 장을 마무리하면서 내가 강조하고 싶은 요점이다. "오직 성경으로 Sola Scriptura!"라는 원리를 굳게 붙잡아라. 이 원리는 성경의 권위와 충족성을 의미한다. 신자를 위한 믿음과 실천의 유일한 규칙은 오직 성경뿐이다. 성경의 근거가 불확실한 가르침이나 신념, 의무는 신자에게 아무런 구속력을 발휘할 수 없다.

또한 "오직 성경으로!"라는 원리는 성경이 다른 모든 지식의 원천이나 진리 주장은 물론이고, 그 어떤 종교적 전통이나 새로운 계시보다도 더 월등한 지위를 차지한다는 것을 의미한다.

이 원리는 오랫동안 무시되고 부인되다가 종교개혁 당시의 개혁자들에 의해 새롭게 회복된 성경적 기독교의 근본 원리 가운데 하나다. 이 원리가 묵살되었던 이유는 그릇된 가르침, 중세의 미신, 교회의 부패, 성경의 권위에 복종하지 않은 데서 비롯하는 많은 문제로 인해 건전한 성경의 교리가 교회의 삶으로부터 밖으로 내몰렸기 때문이다. 오늘날 임사 체험기(또는 성경 외에 다른 곳에서 영적 깨달음을 얻을 수 있다는 주장)에 복음주의 신자들이 열광하는 현상은 그런 배교 행위를 되풀이하는 것에 지나지 않는다.

성경을 하나님의 말씀으로 믿는다면, 성경과 모순되거나 성경의 가르침에서 벗어나는 사사로운 경험담을 모두 거부해야 한다. 무익한 사변이나 그릇된 진리 주장, 새로운 계시 등으로 하나님의 말씀을 의지하는 순전한 믿음을 버리게 만드는 유혹의 덫에 걸려들어서는 안 될 것이다.

THE
GLORY
OF
HEAVEN

천국에서 진정으로
중요한 것은 무엇인가?

최근에 베스트셀러가 된 천국 여행기는 모두 한 가지 그릇된 공통점을 지닌다. 그런 책들은 모두 천국 자체는 다소 세속적으로 묘사하면서 천국 여행담만 영웅적으로 보이게 만들려고 한다는 것이다.

우리는 나르시시즘에 빠진 문화 속에서 살고 있다. 그런 사실이 천국에 다녀왔다고 주장하는 사람들의 이야기에서도 분명하게 확인된다. 그런 이야기들을 읽고 있으면, 천국을 배경으로 삼아 인간을 전면에 부각시키는 것처럼 느껴진다. 천국의 핵심인 하나님의 영광에 대해서는 비교적 말이 적다. 모두 인간이 얼마나 좋은 감정을 느꼈는지, 얼마나 행복하고, 평화롭고, 위로가 넘쳤는지를 설명하는 데 지면의 대부분을 할애한다. 인간이 누리는 특권과 찬사, 인간의 경험이 주는 즐거움과 깨달음, 성경만으로는 절대 깨달을 수 없는 진실을 알게 되었다고 자랑하는 것에만 온통 초점이 맞춰져 있다. 그들은 하나님의 영광에 대해서는 그다지 관심을 기울이지 않고, 인간의 자아를 높이 우러르는 것만을 중시한다. 간단히 말해, 천국에 관한 진실 가운데 가장 중요한 것을 제외한 나머지 것들만 강조하는 셈이다.

천국에서 진정으로 중요한 것은 무엇인가?

천국이 슬픔과 죄는 없고, 기쁨과 환희가 가득한 지복의 장소라는 사실은 분명하다. 천국은 은혜와 평화만이 넘치는 곳이다. 천국에는 구원받은 자들에게 주어질 온갖 참된 보화와 영원한 상급이 예비되어 있다. 장차 천국에 가게 될 사람들은 타락한 인간으로서는 감히 누릴 수 없고, 상상할 수조차 없는 기쁨과 영예를 누리게 될 것이다. 그러나 실제로 천국을 목격했고, 살아서 그 사실을 증언한다면, 그런 행복과 기쁨만을 중시하지 않을 것이다.

오히려 천국을 영광스럽게 만드는 하나님의 위대하심과 은혜에 더 큰 관심을 기울일 것이 틀림없다.

그런데 어찌된 연유로 모두들 더 이상 천국의 영광을 경이롭게 생각하지 않는 것일까? 할리우드의 특수 효과에 너무 익숙하다 보니 높이 들린 보좌에 앉아 계시는 전능하신 하나님의 영광이 이사야 선지자 당시보다 훨씬 덜 인상적으로 느껴지게 된 것일까? 기술 문명이 고도로 발달된 세련된 문화 속에서 살다 보니 천국의 영광쯤은 그다지 영광스럽지 않게 보이게 된 것일까?

내 생각은 다르다. 성경을 진정으로 믿는 사람이라면, 자아에 초점을 맞추고 하나님의 영광에는 별로 관심을 기울이지 않는 천국 여행기들이 사실이 아니라고 결론지을 것이 분명하다. 사실, 그런 이야기들은 인간의 상상(꿈, 환각, 그릇된 기억, 공상, 심하게는 의도적인 거짓말)이 빚어낸 허구이거나 아니면 마귀에게 현혹되어 지어낸 이야기거나 둘 중에 하나일 뿐이다.

이렇게 단언할 수 있는 이유는 성경이 천국에 다녀온 사람이 없다고 말씀하고 있기 때문이다. "하늘에 올라갔다가 내려온 자가 누구인지"(잠 30:4). "하늘에서 내려온 자 곧 인자 외에는 하늘에 올라간 자가 없느니라"(요 3:13). 성경에 기록된 천국에 관한 증언은 죽은 사람들이 직접 그곳에 다녀온 경험담이 아니라 모두 환상 중에 목격한 사실들이다. 더욱이 성경에서 환상을 통해 천국을 목격한 사례는 그렇게 많지 않다. 그런 사례는 한 손의 손가락으로 모두 꼽을 수 있을 정도에 불과하다.

오늘날 복음주의 공동체 안에서 큰 인기를 누리고 있는 이야기들은 우리가 성경에서 읽는 천국에 관한 증언과 전혀 일치하지 않는다.

성경에서 선지자에게 환상 중에 천국을 목격하는 은혜가 허락된 경우, 그의 관심은 온통 하나님과 그분의 보좌를 둘러싸고 있는 지극한 영광에 모아지곤 했다. 성경은 천국의 광경을 너무나도 장엄하게 묘사하고 있다. 우주 안에 있는 그 무엇도, 아니 우주 자체의 영광스러움마저도 피조물의 관심을 하나님의 영광으로부터 다른 곳으로 돌리게 만들 수 없다. 하나님 앞에 거하는 영광스러운 천사들조차도 항상 하나님의 얼굴만을 바라본다(마 18:10).

더욱이 성경은 유한한 인간이 환상 중에 천국을 목격하는 경우, 스스로의 무가치함과 죄와 부패함을 절실히 의식하며 극도의 두려움을 느낀다고 가르친다. 성경에 나오는 위대한 선지자들 가운데 몇몇 사람은 천국의 영광을 목격하는 즉시 무가치함과 수치심을 느끼고, 그 자리에 있어서는 안 될 것처럼 행동했다.

이사야는 "화로다 나여 망하게 되었도다 나는 입술이 부정한 사람이요 나는 입술이 부정한 백성 중에 거주하면서 만군의 여호와이신 왕을 뵈었음이로다"(사 6:5)라고 외쳤고, 사도 요한은 "내가 볼 때에 그의 발 앞에 엎드러져 죽은 자 같이 되매"(계 1:17)라고 말했으며, 에스겔도 "내가 보고 엎드려 말씀하시는 이의 음성을 들으니라"(겔 1:28)라고 말했다.

다니엘도 성육신 이전의 그리스도의 영광을 목격하고 그와 비슷한 태도를 취했다. "이 큰 환상을 볼 때에 내 몸에 힘이 빠졌고 나의 아름다운 빛이 변하여 썩은 듯하였고 나의 힘이 다 없어졌으나 내가 그의 음성을 들었는데 그의 음성을 들을 때에 내가 얼굴을 땅에 대고 깊이 잠들었느니라"(단 10:8-9). 그는 음성이 그쳤을 때도 "내가 곧 얼굴을 땅에 향하고 말문이 막혔더니"(15절)라고 말했고, 그런 다음에 간신히 말할 기력을 되찾았을 때도 여전히 큰 고통을 느끼며 "이 환상으로 말미암아 근심이 내게 더하므로 내가 힘이 없어졌나이다 내 몸에 힘이 없어졌고 호흡이 남지 아니하였사오니"(16-17절)라고 말했다.

성경에 기록된 천국에 대한 환상은 모두 인간으로서 감당할 수 없는 위대함과 견딜 수 없는 광채를 묘사한다. 당연한 일이다. 하나님의 영광이 천국에 있는 모든 것을 비춘다. 그곳에는 다른 발광체가 필요하지 않다(사 60:19; 계 21:23, 22:5). 그 밝기를 비교하면 태양조차도 어둡고 음침할 뿐이다. 천국의 영광은 무한히 섬세하고, 초월적이며, 아름답고, 경이로우며, 놀라움과 기쁨으로 충만하다. 천국을 영원히 지켜본다고 해도 절대 지루하지 않을 것이다. 그런 장소가 신자를 위해 예비 되어 있다.

그러나 천국의 영광은 유한한 인간을 황홀하게 만들거나 자기 확신을 부추기는 역할을 하지 않는다. 오히려 그와 정반대다. 하나님의 영광을 아무런 매개물 없이 직접 보는 것은 영화롭게 되지 않은 인간의 육체에 심각한 손상을 입힐 만큼 강력하다. 하나님은 모세에게 "네가 내 얼굴을 보지 못하리니 나를 보고 살 자가 없음이니라"(출 33:20)라고 말씀하셨다. 사도 바울은 "가까이 가지 못할 빛에 거하시고 어떤 사람도 보지 못하였고 또 볼 수도 없는 이시니"(딤전 6:16)라는 말로 하나님의 영광을 묘사했다.

그럼에도 불구하고 하나님의 영광을 보고 싶어 하는 열망은 참 믿음의 표징 가운데 하나다. 그것은 천국의 가장 큰 보상이자 가장 강력한 매력에 해당한다. 천국은 하나님의 영광이 그 온전한 광채를 영원히 뿜어내는 곳이다. 신자는 그곳에서 아무런 손상도 입지 않고 그 영광을 바라볼 수 있다. 구원받은 자들은 영화롭게 된 육체, 곧 천국 생활에 적합한 육체를 지니게 될 것이다. 그들은 하나님의 영광을 보고, 그것을 묵상하고, 반사하고, 영원히 즐거워할 것이다. 예수님은 "마음이 청결한 자는 복이 있나니 그들이 하나님을 볼 것임이요"(마 5:8)라고 말씀하셨다. 그들은 죄와 죄책의 영향을 조금도 받지 않고, 방해물이나 매개

물 없이 직접 그분의 영광을 보게 될 것이다. 요한은 "그의 참 모습 그대로 볼 것이기 때문이니"(요일 3:2)라고 말했다. 이런 기대감은 참된 구원 신앙의 핵심에 해당한다(히 11:16).

따라서 모세는 생사를 의식하지 않고 하나님의 영광을 직접 보고 싶어 했다. 하나님은 그런 그를 동굴에 감추어 두시고, 그 앞을 지나갈 때 잠시 그 모습을 볼 수 있도록 허락하셨다. 모세는 그렇게 보호된 상태로 하나님의 등을 보았고, 그 결과 그의 얼굴에서는 한동안 하나님의 영광을 반사하는 빛이 뿜어 나왔다. 그런 작은 영광의 광채조차도 이스라엘 백성에게 두려움을 안겨 주었다(출 34:30). 모세는 수건으로 얼굴을 가려야 했다.

모세의 얼굴에 반사되어 나타난 광채가 그런 두려움을 심어 주었다면, 환상 중에 천국을 목격하고 살아서 그 일을 전한 성경 인물들이 온몸이 마비될 정도의 두려움을 느꼈다고 고백하는 것은 너무나도 당연하다. 누구든지 천국을 진정으로 목격했다면 그렇게 말해야 마땅하다.

그와는 대조적으로, 오늘날의 임사 체험기는 천국을 방문했다고 주장하는 사람들의 자아를 웅장하게 부풀리는 데 초점을 맞추고 있다. 성경에서 천국을 목격한 선지자들과 사도들은 모두 할 말을 잃고 극도의 수치심을 느끼며 하나님의 영광 앞에서 숨을 곳을 찾았지만, 콜튼 부포는 천국의 거주자들이 자신을 크게 높이며 환대했다고 주장했다. 그는 웃으면서 이렇게 말했다. "그들이 나를 위해 작은 의자를 가져다주었어요. 저는 성령 하나님 옆에 앉았어요."[1]

요즘 인기를 누리는 사후 세계 이야기는 천국의 진정한 영광에는 아무런 관심을 기울이지 않고, 단지 자기를 으스대는 듯한 인상을 강하게 풍긴다. 메리 닐은 자신이 천국에 도착했을 때 "큰 환영단"이 자신을 반갑게 맞아 주었다고 말했다. 그녀는 그 환영단 가운데는 ("어렸을 때 나를 돌봐주었던 시비츠 부인"을 비롯해) 자신의 죽은 친구들과 친척들이 포함되어 있었다고 말했다. "하나님이 그들을 보내셨고, 그들은 내가 지금까지 경험해 왔고, 또한 상상할 수 있는 것보다 훨씬 더 큰 기쁨을 드러내며 나를 반갑게 맞아 주었다. 그것은 그 무엇도 섞이지 않은 순수한 기쁨이었다."[2]

케빈 말라키는 『천국에서 돌아온 소년 The Boy Who Came Back from Heaven』에서 자기 아들 알렉스가 ("대부분 그가 잠을 자고 있을 때") 천국을 정기적으로 방문한다고 주장했다.

> 그는 막 문 안에 도착해 경비를 서고 있는 천사들과 대화를 나누었다. …… 그런 다음 알렉스는 성전에 들어가 하나님과 대화를 나누었다. 확실히 알 수는 없지만, 그는 그곳으로 가는 도중에도 다른 천사들과 대화를 나누었을지도 모른다. …… 알렉스는 하나님이 방문의 시간이 끝났다고 말씀하실 때까지 그분과 계속 대화를 나누었다. 때로는 그 만남에 다른 천사들이 개입할 때도 있었고, 때로는 하나님과 알렉스 단 둘이서만 있을 때도 있었다.[3]

아들의 경험담을 소개하는 말라키의 이야기는 이 점에서 나머지 책들과는 조금 다르다. 그는 성경에 기록되어 나타나는 하나님의 영광을 언급했을 뿐 아니라 심지어는 천국의 영광을 목격한 성경 인물들이 두려움을 느꼈다고 말하는 성경 구절을 두어 곳 인용하기까지 했다. 그러나 하나님의 영광은 케빈 말라키가 전하는 이야기의 중심 주제가 아닌 각주에 지나지 않았다. 그는 자신의 어린 아들이 하나님의 영광 앞에서도 아무런 두려움 없이 행동했다는 것에 모든 초점을 맞추었다.[4] 케빈에 따르면, 천사들은 알렉스에게 두려워하지 말라고 거듭 말했지만 어린 알렉스는 순진한 어린아이답게 천국의 모든 영광 가운데서도 스스럼없이 행동했다고 한다.

천국을 목격한 성경 속의 인물들은 모두 스스로의 무가치함과 부패함을 절실히 의식했지만, 요즘의 천국 여행기에서는 그런 내용은 물론이고 천국의 주된 특징인 영광을 경이롭게 묘사하는 내용조차 전혀 발견되지 않는다.

이런 이야기들과 에스겔이 환상 중에 목격한 광경을 묘사하는 내용을 한 번 비교해 보라. 에스겔은 "바퀴 안에 바퀴가 있는"(겔 1:16) 것 같은 형상을 목격했다. 그는 그 광경을 이렇게 묘사했다. "그 생물들은 번개 모양 같이 왕래하더라"(14절). "그들이 갈 때에는 사방으로 향한 대로 돌이키지 아니하고 가며"(17절). "생물들이 갈 때에 내가 그 날개 소리를 들으니 많은 물 소리와도 같으며 전능자의 음성과도 같으며 떠드는 소리 곧 군대의 소리와도 같더니"(24절). "그 사방 광채의 모양은 비 오는 날 구름에 있는 무지개 같으니 이는 여호와의 영광의 형상의 모양이라"(28절). 보다시피 말로 다 형용할 수 없는 영광을 언급하고 있는 것을 알 수 있다.

그런 상황은 "의자를 앞으로 당겨 편안히 앉거라"라고 말할 수 있는 상황과는 거리가 멀다. 오히려 에스겔은 "내가 보고 엎드려"(28절)라고 말했다.

놀라운 환상

사도 요한이 환상 중에 천국을 목격한 것은 천국에 관한 성경의 기록 가운데 가장 상세하다. 요한계시록의 거의 전부를 차지하고 있는 그의 증언은 요즘에 인기를 누리는 천국 여행기의 허구성을 여실히 드러낸다.

요한이 요한계시록을 기록한 이유는 천국의 모습을 설명하기 위해서가 아니다. 로마서 2장 5절의 말씀을 빌려 말하면, 그의 환상은 "하나님의 의로우신 심판이 나타나는 그 날에 임할 진노"를 주로 다룬다. "계시록"이라는 명칭은 요한계시록의 첫 문장에 나오는 헬라어 "아포칼립시스"(계 1:1)를 번역한 것이다. 이 말에서 "apocalypse"라는 영어 단어가 유래했다. 이 단어는 파국이나 대변동을 가져다줄 사건을 묘사할 때 종종 사용된다. 요한은 요한계시록에서 파국 중의 파국을 증언했다. 요한의 환상은 말 그대로 궁극적인 종말을 다룬다.

요한의 환상은 장차 두렵고도 엄위로운 하나님의 진노가 온 세상에 쏟아질 것을 목격했던 예언적인 계시였다. 그는 요한계시록 마지막에서 그런 모든 종말론적 사건들이 결국에는 하나님의 승리, 새 하늘과 새 땅의 출현, 충실한 신자들의 영원한 안식과 지복으로 귀결될 것이라고 증언했다.

요한계시록의 마지막은 성도의 영원한 안식을 가장 아름답고 완벽하게 묘사한다. 그러나 이것이 요한이 본 환상의 핵심이 아니라는 점을 잊어서는 안 된다. 요한의 진정한 목적은 하나님의 진노와 끔찍한 환난이 우리의 상상을 뛰어넘는 전무후무한 규모로 모든 인류에게 임할 것을 증언하는 데 있다. 그는 놀람과 경이감, 공경심과 경외심을 불러일으키기를 원했다. 그는 그런 목적을 염두에 두고 성경에서 천국에 관한 기록 가운데 가장 상세한 기록을 남겼다.

천국에 관한 바울의 환상은 너무나도 생생하고 현실적이었다. 그는 "(그가 몸 안에 있었는지 몸 밖에 있었는지 나는 모르거니와 하나님은 아시느니라)"라는 말을 두 차례나 언급했다(고후 12:2-3). 이 점은 요한도 마찬가지였다. 그도 "내가 성령에 감동되어"라고 두 번 말했다(계 1:10, 4:2). 그의 환상은 성령의 감동으로 주어진 것이었다. 꿈이나 환각, 임사 체험이나 요한의 상상력이 빚어낸 허구와는 전혀 무관했다. 성령께서 그의 영을 감동하시어 물질세계를 초월하게 하시고, 그 스스로의 감각으로는 결코 의식할 수 없는 거룩한 계시를 그에게 보여 주셨다(그는 꿈을 꾸는 상태가 아니라 온전히 깨어 있었다). 요한의 환상은 성경에서 발견되는 예언적 환상 가운데서 가장 길고 상세하다. 바울의 환상과 마찬가지로 요한의 환상도 너무나도 생생해 그가 묘사하는 사건들을 그 스스로가 직접 경험하는 듯한 인상을 풍겼다.

환상은 순간적으로 주어졌다. 요한은 "내가 보니 하늘에 열린 문이 있는데 내가 들은 바 처음에 내게 말하던 나팔 소리 같은 그 음성이 이르되 이리로 올라오라 이 후에 마땅히 일어날 일들을 내가 네게 보이리라 하시더라 내가 곧 성령에 감동되었더니 보라 하늘에 보좌를 베풀었고 그 보좌 위에 앉으신 이가 있는데"(계 4:1-2). 어두운 터널이나 천상의 환영단을 비롯해 영혼이 붕 떠오르는 느낌이 들면서 지상에 남겨진 육신을 뒤돌아보는 것 같은 현상은 고사하고, 명상을 통해 의식을 하늘로 투사하려는 시도조차 없었다. 그는 "성령의 감동하심"을 받고, 밧모 섬에서 단번에 천상의 영역으로 들어갔다.

요한의 의식이 가장 먼저 하나님의 보좌로 향했다는 사실도 간과해서는 안 된다. "보라 하늘에 보좌를 베풀었고 그 보좌 위에 앉으신 이가 있는데." 요한계시록 4장에 기록된 내용은 모두 보좌에 초점을 맞춘다. 또한, 나중에 이어지는 내용에서도 요한은 거듭 하나님의 보좌를 언급했다. (하나님의 보좌라는 표현은 요한계시록 22장 전체 가운데서 14장에 걸쳐 모두 40회 이상 사용되었다.) 앞에서도 살펴보았고 앞으로도 몇 차례 더 살펴볼 예정이지만, 하나님의 보좌는 천국의 핵심이자 중심축이다.

요한은 몇 구절에 걸쳐 보좌 주의에 있는 생물들과 그 형상과 빛과 색채를 묘사했다. 그는 5장에서도 하나님의 보좌와 그 주위 광경을 묘사했다. 내가 여기에서 말하려는 요점은 보좌 주위에서 이루어진 경건한 예배에 있다.

예배는 보좌 곁에 대기하고 있는 경이로운 생물들에 관한 묘사에서부터 시작한다. "보좌 주위에 네 생물이 있는데 앞뒤에 눈들이 가득하더라 그 첫째 생물은 사자 같고 그 둘째 생물은 송아지 같고 그 셋째 생물은 얼굴이 사람 같고 그 넷째 생물은 날아가는 독수리 같은데"(계 4:6-7).

이 생물들은 천사들이다. 에스겔이 환상 중에 천국을 보면서 묘사했던 네 생물과 똑같은 생물인 것이 분명하다. 에스겔은 에스겔서 10장에서 이 생물들을 "그룹"으로 일컬었다. 시편 80편 1절과 99편 1절도 하나님이 "그룹 사이에 좌정해" 계신다고 증언한다. 이사야는 환상 중에 천국을 목격하고서 "내가 본즉 주께서 높이 들린 보좌에 앉으셨는데 그의 옷자락은 성전에 가득하였고 스랍들이 모시고 섰는데"(사 6:1-2)라고 증언했다. 그는 스랍들을 보좌를 지키는 날개 달린 생물로 묘사했다. "스랍"이라는 용어는 성경에 단 두 번 사용되었고, 모두 이사야서 6장에서만 나타난다. 이 말의 어근에는 "불"의 의미가 담겨 있다. 따라서 스랍은 그룹 가운데 불같이 빛나는 존재들을 가리키는 것으로 추정된다. 에스겔은 동일한 생물을 "그룹"으로 일컬은 것으로 보인다. 이들 생물은 천사들 가운데서도 지위가 높은 특별한 천사일 가능성이 높다.

에스겔이 "그룹"으로 일컬은 생물들은 라파엘이 그린 그룹의 형상, 곧 귀엽고 몽환적인 얼굴을 한 어린아이 같은 천사의 모습과는 크게 대조된다. 그들은 흔히 볼 수 있는 도자기 천사의 모습과 하나도 닮지 않았다. 에스겔은 "그들에게 사람의 형상이 있더라 그들에게 각각 네 얼굴과 네 날개가 있고"(겔 1:5-6)라고 말했다. 그들은 팔다리와 직립의 능력을 갖춘 사람 같은 형상을 지녔고, 요한의 말대로 온몸에 눈이 가득했다.

에스겔의 증언도 마찬가지다. 그러나 그의 증언은 좀 더 세밀하다.

'내가 그 생물들을 보니 그 생물들 곁에 있는 땅 위에는 바퀴가 있는데 그

네 얼굴을 따라 하나씩 있고 그 바퀴의 모양과 그 구조는 황옥 같이 보이는데 그 넷은 똑같은 모양을 가지고 있으며 그들의 모양과 구조는 바퀴 안에 바퀴가 있는 것 같으며 그들이 갈 때에는 사방으로 향한 대로 돌이키지 아니하고 가며 그 둘레는 높고 무서우며 그 네 둘레로 돌아가면서 눈이 가득하며"(15-18절).

할 수 있다면, 그 모습을 한 번 상상해 보라. 경이롭기 그지없을 것이 틀림없다. 의자를 끌어당겨 그 위에 앉아 사사로운 대화를 나눌만한 상황은 아닐 것이 분명하다.

에스겔과 요한이 생물의 얼굴을 묘사하는 내용도 서로 비슷하다. 요한은 고정된 각도에서 생물들을 묘사했고("그 첫째 생물은 사자 같고 그 둘째 생물은 송아지 같고 그 셋째 생물은 얼굴이 사람 같고 그 넷째 생물은 날아가는 독수리 같은데"_계 4:7), 에스겔은 네 생물이 각각 네 개의 얼굴을 가지고 있었다고 증언했다("그 얼굴들의 모양은 넷의 앞은 사람의 얼굴이요 넷의 오른쪽은 사자의 얼굴이요 넷의 왼쪽은 소의 얼굴이요 넷의 뒤는 독수리 얼굴이니"_겔 1:10).

또한, 에스겔은 생물들이 각각 "네 날개"를 가졌다고 말했다(6절). 그의 말은 양 옆에 각각 하나씩, 그리고 앞뒤에 한 개씩 날개를 가졌다는 의미인 듯하다. 그는 "사방 날개 밑에는 각각 사람의 손이 있더라"(8절)라고 덧붙였다. 한편, 이들은 날아갈 때 사용하는 날개 한 쌍을 더 가지고 있는 것으로 보인다. 왜냐하면 요한계시록 4장 8절이 "각각 여섯 날개를 가졌고"라고 말하고 있기 때문이다. 이것은 스랍을 묘사한 이사야의 증언과 정확히 일치한다. 그는 "스랍들이 모시고 섰는데 각기 여섯 날개가 있어 그 둘로는 자기의 얼굴을 가리었고 그 둘로는 자기의 발을 가리었고 그 둘로는 날며"(사 6:2)라고 말했다. 이들은 두 날개는 섬기는 일을 할 때, 네 날개는 예배를 드릴 때 사용했다. 이런 천사들의 형상은 예배의 중요성을 분명하게 보여 준다.

이사야는 스랍들이 "서로 불러 이르되 거룩하다 거룩하다 거룩하다 만군의 여호와여 그의 영광이 온 땅에 충만하도다"(3절)라고 외쳤다고 증언했다. 요한도 그와 똑같은 광경을 목격했다. 그는 하나님의 보좌 주위에서는 찬양이 그치지 않는다고 말했다. "그들이 밤낮 쉬지 않고 이르기를 거룩하다 거룩하다 거룩하다 주 하나님 곧 전능하신 이여 전에도 계셨고 이제도 계시고 장차 오실 이시라 하고"(계 4:8).

잇따라 이어지는 찬양은 칸타타나 오라토리오의 형식으로 이루어졌다. 스랍들의 합창은 서로 번갈아 화답하는 형식을 따랐다. 소리가 점점 세게 커지면서 웅장한 합창의 목소리로 발전하는 찬양이 요한계시록 5장 마지막까지 계속된다.

요한은 "거룩하다 거룩하다 거룩하다"라는 첫 번째 찬양을 시작으로 다음 장 마지막까지 모두 다섯 차례의 찬양을 기록했다. 이 천국의 찬양은 두 가지 범주로 나눌 수 있다. 하나는 피조물의 구원을 찬양하는 노래, 다른 하나는 인류의 구원을 찬양하는 노래다.

요한계시록 4장의 찬양은 만물의 창조주요 구원자이신 하나님께 초점을 맞춘다. "우리 주 하나님이여 영광과 존귀와 권능을 받으시는 것이 합당하오니 주께서 만물을 지으신지라 만물이 주의 뜻대로 있었고 또 지으심을 받았나이다"(11절). 아울러 5장은 인류를 구원하실 구원의 하나님께 초점을 맞춘다.

"네 생물과 이십사 장로들이 그 어린 양 앞에 엎드려 각각 거문고와 향이
가득한 금 대접을 가졌으니 이 향은 성도의 기도들이라 그들이 새 노래를
불러 이르되 두루마리를 가지시고 그 인봉을 떼기에 합당하시도다 일찍이
죽임을 당하사 각 족속과 방언과 백성과 나라 가운데에서 사람들을 피로
사서 하나님께 드리시고 그들로 우리 하나님 앞에서 나라와 제사장들을 삼
으셨으니 그들이 땅에서 왕 노릇 하리로다 하더라"(8-10절).

이 찬양은 그리스도를 높이는 유명한 찬양을 통해 그 정점에 이른다.
"죽임을 당하신 어린 양은 능력과 부와 지혜와 힘과 존귀와 영광과 찬
송을 받으시기에 합당하도다"(12절). 우리 교회 교인들은 성찬식을 거행
할 때마다 익숙한 가락에 맞춰 이 찬양을 주님께 드린다.
천국에서의 찬양은 이후에도 계속된다.

"내가 또 들으니 하늘 위에와 땅 위에와 땅 아래와 바다 위에와 또 그 가운
데 모든 피조물이 이르되 보좌에 앉으신 이와 어린 양에게 찬송과 존귀와
영광과 권능을 세세토록 돌릴지어다 하니 네 생물이 이르되 아멘 하고 장
로들은 엎드려 경배하더라"(13-14절).

보다시피, 구원을 노래하는 오라토리오다.
찬양이 길게, 점차 강도를 더해가며 웅장한 관현악으로 발전했다. 처

음에는 사중주(네 생물)에서부터 시작해 이십사 장로의 음성이 더해졌고 (10절), 천사들의 사중주와 이십사 장로의 합창에 거문고가 첨가되었으며(계 5:8), 마침내는 천국에 있는 모든 천사("그 수가 만만이요 천천이라"_11절)의 목소리가 가세했다. 모든 것이 점점 더 강도를 높여가며 예배로 집중되었고, 천사들이 마지막을 장식했다. "네 생물이 이르되 아멘 하고 장로들은 엎드려 경배하더라"(14절). 천국의 모든 피조물이 하나님을 경배했다.

나도 그 광경이 보고 싶다. 나도 거기에 참여하고 싶다.

단언컨대, 그런 광경을 진정으로 목격했다면 세상에 내려와 다른 이야기를 전하지 않을 것이 분명하다.

세상은
나의 집이 아니다

천국에 관한 거짓 이야기에 쉽게 속아 넘어가는 사람들은 그로 인해 심각한 오류에 치우치기 쉽다. 그러나 그보다 훨씬 더 많은 사람들이 세속주의와 물질주의에 발목이 잡혀 천국과 사후 세계를 까맣게 잊은 채 살아가고 있다. 천국 여행기를 기록한 책들이 대성공을 거두어 폭넓게 영향을 미치고 있지만, 사람들이 천국에 관해 올바로 생각하지 못하는 가장 큰 이유는 바로 물질세계에 대한 집착 때문이다.

솔직히 말해, 물질주의는 불신자들에게만 국한된 문제가 아니다. 미국 복음주의 문화의 저변을 살펴보면, 성경을 믿는 신자들 사이에서도 물질주의가 큰 위세를 떨치고 있는 현실을 쉽게 확인할 수 있다. 요즘 대형교회는 최첨단 오락 시설과 특수 효과 장치, 온천탕, 헬스장, 볼링장을 비롯해 심지어는 음식 코너까지 갖춘 복합 건물로 지어져 있다.

위에서 부르신 부름의 상을 추구하는 것보다 교인들에게 물질적인 편의 시설을 제공하는 것을 더 중요하게 생각하는 교회들이 적지 않다. 그러니 교인들이 물질주의가 죄라는 사실을 인식하지 못하는 것이 조금도 이상하지 않고, 예배 대신 속된 즐거움을 더 좋아하는 사람들이 하나님의 영광이 지배하는 천국을 따분하게 느끼는 것이 조금도 놀랍지 않다.

솔직히 부유한 서구 사회에 사는 대다수 신자들은 세상에서 살아가는 것에서 충분한 만족을 누린다. 그들은 천국을 사모한다는 것이 무엇을 의미하는지 알지 못한다. 하나님은 우리에게 물질적인 축복을 넘치게 베풀어 주셨다. 우리는 역사상 유례없는 풍요를 누리고 있다. 따라서 우리가 이 세상에서 나그네요 외국인으로 살아간다는 사실을 잊고, 세상에서의 삶을 편안하고 안락하게 생각할 위험이 너무나도 크다. 사실, 우리도 아브라함처럼 "하나님이 계획하시고 지으실 터가 있는 성을 바랐음이라"(히 11:10)는 자세로 세상에서 나그네로 살아가야 마땅하다.

서구 사회에 비해 덜 풍요롭고, 덜 안락한 사회에서 살아가는 신자들은 천국에 관해 더 많이 생각한다. 왜냐하면 천국은 그들이 세상에서 경험하는 삶과 사뭇 다른 삶을 약속하기 때문이다.

몇 년 전, 티베트 서쪽 그러니까 시베리아 남부에 있는 한 한적한 도시에서 말씀을 전한 적이 있다. 나는 그곳에서 러시아의 압제 아래 75년 동안 크게 고통을 당하며 가난하게 살고 있는 1,500명의 신자들을 만났다. 그들은 유배된 사람들의 자손으로 경제적으로 매우 열악해 한 끼 식사를 위해 중노동에 시달리고 있었다. 그들은 내가 성경을 가르쳐 주기를 원했고, 그들이 가장 배우고 싶어 하는 주제는 자신들이 미래에 누리게 될 천국의 영광이었다. 나는 그들에게 몇 시간 동안 천국에 관해 가르쳤고, 그들 가운데 많은 사람이 기쁨의 눈물을 흘렸다.

안락한 사회에서 사는 우리의 반응과는 너무나도 달랐다. 나는 천국이 자신들의 바쁜 일정(경력을 추구하는 일이나 휴가 계획 따위)을 방해하는 것이 못마땅하다는 듯 행동하는 신자들을 종종 만나곤 한다.

우리는 즉각적인 만족을 원하는 시대에 살고 있다. 이 세상에서 육신의 욕망을 채워줄 수 있는 수단이 요즘처럼 많았던 시대는 없었다. 신용카드만 있으면 경제적 여유가 없더라도 원하는 것을 구입할 수 있고, 갈 수 있는 여력이 없는 곳에도 얼마든지 갈 수 있다. 신용카드만 있으면 불가능한 일들이 얼마든지 가능해진다. 휴가를 다녀오고, 사치품을 구입한 뒤에야 우리는 비로소 돈을 어떻게 지불해야 할지 걱정한다. 신용카드를 무절제하게 사용해 진 빚 때문에 고민하는 사람들이 지금처럼 많은 이유는 "내가 원할 때 내가 원하는 것을 갖고 싶어" 하는 사고방식 때문이다. 요즘 사람들은 즐거움을 조금이라도 뒤로 미루는 것을 용납하지 않는다. 모두가 즉각적인 만족을 원한다. 즉각적인 만족이라는 제단 위에 미래를 기꺼이 제물로 바치기를 주저하지 않는다.

다시 말하지만, 신자들도 이런 사고방식에서 결코 자유롭지 못하다. 우리는 위의 것을 찾기보다 이 세상의 것에 집착하는 경향이 있다. 일시적인 것에 정신을 빼앗겨 진정으로 중요한 것을 소홀히 할 때가 많다. 우리는 지금 당장 만족이나 즐거움을 줄 수 있는 것들, 곧 "한때 쓰이고는 없어질"(골 2:22) 것들을 소비하고, 축적하는 데 모든 에너지를 쏟아 붓는다. 예수님은 세상의 것들은 그 모든 즐거움과 더불어 썩어 없어질 것이라고 가르치셨다(마 6:19; 눅 12:20, 18:22). 이것이 우리를 위해 하늘에 보물을 쌓아야 하는 이유다. 그곳에 쌓아둔 보물은 절대 소멸되거나 없어지지 않는다.

안타깝게도 "은혜로운 미래"를 바라보지 못하는 탓에 너무나도 많은 신자가 이 세상의 일에 매몰되어 살아간다. 결국에는 그들도 잠시 쓰이다가 없어질 물건들과 함께 소멸되고 말 것이다.

설상가상으로, 명망 있는 방송 사역 단체도 소위 "번영 신학"이라는 거짓 복음을 전함으로써 수많은 사람에게 기독교가 고작 그런 수준밖에 안 된다는 인상을 심어 주고 있다. 그들은 건강하고 부유하고 성공적인 인생을 사는 것이 예수님의 뜻이라고 가르친다. 그런 가르침이 인기를 누리는 이유는 오늘날의 시대정신, 곧 세상에서 당장에 모든 만족을 누리겠다는 현대인의 사고방식과 맞아 떨어지기 때문이다. "번영 신학"을 외치는 설교자들에게 영향을 받은 사람들은 천국을 모든 물질적 욕망이 온전히 충족되는 장소로 생각하는 경향이 있다. 그런 생각을 가진 사람들은 심지어 "위의 것을 찾으라 거기는 그리스도께서 하나님 우편에 앉아 계시느니라"(골 3:1)라는 말씀조차도 육신의 탐욕을 인정하는 의미로 받아들인다.

신자들이 이기심과 자기만족, 물질주의적인 성향에 치우쳐 무기력한 신자로 전락하는 이유는 교회가 천국을 진정으로 사모하지 않기 때문이다. 우리는 현세의 편안한 삶에 지나치게 많은 관심을 기울인다. 조심하지 않으면 그릇된 공상이 만들어 낸 천국을 추구하든지, 아니면 천국을 전혀 염두에 두지 않고 살아갈 가능성이 매우 높다.

신자는 그런 덫에 걸려서는 안 된다. 사람들은 이따금 기독교인은 천국에 너무 많은 관심을 기울인다고 말할지도 모른다. 어떤 사람들을 가리키며 "천국만을 너무 생각하느라 세상에서는 아무 쓸모가 없어"라고 불평하는 소리를 한번쯤 들어 보았을 것이다. 천국만을 생각하느라 서로의 덕을 세우거나 선을 행하는 일에 관심을 기울이지 않는 것은 거짓 경건에 해당한다. 그런 사람들은 절대 천국만을 생각하지 않는다. 그들은 바리새인들처럼 하나님의 영광에는 무관심한 채 오로지 자신을 위해 종교 의식을 행하고, 경건을 자랑할 뿐이다. "그들의 모든 행위를 사람에게 보이고자 하나니"(마 23:5). 이것은 진정으로 천국을 생각하는 태도와 정면으로 충돌한다.

어떤 사람들은 때로 기독교인들이 천국에만 관심을 기울이고 세상에서 행해야 할 중요한 일(사회 정의의 실현, 가난한 자들과 억압당하는 자들의 필요를 채워주는 일, 소외 계층의 건강을 보살피는 일)을 등한시한다고 비판한다. 그런 비판은 기독교인들이 항상 공공복지와 병원 건축과 응급 구조 활동을 비롯해 다른 여러 가지 구제 활동을 선도해 온 사실을 간과한다. 복음이 담대하게 선포되는 곳에서는 항상 구제 활동이 활발하게 이루어지기 마련이다. 그러나 사회 구원이 영적 구원보다 먼저라는 것은 기독교의 관점과는 거리가 멀다. 예수님은 "너희는 먼저 그의 나라와 그의 의를 구하라 그리하면 이 모든 것을 너희에게 더하시리라"(마 6:33)는 말씀으로 올바른 우선순위를 깨우쳐 주셨다.

보배로운 천국

사실, 기독교인인 우리에게 진정으로 소중하고 보배로운 것들은 모두 천국에 있다.

천국에는 성부 하나님이 계신다. 이것이 예수님이 "하늘에 계신 우리 아버지여 이름이 거룩히 여김을 받으시오며"(마 6:9)라고 기도하라고 가르치신 이유다. 예수님도 하나님의 오른편에 앉아 계신다. 히브리서 9장 24절은 "그리스도께서는 참 것의 그림자인 손으로 만든 성소에 들어가지 아니하시고 바로 그 하늘에 들어가사 이제 우리를 위하여 하나님 앞에 나타나시고"라고 말한다. 우리 주님은 천국에 계신다. 그분은 그곳에서 우리를 위해 중보 기도를 드리신다(히 7:25).

그리스도 안에서 형제와 자매가 된 사람들도 천국에 거한다. 히브리서 12장 22-24절은 "너희가 이른 곳은 시온 산과 살아 계신 하나님의 도성인 하늘의 예루살렘과 천만 천사와 하늘에 기록된 장자들의 모임과 교회와 만민의 심판자이신 하나님과 및 온전하게 된 의인의 영들과 새 언약의 중보자이신 예수와"라고 말한다. 장차 하나님께 돌아가는 날, 우리도 천국의 모든 거주자들과 함께 거하게 될 것이다. 믿음 안에서 죽은 사랑하는 사람들이 지금 천국에서 그리스도와 성부 하나님과 함께 있다. 신구약 성경의 성도들 가운데 죽은 사람들도 모두 천국에 있다.

우리의 이름이 천국에 기록되어 있다. 그리스도께서는 귀신들을 축출하고 기뻐하는 제자들에게 "귀신들이 너희에게 항복하는 것으로 기뻐하지 말고 너희 이름이 하늘에 기록된 것으로 기뻐하라"(눅 10:20)고 말씀하셨다. 우리의 이름이 하늘에 기록되어 있다는 그리스도의 말씀은 우리의 소유권이 그곳에 있다는 뜻이다. 천국은 우리의 기업이다. 우리는 그리스도 안에서 "썩지 않고 더럽지 않고 쇠하지 아니하는 유업을 잇게"(벧전 1:4)되는 상속자들이다.

빌립보서 3장 20절은 "우리의 시민권은 하늘에 있는지라"라고 말한다. 우리는 천국에 속해 있다. 우리는 "땅에서는 외국인과 나그네"(히 11:13)이다. 따라서 우리는 세상에서 물질적인 소유를 쌓는 것을 목적으로 삼아서는 안 된다. 우리의 진정한 보화, 곧 영원한 상급은 천국에 있다(마 5:12). 예수님은 우리가 영원히 소유하게 될 보화가 그곳에 있다고 말씀하셨다(마 6:19-21).

우리가 영원히 사랑하고 귀하게 여겨야 할 것, 곧 영원한 가치를 지닌 것은 모두 천국에 있다.

따라서 이기심과 물질주의는 영적인 삶을 파괴하는 속된 분위기를 조장한다. 그것은 교회가 표방해야 할 모든 것을 훼손하고, 천국에 소망을 두지 못하게 가로막아 기독교를 세속화시킨다.

"세속적"이라는 말은 구태의연하게 들린다. 이 말을 편협하고 율법적이고, 시대착오적인 말로 받아들이는 사람들이 많다. 우리 선조들은 "세속적인 죄악"을 꾸짖는 설교를 들으면서 살았다. 그러나 우리는 충분히 발전했기 때문에 더 이상 그런 사소한 문제에 관심을 기울일 필요가 없다고 생각한다. 그러나 천국의 가치를 충분히 이해하지 못하면, 세상의 가치를 추구하는 것이 얼마나 큰 죄인지 알 수 없다.

그것이 속된 삶의 본질이다. 속된 삶은 세상의 것을 사랑하고, 세상의 가치를 존중하며, 세상의 일에 집착한다. 성경은 그런 삶을 죄로 규정한다. 그것은 죄 가운데서도 가장 악한 죄다. 왜냐하면 하나님을 배역하는 영적 간음에 해당하기 때문이다. 야고보는 "간음한 여인들아 세상과 벗된 것이 하나님과 원수 됨을 알지 못하느냐 그런즉 누구든지 세상과 벗이 되고자 하는 자는 스스로 하나님과 원수 되는 것이니라"(약 4:4)고 말했다.

어떤 신자들은 세상이 주는 즐거움을 모두 누리기 전에는 천국에 가고 싶지 않다고 말하기까지 한다. 그런 사람들은 세상에서 하고 싶은 일을 다 하고 나서, 늙고 병들어 더 이상 기쁨을 누리지 못하는 순간이 찾아왔을 때에야 비로소 천국에 갈 준비가 되었다고 생각한다. 그들은 "하나님, 제발 저를 지금 천국에 데려가지 마세요. 아직 하와이도 못 가 봤단 말이에요"라고 부르짖는다.

그러나 하늘의 것을 사모하는 마음 없이 인생을 살아간다면, 천국에 합당한 사람이 될 수 없다. 요한일서 2장 15-17절은 "이 세상이나 세상에 있는 것들을 사랑하지 말라 누구든지 세상을 사랑하면 아버지의 사랑이 그 안에 있지 아니하니 이는 세상에 있는 모든 것이 육신의 정욕과 안목의 정욕과 이생의 자랑이니 다 아버지께로부터 온 것이 아니요 세상으로부터 온 것이라 이 세상도, 그 정욕도 다 지나가되 오직 하나님의 뜻을 행하는 자는 영원히 거하느니라"고 말씀한다.

그리스도를 안다고 주장하면서 세상을 지나치게 사랑하는 사람들이 있다. 그런 사람은 자신이 과연 천국의 시민인지 의심해 봐야 한다. 옛 복음성가에 보면, "천국에 관해 말하는 모든 사람이 다 그곳에 가는 것은 아니네"라는 가사가 있다.

그러나 안타깝게도 천국에 가게 될 사람들이 다 천국을 올바로 생각하며 살아가는 것이 아니라는 것 또한 사실이다. "내 형제들아 이것이 마땅하지 아니하니라"(약 3:10)라는 말씀대로, 그런 태도는 결코 바람직하지 않다. 덧없는 세상의 일에 마음을 빼앗기지 말고, 기쁨으로 천국을 소망하며 살아가야 마땅하다.

천국을 바라보는 세계관

역설적으로 들릴지 모르지만, 천국이 기독교 세계관의 중심이 되어야 한다. "세계관"이라는 용어는 우리 주변의 것들과 세상을 해석하는 도덕적, 영적, 철학적 가치관을 가리킨다. 사람은 누구나 의식하든지 의식하지 않든지 자기 나름의 세계관을 지니고 있다.

올바른 기독교 세계관은 천국을 지향한다. 어떤 사람들은 이를 "도피주의"라고 비난하지만, 성경은 "위의 것을 생각하고 땅의 것을 생각하지 말라"(골 3:2)고 명령한다. '킹제임스 역'은 이 명령의 의미를 정확하게 포착해 "너희의 마음을 위의 것에 두라"고 번역했다. 이 말씀을 기록했던 사도 바울의 삶은 현실도피와는 거리가 멀었다.

사실, 바울은 천국과 세상을 올바른 성경적 관점으로 바라보았던 대표적인 인물이었다. 그는 세상에서 모진 박해를 받으면서도 천국에 대한 소망을 잃지 않았다. 그는 고린도후서 4장 8-10절에서 "우리가 사방으로 우겨쌈을 당하여도 싸이지 아니하며 답답한 일을 당하여도 낙심하지 아니하며 박해를 받아도 버린 바 되지 아니하며 거꾸러뜨림을 당하여도 망하지 아니하고 우리가 항상 예수의 죽음을 몸에 짊어짐은 예수의 생명이 또한 우리의 몸에 나타나게 하려 함이라"고 말했다. 또한, 16-17절에서 "그러므로 우리가 낙심하지 아니하노니 우리의 겉사람은 낡아지나 우리의 속사람은 날로 새로워지도다 우리가 잠시 받는 환난의 경한 것이 지극히 크고 영원한 영광의 중한 것을 우리에게 이루게 함이니"라고 덧붙였다. 그는 또 로마의 교회에게 쓴 서신에서도 "생각하건대 현재의 고난은 장차 우리에게 나타날 영광과 비교할 수 없도다"(롬 8:18)라고 강조했다.

바울의 말은 베드로가 박해를 받아 흩어진 신자들에게 보낸 서신에서 말했던 말과 정확히 일치한다. 우리는 이 천국의 영광을 위해 이 세상의 고난을 기꺼이 견뎌야 한다(벧전 1:3-7). 우리가 세상에서 어떤 고난을 당하든지 장차 나타날 영광과는 비교가 되지 않기 때문이다.

우리는 현실을 도피한 채 천국만을 소망하지 않는다. 우리는 천국을 확신하는 믿음이 있기 때문에 현세의 모든 고난을 능히 감당할 수 있다. 세상은 일시적이다. 헛된 세상에 마음을 두는 사람들이야말로 현실 도피자라고 할 수 있다. 왜냐하면 덧없이 사라질 일시적인 것의 그림자 뒤에 몸을 숨긴 채 영원의 현실을 회피하려는 헛된 노력을 기울이고 있기 때문이다.

우리가 세상에서 보고 만지는 것들은 천국의 영원한 것들에 비하면 모두 유한할 뿐 아니라 실질적이지 못하다. 천국의 영원한 것들은 오직 믿음으로만 붙잡을 수 있다. 사도 바울은 "우리가 주목하는 것은 보이는 것이 아니요 보이지 않는 것이니 보이는 것은 잠깐이요 보이지 않는 것은 영원함이라 만일 땅에 있는 우리의 장막 집이 무너지면 하나님께서 지으신 집 곧 손으로 지은 것이 아니요 하늘에 있는 영원한 집이 우리에게 있는 줄 아느니라"(고후 4:18-5:1)라고 말했다.

이 세상의 삶이 끝없는 현실인 줄 알고 살아가는 사람을 볼 때마다 너무나 안타깝다. 인간의 삶이 한시적이라는 것보다 더 명백한 사실은 없다. 이 세상의 장막, 즉 인간의 육체가 갈수록 낡아진다는 사실은 인생의 초기 단계부터 분명하게 드러난다. 이 장막은 곧 무너진다. 우리는 그 안에서 "탄식"(고후 5:2)한다. 더욱이 피조물도 "이제까지 함께 탄식하며 함께 고통을 겪고"(롬 8:22) 있다. 세상에 있는 것은 그 무엇도 영원하지 않다. 사물의 본질을 생각하는 사람은 대충만 생각해도 이 사실을 분명하게 알 수 있다.

인생이 짧다는 사실을 빌미로 마음껏 욕망을 채워도 괜찮다고 생각하는 사람들이 많다. 그들은 "우리가 이 세상에서 보고 경험하는 것이 전부라면, 최대한 쾌락을 누리는 것이 좋지 않겠는가?"라고 생각한다. 한 유명 양조 회사는 인생이 짧다는 사실을 부각시켜 맥주를 선전했다 ("한 번뿐인 인생, 마음껏 즐겨라!"). 한 제화 회사도 비슷한 맥락에서 "인생은 짧다. 열심히 놀아 보자"라는 광고 문구를 만들어 냈다. 이러한 생각들은 세상에서의 삶을 천국에 보물을 쌓는 기회로 삼으라는 예수님의 가르침과는 거리가 멀어도 한참 멀다.

이 세상에서의 삶이 우리의 전부라면, 우리의 운명은 그야말로 비참할 수밖에 없다. 그런 경우라면, 오직 허무주의만이 우리가 받아들여야 할 유일한 철학이 될 것이다. 진정으로 중요한 것이 아무것도 없다면, 죽어서 무無로 돌아가기 전에 마음껏 쾌락을 누리며 자기만족을 추구하는 것이 최선이다.

기독교인인 우리는 그런 식의 향락주의를 안타깝게 여기고, 그것이 가져다줄 절망에 큰 슬픔을 느낄 수밖에 없다. 그러나 만일 우리의 존재가 무에서 비롯해 무로 끝난다면, 인생 자체도 무이기 때문에 오직 허무주의 세계관만이 가장 확실하고 논리적인 대안이 될 수밖에 없다. 한 회의주의자의 말대로, 우리가 퇴비가 되기를 기다리는 원형질에 지나지 않는다면, 죽기를 기다리는 동안 먹고 마시고 즐거워하지 않을 이유가 없다.

그러나 성경은 그런 태도를 어리석은 자의 세계관이라고 말씀한다(눅 12:19-20). 그보다는 영원을 바라보는 것이 훨씬 유익하다. 일전에 어떤 소책자에서 존 퀸시 애덤스의 일화를 읽은 적이 있다.

그가 여든 살이던 어느 날, 한 친구가 그에게 "오늘, 존 퀸시 애덤스는 어떠하신가?"라고 인사말을 건넸다.

전임 미국 대통령이었던 그는 점잖은 태도로 "고맙소이다, 선생. 존 퀸시 애덤스는 잘 지내오, 아주 잘 지내고 있소이다. 고맙소. 그러나 그가 살고 있는 집이 곧 무너질 지경이요. 기초가 흔들리고 있다오. 세월과 계절에 못 이겨 거의 황폐해졌소이다. 지붕도 매우 낡았고, 벽도 많이 부서졌소. 바람에 마구 흔들리고 있다오. 건물이 너무 오래되어 사람이 더 살 수 없게 되었소. 존 퀸시 애덤스는 곧 거기에서 이사해야 할 듯하오. 그러나 그는 매우 잘 지내고 있소이다. 아주 잘 지낸다오"라고 대답했다. 훌륭한 정치가였던 그는 그렇게 말하고 나서 지팡이에 몸을 잔뜩 의지한 채 천천히 거리를 걸어갔다.[1]

하나님이 지으신 새 집

바울은 세상의 장막 곧 우리의 육체가 무너지면, 하나님이 지으신 새 집을 받아 천국에서 영원히 살 것이라고 말했다. 앞서 인용한 고린도후서 5장 2절을 모두 인용하면 다음과 같다. "우리가 여기 있어 탄식하며 하늘로부터 오는 우리 처소로 덧입기를 간절히 사모하노라." 로마서 8장 23절은 우리의 썩을 육신이 천국에서 속량(영화)될 것이라고 말한다. 그리스도께서 "만물을 자기에게 복종하게 하실 수 있는 자의 역사로 우리의 낮은 몸을 자기 영광의 몸의 형체와 같이 변하게"(빌 3:21) 하실 것이다. 우리의 탄식은 그리스도의 부활하신 육체와 동일한 속성을 지닌 하늘의 육체를 덧입게 되는 날에 비로소 그치게 될 것이다.

우리가 천국에 소망을 두고, 그것에 온전히 마음을 기울여야 하는 이유는 우리의 몸이 영화롭게 될 것이기 때문이다. 내 친구 조니 이어렉슨 타다도 이 사실을 누구 못지않게 잘 알고 있다. 그녀는 십대 시절에 얕은 물에서 다이빙을 하다 부상을 입고, 어깨 아래가 모두 마비되었다. 더욱이 최근에는 암과 맞서 싸우고 있는 중이다. 내가 지금까지 그녀와 알고 지내 오는 동안, 그녀는 항상 천국을 사모하며 살아왔다. 그녀의 대화, 노래, 라디오 메시지, 예술 작품에서 그런 사실이 여실히 드러난다. 그녀와 대화를 나누다 보면, 천국이 금방이라고 눈앞에 나타날 것처럼 가깝게 다가오는 듯 느껴질 때가 많다. 조니가 펴낸 책에서 우리의 주제와 관련된 내용을 잠시 언급하면 다음과 같다.

나는 아직도 믿을 수가 없다. 뒤틀려 굽어진 손가락들, 말라붙은 근육들, 앙상하게 드러난 무릎, 어깨 아래로 아무 감각이 없는 내 육체가 언젠가 의의 옷을 덧입은 몸, 찬란한 광채를 뿜어내는 아름답고 힘 있는 몸으로 변하게 될 것이라는 사실을 말이다…….

로마서 12장 12절의 말씀대로, "소망 중에 즐거워하는 삶"은 내게 그리 어렵지 않다. 지난 20여 년 동안 나는 그런 삶을 살아왔다. 새 몸을 얻자마자 온갖 재미있는 일을 하자고 친구들과 약속할 정도로 천국에 관한 나의 확신은 구체적이다. …… 나는 그런 약속들을 가볍게 생각하지 않는다. 나는 이런 일들이 실제로 일어나리라고 굳게 믿는다.[2]

성경은 사도 바울이 천국을 고대하면서 사람들과 약속을 했는지 정확히 밝히지 않는다. 그러나 그도 천국을 기다리면서 확실한 기대를 품었을 것이 분명하다. 고린도후서 5장의 처음 몇 구절을 다시 읽어 보자.

"만일 땅에 있는 우리의 장막 집이 무너지면 하나님께서 지으신 집 곧 손으로 지은 것이 아니요 하늘에 있는 영원한 집이 우리에게 있는 줄 아느니라 참으로 우리가 여기 있어 탄식하며 하늘로부터 오는 우리 처소로 덧입기를 간절히 사모하노라 이렇게 입음은 우리가 벗은 자들로 발견되지 않으려 함이라 참으로 이 장막에 있는 우리가 짐진 것 같이 탄식하는 것은 벗고자 함이 아니요 오히려 덧입고자 함이니 죽을 것이 생명에 삼킨 바 되게 하려 함이라"(1-4절).

우리가 육체를 입고 탄식하는 이유는 죄와 질병과 슬픔과 죽음을 감당해야 하기 때문이다. 그러나 우리는 이 육체를 벗고 싶어 하지 않는다. 다시 말해, 우리는 육체 없이 영혼만으로 이루어진 삶을 기대하지 않는다. 우리가 바라는 삶은 그런 것이 아니다. 우리는 육체와 영혼을 모두 지닌 상태로 하나님이 계신 곳에 거하기를 원한다. 이것은 또한 하나님의 계획이기도 하다.

어떤 사람들은 천국이 영적이고, 형태가 없으며, 비현실적이라고 생각한다. 그들은 천국을 꿈처럼 막연하고 비실제적인 영적 세계라고 상상한다. 그러나 성경은 그렇게 가르치지 않는다. 우리는 천국에서도 육체를 갖게 될 것이다. 우리의 육체가 장차 영화롭게 되어 그리스도의 부활하신 육체처럼 변할 것이다(빌 3:21). 그 육체는 지금의 육체보다 더욱 견고할 것이다. 왜냐하면 노쇠, 부상, 질병, 죽음 등의 영향을 조금도 받지 않을 것이기 때문이다. "이 썩을 것이 반드시 썩지 아니할 것을 입겠고 이 죽을 것이 죽지 아니함을 입으리로다 이 썩을 것이 썩지 아니함을 입고 이 죽을 것이 죽지 아니함을 입을 때에는 사망을 삼키고 이기리라"(고전 15:53-54). 나도 새 몸을 얻으면 조니와 오래 달리기를 하기로 약속했다.

우리의 본향인 천국과 같은 곳은 없다

바울은 "곧 이것을 우리에게 이루게 하시고 보증으로 성령을 우리에게 주신 이는 하나님이시니라"(고후 5:5)고 말했다. "보증"으로 번역된 헬라어는 "아르라본"이다. 바울은 에베소서 1장 14절에서 이 용어로 성령을 가리켰다. "아르라본"이라는 고대어는 현대 헬라어에서 약혼반지를 의미한다. 신약성경에서는 보증금이나 계약금을 의미했다. 이처럼 성령께서는 우리의 육체가 썩지 않는 새로운 육체로 변해 천국의 영광을 누리게 될 것이라는 하나님의 약속을 보증하신다.

바울은 이 진리를 현실적으로 적용했다. 그는 "그러므로 우리가 항상 담대하여 몸으로 있을 때에는 주와 따로 있는 줄을 아노니 이는 우리가 믿음으로 행하고 보는 것으로 행하지 아니함이로라 우리가 담대하여 원하는 바는 차라리 몸을 떠나 주와 함께 있는 그것이라"(고후 5:6-8)고 말했다. 이 세상은 바울에게 아무런 매력이 없었다. 그는 다가올 세상을 간절히 사모했다.

이런 말씀들이 마음에 와 닿지 않는다고 솔직히 말하기가 어려운가? 사실 우리는 세상에 집착하는 경향이 있다. 그 이유는 세상이 우리가 아는 전부이기 때문이다. 우리는 세상에 익숙하다. 우리가 소중히 여기는 친밀한 관계도 모두 이 세상 안에 형성되어 있다. 그러나 바울은 주님과 함께 "집에" 있기를 원했다. 이것이 헬라어 원문에 담겨 있는 본래의 뜻이다. "엔데메오"라는 동사는 "집에 있다"는 뜻이다. 장차 주님과 함께 있는 그때가 바로 진정으로 "집에" 거하게 될 때이다. 바울은 이 사실을 분명히 이해했다. 그는 자신이 천국에 속해 있다는 사실을 알았기에 이 세상의 온갖 고난을 능히 감내할 수 있었다.

우리도 하늘의 몸으로 덧입기를 간절히 사모해야 한다. 우리도 육체를 떠나 주님과 함께 거하기를 고대해야 한다. 세상의 일로 걱정하기보다 영원한 천국의 영광을 사모해야 한다.

하늘은 무엇을 의미하는가

'영어 표준역 성경'은 464개의 성경 구절 안에서 "하늘"이라는 단어를 모두 493회 사용했다. 대개 "하늘"로 번역되는 히브리어는 "샤마임"이다. 이 말은 "높음들"을 뜻하는 복수형 명사다. "하늘"로 번역되는 헬라어는 "우라노스"다(이 말에서 천왕성을 뜻하는 'Uranus'가 유래했다). 이 말은 높이 들린 것이나 높이 있는 것을 가리킨다. "샤마임"과 "우라노스" 모두 성경에서 서로 다른 세 곳의 하늘을 가리키는 의미로 다양하게 사용되었다. (이런 사실은 바울이 고린도후서 12장 2절에서 "셋째 하늘"에 이끌려 갔다고 말하는 이유를 설명해 준다.)

우리와 가장 가까이에 있는 하늘은 "대기권"이다. 이것은 창공 곧 생물이 숨을 쉴 수 있는 대기층을 가리킨다. 예를 들어, 노아의 홍수를 언급하고 있는 창세기 7장 11-12절은 이렇게 말한다. "하늘의 창문들이 열려 사십 주야를 비가 땅에 쏟아졌더라" 여기에서 말하는 "하늘"은 지구를 덮고 있는 대류권, 곧 물의 순환이 이루어지는 영역을 가리킨다. 시편 147편 8절도 "그가 구름으로 하늘을 덮으시며 땅을 위하여 비를 준비하시며"라고 말한다. 이것이 첫째 하늘이다.

두 번째 하늘에 속하는 우주 공간은 별들과 달과 행성들이 있는 곳이다. 성경은 그곳에 속하는 하늘을 묘사할 때도 동일한 용어를 사용한다. 예를 들어, 창세기 1장 14-17절은 이렇게 말한다.

"하나님이 이르시되 하늘의 궁창에 광명체들이 있어 낮과 밤을 나뉘게 하고 그것들로 징조와 계절과 날과 해를 이루게 하라 또 광명체들이 하늘의 궁창에 있어 땅을 비추라 하시니 그대로 되니라 하나님이 두 큰 광명체를 만드사 큰 광명체로 낮을 주관하게 하시고 작은 광명체로 밤을 주관하게 하시며 또 별들을 만드시고 하나님이 그것들을 하늘의 궁창에 두어 땅을 비추게 하시며"

바울이 고린도후서 12장에서 언급한 셋째 하늘은 하나님이 거룩한 천사들과 영화롭게 된 신자들과 함께 거하시는 하늘을 가리킨다. 다른 두 하늘은 장차 완전히 사라질 테지만(벧후 3:10), 셋째 하늘은 영원하다. 하나님은 창세전부터 그곳에 거하셨다. 그곳은 우주 밖의 공간이다. 하나님은 신명기 26장 15절에서 이스라엘 백성에게 "원하건대 주의 거룩한 처소 하늘에서 보시고"라고 기도하라고 가르치셨다. 이렇듯, 셋째 하늘은 하나님이 거하시는 곳이다.

어떤 사람들은 "하나님은 모든 곳에 계시는데 왜 성경은 하늘을 그분의 처소라고 말하는가?"라고 물을지도 모른다. 이는 "어디에나 있는 존재가 특정한 장소에 거하는 것이 가능한가?"라고 묻는 질문이다. 솔로몬은 예루살렘 성전을 봉헌하면서 말했다. "하늘과 하늘들의 하늘이라도 주를 용납하지 못하겠거든 하물며 내가 건축한 이 성전이오리이까"(왕상 8:27).

사실, "하늘들의 하늘"이라도 하나님을 감당하기에는 역부족이다. 하나님의 존재가 미치지 못하는 영역이나 그분이 계시지 않는 영역은 존재하지 않는다. 시편 저자는 "스올에 내 자리를 펼지라도 거기 계시니이다"(시 139:8)라고 하나님의 편재하심을 찬양했다.

따라서 하나님이 하늘에 거하신다는 것을 그분이 그 안에만 갇혀 계시는 것으로 생각해서는 곤란하다. 그러나 하늘은 하나님의 거처이자 활동의 중심지이며 명령을 발하시는 사령탑이다. 또한 하늘은 하나님의 보좌가 있는 곳이기도 하며, 하나님을 향한 가장 완전한 예배가 이루어지는 곳이기도 하다. 이것이 우리가 하늘을 하나님의 처소라고 일컫는 의미다.

하늘을 하나님의 처소로 생각하는 개념은 성경 전체에 걸쳐 나타난다. 예를 들어, 이사야서 57장 15절은 "지극히 존귀하며 영원히 거하시며 거룩하다 이름하는 이가 이와 같이 말씀하시되 내가 높고 거룩한 곳에 있으며"라고 말씀한다. 하나님이 직접 하늘을 자신의 처소로 말씀하신 것을 알 수 있다. 이사야서 63장 15절도 "주여 하늘에서 굽어 살피시며 주의 거룩하고 영화로운 처소에서 보옵소서"라고 말씀하고, 시편 33편 13-14절도 "여호와께서 하늘에서 굽어보사 모든 인생을 살피심이여 곧 그가 거하시는 곳에서 세상의 모든 거민들을 굽어살피시는도다"라고 말씀한다.

신약성경도 하늘을 하나님의 처소로 말하기는 마찬가지다. 사실, 하늘은 예수님의 산상설교를 관통하는 핵심 주제다. 예수님은 "이같이 너희 빛이 사람 앞에 비치게 하여 그들로 너희 착한 행실을 보고 하늘에 계신 너희 아버지께 영광을 돌리게 하라"(마 5:16)고 말씀하셨다. 그분은 맹세하기를 좋아하는 사람들에게 하늘을 두고 맹세하지 말라고 경고하셨다. 그 이유는 하늘이 "하나님의 보좌"이기 때문이다(34절). 아울러, 예수님은 청중에게 원수를 사랑함으로써 "하늘에 계신 너희 아버지의 아들"(45절)이 되라고 가르치셨다. 예수님은 마태복음 6장 1절에서도 "사람에게 보이려고 그들 앞에서 너희 의를 행하지 않도록 주의하라 그리하지 아니하면 하늘에 계신 너희 아버지께 상을 받지 못하느니라"고 말씀하셨다. 그분은 제자들에게 "하늘에 계신 우리 아버지여 이름이 거룩히 여김을 받으시오며"(9절)라고 기도하라고 가르치셨고, 설교가 거의 끝나 갈 무렵에는 "너희가 악한 자라도 좋은 것으로 자식에게 줄 줄 알거든 하물며 하늘에 계신 너희 아버지께서 구하는 자에게 좋은 것으로 주시지 않겠느냐"(마 7:11), "나더러 주여 주여 하는 자마다 다 천국에 들어갈 것이 아니요 다만 하늘에 계신 내 아버지의 뜻대로 행하는 자라야 들어가리라"(21절)고 가르치셨다.

예수님의 설교와 사역에서도 동일한 표현이 여러 차례 발견된다. 마태복음 10장 32-33절은 "누구든지 사람 앞에서 나를 시인하면 나도 하늘에 계신 내 아버지 앞에서 그를 시인할 것이요 누구든지 사람 앞에서 나를 부인하면 나도 하늘에 계신 내 아버지 앞에서 그를 부인하리라"고 말씀한다. 또한 마태복음 12장 50절은 "누구든지 하늘에 계신 내 아버지의 뜻대로 하는 자가 내 형제요 자매요 어머니이니라 하시더라"라고 말씀한다. 예수님은 베드로에게 "바요나 시몬아 네가 복이 있도다 이를 네게 알게 한 이는 혈육이 아니요 하늘에 계신 내 아버지시니라"(마 16:17)고 말씀한다. 예수님은 신자들을 어린아이에게 빗대시며 그들을 해롭게 하는 사람들에게 엄중히 경고하셨다. "삼가 이 작은 자 중의 하나도 업신여기지 말라 너희에게 말하노니 그들의 천사들이 하늘에서 하늘에 계신 내 아버지의 얼굴을 항상 뵈옵느니라"(마 18:10). 그러시고는 "이 작은 자 중의 하나라도 잃는 것은 하늘에 계신 너희 아버지의 뜻이 아니니라"(14절), "진실로 다시 너희에게 이르노니 너희 중의 두 사람이 땅에서 합심하여 무엇이든지 구하면 하늘에 계신 내 아버지께서 그들을 위하여 이루게 하시리라"(19절) 하고 덧붙이셨다. 이처럼 예수님은 하나님을 줄곧 "하늘에 계신 내 아버지"라고 일컬으셨다.

하늘을 하나님의 처소라고 생각하는 개념은 그리스도의 신성과 성육신에 관한 신약성경의 가르침 안에도 함축되어 나타난다. 신약성경은 그리스도를 하늘에서 내린 "하나님의 떡"으로 묘사했다(요 6:33). 그리스도께서는 "내가 하늘에서 내려온 것은 내 뜻을 행하려 함이 아니요 나를 보내신 이의 뜻을 행하려 함이니라"(38절)고 말씀하셨고, 스스로를 "하늘에서 내려온 떡"으로 일컬어 자신의 신성을 암시하셨다(41절). 요한복음 6장만 살펴보아도 예수님의 그런 주장이 여러 차례 나타난다(50-51, 58절). 예수님의 청중은 그분의 말씀이 스스로를 하나님으로 주장하는 의미를 지닌다는 사실을 정확하게 이해했다.

실제로 유대인들은 하늘을 하나님과 동일시했다. 그들은 하늘을 하나님을 완곡하게 지칭하는 표현으로 사용했다. 그들은 하나님의 이름을 망령되이 일컫는 죄를 피하기 위해 하늘을 하나님의 이름으로 대용했다. 특히, 중간기(구약과 신약 사이의 약 400년의 기간)에 살았던 유대인들은 하나님의 이름을 사용하는 데 거의 미신에 가까운 두려움을 느꼈다. 그들은 여호와라는 이름이 인간의 입으로 말하기에는 너무 거룩하다고 생각한 나머지 다른 용어들로 하나님의 이름을 대체하기 시작했고, 그 가운데 "하늘"이 가장 흔히 사용되었다. 신약시대가 시작될 무렵에는 그런 태도가 관습으로 발전해 유대인들 사이에서 하늘이 곧 하나님을 가리키는 말로 간주되었다.

예를 들어, 그들은 하나님의 이름으로 맹세하는 대신 "하늘"로 맹세했다. 예수님은 하늘로 맹세하는 것이 '하나님의 이름을 망령되이 일컫지 말라'는 계명을 거스르는 행위라고 말씀하셨다. 그 이유도 하늘이 하나님을 가리키는 의미로 사용되었기 때문이다. 예수님은 마태복음 23장 22절에서 "또 하늘로 맹세하는 자는 하나님의 보좌와 그 위에 앉으신 이로 맹세함이니라"고 말씀하셨다. 이처럼 "하늘"은 하나님을 의미했다.

그런 용례는 신약성경에서 매우 흔하게 나타난다. 누가는 "하나님의 나라"라는 표현을 사용했지만, 유대인 독자들을 염두에 두었던 마태는 "하늘나라(천국)"라는 표현을 사용했다(눅 8:10; 마 13:11 참조). 누가복음 15장 18절도 하나님을 가리키는 완곡한 표현으로 "하늘"을 사용했다. 탕자는 그곳에서 아버지에게 할 말을 생각하면서 "내가 일어나 아버지께 가서 이르기를 아버지 내가 하늘과 아버지께 죄를 지었사오니"라고 말했다. 그의 말은 하나님께 죄를 지었다는 뜻이다.

그러나 "하늘"이 종종 하나님의 이름을 대신해 사용되었다고 해도 성경이 하늘을 하나님과 동등시했다고 결론짓는 것은 옳지 않다. 그 두 용어는 서로 동의어가 아니다. 하나님은 하늘을 초월하신다. 하늘은 장소다. 그곳은 하나님이 거하시는 처소이자 선택받은 신자들이 그분과 영원히 함께 거하는 장소다. 그곳이 바로 하늘들의 하늘, 곧 셋째 하늘이다.

하나님의 나라

그렇다고 해서 천국이 시간과 공간의 한계에 묶여 있는 곳이라는 의미는 아니다. 물론, 성경은 천국이 육체를 지닌 존재들이 거하는 곳 곧 보고, 만질 수 있는 구체적인 장소라고 가르친다. 우리는 이 진리를 분명하게 증언해야 한다.

그러나 성경은 또한 천국이 일정한 높이나 넓이나 깊이가 있는 한정된 장소가 아니라고 가르친다. 천국은 그 모든 차원을 넘어선 그 이상의 영역을 가리키는 것으로 보인다. 예를 들어, 그리스도께서는 빌라델비아교회를 향해 말씀하시면서 영원한 세계의 도성을 "하나님의 성 곧 하늘에서 내 하나님께로부터 내려오는 새 예루살렘"으로 일컬으셨다 (계 3:12). 사도 요한은 신약성경의 마지막 부분에서 "성령으로 나를 데리고 크고 높은 산으로 올라가 하나님께로부터 하늘에서 내려오는 거룩한 성 예루살렘을 보이니"(계 21:10)라고 말했다. 새 하늘과 새 땅은 그

두 영역을 모두 포괄하는 거대한 왕국 안에서 하나로 합쳐지는 듯 보인다. 성경의 계시대로라면, 영원한 낙원은 하늘과 땅이 하나가 되어 가히 인간의 상상이나 세상의 차원을 초월하는 영광 안에서 하늘과 땅이 하나가 되어 나타나는 거대하고 장엄한 왕국이 될 것이다.

이처럼 천국은 인간이 보거나 측량할 수 있는 한계를 지닌 장소에 국한되지 않는다. 천국은 시간과 공간의 한계를 초월한다. 하나님이 영원히 거하신다는 성경 말씀(사 57:15)에도 이런 의미가 내포되어 있는 듯하다. 하나님의 처소인 하늘은 유한한 차원으로 생각할 수 없으며 어떤 한계에도 구속받지 않는다. 어떻게 그럴 수 있는가를 생각하며 불필요한 사변을 일삼을 필요는 없다. 다만 천국에 대한 성경의 설명을 그대로 받아들이는 것으로 족하다. 천국은 육체를 지닌 인간이 하나님과 영원히 거하는 곳이다. 그곳은 "장소"라는 유한한 개념을 초월하는 영역이다.

천국이 시간과 공간의 차원을 초월한다는 사실에는 또 다른 중요한 의미가 담겨 있다. 성경을 보면 신자들이 세상에 살면서 현실적으로 참여할 수 있는 영적 세계가 바로 천국이라는 것을 알 수 있다. 하늘나라가 시간과 공간 안에 침투해 그리스도 안에서 모든 신자의 삶을 다스린다. 신자는 이 세상에서도 온전한 시민권을 가지고 천국에 영적으로 동참한다.

"우리의 시민권은 하늘에 있는지라"(빌 3:20)라는 바울의 말이 이런 사실을 분명히 한다. 신자는 이미 신분상으로 하나님의 왕국에서 살고 있다.

사도 바울은 에베소서 1장 3절에서 하나님이 "그리스도 안에서 하늘에 속한 모든 신령한 복을 우리에게 주시되"라고 말했다. 그는 에베소서 2장 5-6절에서도 "허물로 죽은 우리를 그리스도와 함께 살리셨고 (너희는 은혜로 구원을 받은 것이라) 또 함께 일으키사 그리스도 예수 안에서 함께 하늘에 앉히시니"라고 말했다. 인용한 두 구절에 사용된 동사의 시제는 모두 과거다. 바울은 이미 이루어진 현실을 언급하고 있다. 우리는 아직 천국에 육체로 거하지 않는다. 그러나 우리의 영적 특권과 하나님 앞에서의 신분을 고려하면, 우리는 이미 그리스도와 함께 하늘에 앉아 있는 상태다. 그리스도와 영적으로 연합했기 때문에 우리는 이미 천국에 들어간 것이나 다름없다. 우리는 지금 영생을 소유한다. 천국은 예수 그리스도 안에서 온전히 우리의 소유가 되었다.

그리스도께서도 천국이 가까이 왔다고 말씀하셨다(마 4:17). 그러나 그분은 눈으로 볼 수 있는 왕국에 언제 임하느냐고 묻는 사람들에게 "하나님의 나라는 볼 수 있게 임하는 것이 아니요 또 여기 있다 저기 있다고도 못하리니 하나님의 나라는 너희 안에 있느니라"(눅 17:20-21) 이렇게 대답하셨다.

천국은 하나님과의 교제, 거룩함, 기쁨, 평화, 사랑을 비롯한 모든 축복이 온전하게 실현되는 곳이다. 그러나 우리는 세상에 살면서도 부분적으로나마 그런 것을 경험할 수 있다. 우리가 받은 기업의 보증이 되시는 성령께서 우리 안에서 "사랑과 희락과 화평과 오래 참음과 자비와 양선과 충성과 온유와 절제"(갈 5:22-23)와 같은 열매들을 맺게 하신다. 이런 열매들은 천국의 속성을 그대로 반영한다.

더욱이 우리 안에는 하나님의 생명이 있고, 우리의 삶은 그분의 지배를 받는다. 우리에게는 천국 시민에 걸맞은 축복과 권한이 주어졌다. 우리는 새 가족, 곧 새로운 공동체의 일원이 되었다. 우리는 어둠의 왕국에서 빛의 왕국으로 옮겨졌다. 우리는 더 이상 사탄의 지배를 받지 않고, 하나님의 영원한 왕국에서 살아간다. 고린도후서 5장 17절은 "누구든지 그리스도 안에 있으면 새로운 피조물이라 이전 것은 지나갔으니 보라 새 것이 되었도다"라고 말씀한다. 우리는 새로운 피조물 가운데 첫 열매가 되었다(약 1:18). 새로운 창조는 영원한 새 하늘과 새 땅을 통해 그 정점에 이를 것이다. 이것이 예수님이 "하나님의 나라는 너희 안에 있느니라"라고 말씀하신 참된 의미다(눅 17:21 참조).

그리스도께서는 눈으로 볼 수 있는 지상의 왕국을 부인하지 않으셨다. 그분은 장차 지상의 왕국에서 모든 나라를 다스리실 것이다. 신구약 성경에는 언젠가 그런 왕국이 현실이 되어 나타날 것을 확증하는 예언이 너무나도 많다. 또한, 예수님은 천국이 실제적인 장소가 아니라고 말씀하지도 않으셨다. 그분은 단지 천국이 시간과 공간의 한계를 초월한다는 사실을 가르치셨을 뿐이다. 예수님은 바리새인들에게 지금 이 세상에서 하늘나라를 구하는 것이 무슨 의미인지 일깨워 주려고 하셨다. 복음을 받아들이면, 즉시 천국에 들어간다. 이것이 복음이 종종 "천국 복음"으로 일컬어지는 이유다(마 24:14 참조).

예수님은 사람들에게 천국에 들어가기를 힘쓰라고 가르치셨다(눅 13:24). 또한, 때로는 구원을 받으라고 권하셨고(요 5:34), 때로는 영생을 얻는 것에 관해 말씀하셨다(막 10:30). 이 세 가지 표현은 젊은 부자 관원

과의 대화에서 모두 나타난다. 그는 예수님에게 "선한 선생님이여 내가 무엇을 하여야 영생을 얻으리이까"(눅 18:18) 하고 물었다. 그가 믿지 않고 돌아가자 예수님은 재물이 있는 자는 "하나님의 나라에 들어가기가 얼마나 어려운지"(24절)라고 말씀하셨다. 그 말씀에 제자들은 크게 놀라면서 "그런즉 누가 구원을 얻을 수 있나이까"(26절) 하고 말했다. 세 가지 표현은 우리가 회심할 때 경험하는 현상을 묘사한다. 곧, 그리스도를 믿는 사람은 구원받고, 영생을 얻으며, 하나님의 나라에 들어간다. 신자는 비록 육체로 천국에 거하지는 않지만, 하나님의 권위 아래에서 그분의 통치를 받는다. 그리스도의 통치가 영적 차원에서 신자들 모두에게 영향을 미친다.

우리는 아직 육체로 천국에 거하지는 않지만, 우리의 영적 시민권은 이미 하늘에 있다. 따라서 우리는 하늘의 것을 찾아야 한다.

천국에 마음을 두라

이것이 바로 이 책의 핵심 주제다. 이 책의 목적이 단지 천국에 관한 잘못된 개념을 일소하는 데만 있다면, 몇 편의 부록을 덧붙이는 것에 그치지 않고 몇 권의 책을 써서 성경의 증언을 토대로 요즘의 베스트셀러들이 주장하는 내용을 상세히 논박했을 것이다. 천국에 관한 영지주의적인 접근 방식의 위험성을 인지하고, 거기에서 돌이키는 일은 매우 중요하다.

그러나 거기에서 그쳐서는 안 된다. 천국에 관한 성경의 가르침을 옳게 이해해야 한다. 그리고 하나님의 나라를 추구했던 아브라함처럼 오직 천국만을 바라보고, 그곳에 온 마음을 기울여야 한다.

그러기 위해서는 먼저 우리 마음에서 세속적인 생각을 깨끗이 몰아내야 한다. 이 세상에 집착하지 말고 영원한 천국을 바라보며 확실한 소망을 가지고 살아가야 한다. 세속적이고 일시적인 것을 멀리하고, 천국의 영광이요 중심이신 하나님만을 바라봐야 한다.

천국을 바라보며 사는 사람은 세상에서도 하나님이 의도하신 대로 충만한 삶을 살아갈 수 있다. 세상의 위로를 좇는 이들은 땅에서 진정한 평화를 누리지 못한다. 청교도 신학자 리처드 백스터는 이렇게 말했다.

하늘을 향한 마음은 기쁨이 가득한 마음이다. 그런 마음이야말로 위로가 가득한 삶을 살아갈 수 있는 가장 확실한 길이다. 그런 마음이 없으면 위로도 없다. 불이 있는 곳에 있으면서 어찌 따뜻하지 않을 수 있고, 햇빛을 받으면서 어찌 밝지 않을 수 있겠는가? 그러나 하늘에 마음을 두지 않는 신자는 얼음처럼 차갑고 평안이 없는 삶을 살아갈 수밖에 없다. …… 오 신자들이여, 위를 바라보자. 그리고 그곳이 이 아래보다 더 따사로운 곳임을 잊지 말자.[3]

그의 말을 좀 더 들어 보자.

하나님을 가장 영화롭게 하는 사람은 하늘에 마음을 둔 사람이다. 그렇지 않은 사람은 그분의 영광을 가리기 마련이다. 자식들이 누더기를 걸친 채 찌꺼기나 먹으며 거지들과 어울린다면 그것은 곧 아버지에게 큰 수치가 되지 않겠는가? 마찬가지로 우리가 하나님의 자녀임을 자처하면서 세상의 것들에만 관심을 기울이며, 우리 영혼의 복장이 벌거벗은 세상의 복장처럼 보잘것없고, 또 항상 하나님 앞에 서서 그분을 섬겨야 할 우리가 흙과 먼지에 불과한 이 세상과 더욱 친근하게 어울린다면 하나님께 얼마나 큰 누가 되겠는가? 그리스도의 신부가 매일 그분의 내실을 마음대로 드나들 수 있고, 또 들어가기만 하면 홀笏을 내밀어 주실 텐데도 천박한 하녀와 노예들과 어울리는 것은 도무지 있을 수 없는 일이다.[4]

천국을 사모하지 않는 신자는 무미하고 속된 삶을 살아갈 수밖에 없다. 그러나 은혜로우신 하나님은 다가올 세상의 기쁨을 맛보라고 하신다. 세속적인 것들에 매몰된 삶은 완악하고 왜곡된 마음에서 비롯된다. 그러나 하나님은 우리에게 천국을 보증하셨다. 그분은 우리에게 천국의 시민권을 허락하셨다. 우리는 이제부터 "외인도 아니요 나그네도 아니요 오직 성도들과 동일한 시민이요 하나님의 권속"(엡 2:19)이다. 천국의 영광을 아무 의미가 없는 것처럼 무시해서는 곤란하다. 백스터는 천국 외에 "우리의 마음을 둘 만큼 가치를 지닌 것은 아무것도 없다"고 말했다.[5]

"우리의 시민권은 하늘에 있는지라 거기로부터 구원하는 자 곧 주 예수 그리스도를 기다리노니 그는 만물을 자기에게 복종하게 하실 수 있는 자의 역사로 우리의 낮은 몸을 자기 영광의 몸의 형체와 같이 변하게 하시리라"(빌 3:20-21)는 말씀보다 더 큰 해방감을 주는 성경 구절은 흔치 않다.

우리는 우리의 마음을 천국에 두어야 한다. 세상의 근심은 올무이자 죽음의 구덩이일 뿐이다. 예수님은 "세상의 염려와 재물의 유혹과 기타 욕심이 들어와 말씀을 막아 결실하지 못하게"(막 4:19) 한다고 하셨다. 사도 요한도 "세상에 있는 모든 것이 육신의 정욕과 안목의 정욕과 이생의 자랑이니 다 아버지께로부터 온 것이 아니요 세상으로부터 온 것이라"(요일 2:16)고 말했다.

또한 사도 바울은 "우리가 그리스도의 마음을 가졌느니라"(고전 2:16)라고 말했다. 우리는 없어지고 말 세상 것들(요일 2:17)이 아니라 천국의 영원한 영광에 마음을 두어야 한다. 우리는 하나님의 자녀로서 새 가족의 일원이 되었다(요 1:12). 갈라디아서 4장 26절은 "위에 있는 예루살렘"이 우리의 어머니라고 말씀한다. 우리는 새로운 시민권(빌 3:20)과 새로운 삶의 목적(골 3:1 참조)과 우리의 보물을 쌓아둘 수 있는 새로운 장소(마 6:19-20)를 허락 받았다.

더욱이 우리는 이 세상에서 천국의 영광을 누리며 살 수 있다. 그리고 우리의 마음은 이미 천국에 있다. 결국 기독교인의 삶은 이 세상에서 천국의 삶을 사는 것과 같다. 신자들은 언젠가 거하게 될 영원한 천국의 삶을 이 세상에서도 맛보고 사는 것이다. 마음을 다해 하나님을 찬양하고 사랑하며, 그리스도께 복종하고, 거룩한 삶을 추구하며, 다른 성도들과 귀한 사귐을 나누는 것. 바로 이런 것들이 세상에서 맛볼 수 있는 천국의 삶이다. 장차 천국에서는 그런 삶과 특권이 더욱 온전하고

충만하게 이루어질 것이다. 그러나 우리는 지금도 그런 삶을 얼마든지
맛보며 살아갈 수 있다.

THE
GLORY
OF
HEAVEN

chapter 5

천국은
어떤 모습일까

구스타프 말러의 제4교향곡은 어린아이의 관점에서 천국을 묘사한 시를 근거로 한다. 교향곡은 마치 천상의 곡조처럼 들린다. 교향곡의 네 번째 대목에 이르면 소프라노 가수가 독일어로 "천국의 삶"이라는 시를 노래한다. 독일어를 모르는 청중은 대개 고요한 선율에 깊은 감동을 느끼곤 한다. 그러나 그 시는 천국을 매우 특이하게 묘사하고 있다.

먼저 천국의 거주자들이 탐욕스러운 육식동물로 묘사된다. 시는 아무것도 모르는 어린양들을 죽여서 천국의 거주자들을 배불리는 도살자로 헤롯을 부각시킨다. 아울러 소 떼가 너무 많아서 사도 누가가 "조금도 주저함이 없이" 그것들을 도살한다고 말한다.

또한 천국의 거주자들이 껑충껑충 뛰고 노래를 부르면서 끝없이 공급되는 음식을 게걸스럽게 먹어 치운다고 말한다. 베드로가 물고기를 잡고, 마르다가 그것을 요리한다. 어린아이의 관점으로 바라본 이 천국은 세속적인 욕망을 충족시키는 데 급급한 또 하나의 "어리석은 자들의 낙원"으로 표현된다.

이렇듯 불신자들의 눈으로 바라본 천국의 모습은 어떤 면에서 매우 흥미롭다. 어떤 사람들은 천국을 세속적인 욕망을 만족시키는 곳으로 보기도 하고, 또 다른 사람들은 천국의 삶이 매우 단조로울 것이라며 냉소적인 태도를 취하기도 한다. 천국을 구름 위에 앉아서 하프를 연주하는 사람들의 모습으로 표현한 고전적 풍자도 있다. 실제로 그런 모습을 천국으로 생각하는 사람들이 꽤 있을 것이다. 천국을 아무 할 일이 없는 지루하고 단조로운 장소로 생각하는 사람들이 생각보다 너무 많다. 골프를 치는 사람들 중에는 천국에서는 모두가 홀인원을 기록할 텐데 무슨 재미로 골프를 치겠냐며 비아냥거리는 사람들도 있다.

일전에 나는 한 회의주의자로부터 "고리타분한 신자들과 천국에 가느니 난 차라리 내 친구들과 지옥에 가겠소"라고 하는 말을 들었다. 그런 경박한 태도를 취하는 이유는 아마도 지옥의 공포가 얼마나 두려운 것인지 제대로 알지 못하기 때문일 것이다. 또한 그런 말은 천국의 축복된 삶을 극도로 왜곡하는 것이다.

어쨌든 천국의 삶이 무한히 지루할 것이라는 생각들이 사람들의 마음속에 깊이 뿌리박혀 있다. 그 원인은 바로 인간의 부패한 생각 때문이다. 죄인들은 완전히 의로운 상태보다는 적당히 죄가 있는 것이 재미있다고 생각한다. 죄인들로서는 죄가 없으면서 영원한 기쁨이 있는 상태를 생각하기가 매우 어렵다.

하지만 천국은 영원한 기쁨이 있는 곳이다. 우리는 천국에서 하나님의 영광을 온몸에 받으며 마침내 인생의 참된 목적(즉 하나님을 영화롭게 하고 그분을 영원히 즐거워하는 것)을 확연히 깨닫게 될 것이다. 시편 저자는 "주의 앞에는 충만한 기쁨이 있고 주의 오른쪽에는 영원한 즐거움이 있나이다"(시 16:11)라고 말했다.

우리의 유한한 생각으로는 천국의 삶을 온전히 이해하기가 매우 어렵다. 하지만 성경은 천국을 기쁨이 충만하고, 영광이 다하지 않으며, 축복이 끝이 없고, 즐거움이 넘치며, 무한한 희락을 누릴 수 있는 곳이라고 말한다. 천국에는 지루하거나 단조로운 삶이 결코 존재하지 않는다. 그곳에서는 완벽한 삶이 이루어진다. 모든 성도가 서로 교제를 나누고, 슬픔과 걱정과 눈물과 두려움과 고통이 전혀 없는 삶이 이루어질 것이다. 요한계시록 21장 4-5절은 "모든 눈물을 그 눈에서 닦아 주시니 다시는 사망이 없고 애통하는 것이나 곡하는 것이나 아픈 것이 다시 있지 아니하리니 처음 것들이 다 지나갔음이러라 보좌에 앉으신 이가 이르시되 보라 내가 만물을 새롭게 하노라"고 말씀한다. 천국에서 머피의 법칙은 더 이상 존재하지 않는다. 그곳에서는 아무것도 잘못될 일이 없다.

세상에서 아무리 큰 영적 축복을 누린다 해도 천국의 삶에 비하면 그것은 맛보기에 지나지 않는다. 우리는 이따금 영적으로 큰 성취를 이루었거나 말로 다할 수 없는 영적 축복을 받게 되었을 때 기쁨에 겨워 어쩔 줄 몰라 한다. 하지만 천국에서는 그런 삶이 언제까지나 계속될 것이다. 물론 현재에도 천국의 삶을 살지만 장차 다가올 영광스러운 삶과는 비교조차 할 수 없다. 그리스도는 그분을 아는 모든 신자가 자기와 더불어 영원한 사귐을 갖게 되기를 기도하셨다(요 17:24). 우리는 그분의 기도를 기억하며 감사하는 마음으로 그날을 고대해야 한다.

전도서 저자는 "죽는 날이 출생하는 날보다 나으며"(전 7:1)라고 말했는데, 그의 말은 인생의 덧없음과 무의미를 탄식하는 데 그치지 않는다. 오히려 그 말에는 죽음이 영원한 영광을 누리는 삶에 동참할 수 있는 관문이라는 의미가 함축되어 있다. 세상에서의 삶은 "짧고 걱정이 가득"하다(욥 14:1). 하지만 천국의 삶이 우리를 기다린다는 확신은 우리를 영광스러운 소망으로 충만하게 한다. 바울은 "이는 내게 사는 것이 그리스도니 죽는 것도 유익함이라"(빌 1:21)고 말했다. 그는 천국을 바라보았기에 죽음을 앞둔 순간에도 기뻐할 수 있었다.

성경이 말하지 않는 천국

바울은 "우리가 담대하여 원하는 바는 차라리 몸을 떠나 주와 함께 있는 그것이라"(고후 5:8)고 말했다. 이는 죽고만 싶은 병적 심리 상태나 사는 것이 지겨워서 죽기를 갈망한다는 의미와는 전혀 다를 것이다. 바울은 세상의 삶이 마지막이 아님을 강조하고 있다. 신자는 죽음의 순간에 즉시 충만하고 온전하며 생명이 넘치는 곳, 즉 주님이 계신 곳으로 가게 된다.

오직 그리스도만이 구원이심을 믿는 모든 사람들에게는 이 세상을 떠나는 순간 천국으로 옮겨진다는 성경의 약속이 적용된다. 육체를 떠나는 것은 곧 주님과 함께 거하는 것을 의미한다. 세상을 떠나는 순간 그리스도와 함께 거하게 된다(빌 1:23). "내게 사는 것이 그리스도니 죽는 것도 유익함이니라"(21절).

우리도 바울처럼 하늘의 형상으로 덧입기를 간절히 사모하고, 일시적인 세상에서 눈을 돌려 영원한 기쁨을 추구해야 한다. 바울은 "이 썩을 것이 반드시 썩지 아니할 것을 입겠고 이 죽을 것이 죽지 아니함을 입으리로다"(고전 15:53)라고 했다. 또한 그는 "죽을 것이 생명에 삼킨 바 되게 하려 함이라"(고후 5:4)고 말하기도 했다.

그러면 현재와 마지막 종말 사이에 세상을 떠난 신자들은 과연 어떤 상태로 지낼지 궁금할 것이다. 천국에 그들을 위해 특별히 마련된 일시적인 체류 장소라도 있는 것일까? 구약시대의 신자들은 세상을 떠난 후 어디로 갔을까? 세상을 떠난 신자들은 장차 부활할 때까지 일시적인 몸을 갖게 되는 것일까? 중간 상태는 과연 어떤 상태일까? 흔히들 이야기하는 연옥은 실제로 존재하는 것일까?

몇 가지 잘못된 견해

위의 질문을 둘러싸고 몇 가지 사변적인 견해가 제시되었다. 예를 들어 구약시대에는 하데스, 즉 죽은 자들이 거하는 장소가 의인들을 위한 곳과 악인들을 위한 곳으로 구분되어 있었다고 주장하는 사람들이 있었다. 그들은 세상을 떠난 구약시대의 성도들이 "아브라함의 품"(눅 16:22-23 참조)으로 불리는 장소에 일시적으로 머물러 있다가 그리스도의 부활로 죽음이 정복되었을 때 비로소 천국에 갔다고 주장한다.

하지만 이런 견해는 단순히 추측에 불과할 뿐 성경의 지지를 받지 못한다. 윌버 스미스는 "성경은 신자들의 부활과 천국에서의 삶에 대해서 많은 것을 기록하고 있지만 죽음과 부활 사이에 존재하는 영혼의 상태에 대해서는 거의 아무 말도 하지 않는다"고 말했다.[1] 실제로 성경은 그 중간 상태에 관해 많은 정보를 제공하지 않는다. 하지만 성경에 기록된 내용만으로도 비성경적인 견해들의 오류는 충분히 입증할 수 있다.

수면설. 세상을 떠난 신자의 영혼이 부활할 때까지 무의식 상태로 존재한다고 주장하는 이들이 많이 있다. 특히 초기 교회의 문헌들 중 일부에서 이런 견해가 발견된다. 오늘날에는 제7안식일 재림파가 이 이론을 지지하고 있다. 이들은 성경에서 "잠"이라는 단어가 종종 죽음과 동의어로 사용되었음을 지적한다. 예를 들어 예수님은 제자들에게 "우리 친구 나사로가 잠들었도다 그러나 내가 깨우러 가노라"(요 11:11)고 말씀하셨다. 바울도 그리스도 안에서 죽은 신자들을 "예수 안에서 자는 자들"(살전 4:14)로 묘사했다.

하지만 위의 성경 구절에서 사용된 "잠"은 영혼이 아닌 육체와 관계가 있다. 마태는 십자가 사건을 기록하면서 "무덤들이 열리며 자던 성도의 몸이 많이 일어나되"(마 27:52)라고 증언했다. 죽음으로 인해 "잠을 자던" 것이 영혼이 아닌 몸이라는 점이 분명히 나타난다. 우리가 사망하면 몸은 부활을 통해 완전하게 되고 이미 하늘에 있는 영혼과 결합하기까지 무의식, 무감각의 상태로 남게 된다. 하지만 방금 이야기한 대로 영혼은 주님이 있는 곳으로 간다. 이는 위에서 인용한 구절들을 통해 알 수 있듯이 사도 바울이 거듭 밝히는 진리이다. 그는 육체를 떠나면 곧 주님과 함께 거할 수 있다고 말했다(고후 5:8).

세상을 떠난 자들의 영혼은 휴식에 들어간다. 하지만 이때의 휴식은 모든 수고와 고통에서 벗어난다는 뜻이지 무의식 상태의 수면을 의미하지는 않는다. 사도 요한은 "지금 이후로 주 안에서 죽는 자들은 복이 있도다 하시매 성령이 이르시되 그러하다 그들이 수고를 그치고 쉬리니 이는 그들의 행한 일이 따름이라 하시더라"(계 14:13)고 말했다. 휴식이 무의식 상태의 수면을 뜻하지 않는다는 사실을 분명히 알 수 있다. 요한은 구원받은 성도들이 천국에서 하나님을 찬양하고 있다고 했다 (1-4절).

성도들의 죽음에 대한 성경의 기록은 한결같이 세상을 떠나는 즉시 의식이 있는 상태로 주님이 있는 곳에 나아간다고 증언한다. 웨스트민스터 신앙고백 32장 1절은 "죽은 후에 인간의 몸은 흙으로 돌아가서 썩게 되지만 영혼은 (죽거나 잠들지 않고) 불멸의 생명을 지닌 채 즉시 주인이신 하나님께로 돌아간다. 온전히 거룩해진 의인들의 영혼은 하늘로 영접되어 그곳에서 빛과 영광 안에서 하나님의 얼굴을 뵈오며 몸의 온전한 구속을 기다린다"고 말한다.

연옥설. 로마 가톨릭교회의 연옥 교리는 성경 어디에도 나타나 있지 않다. 그것은 믿음으로 의롭다함을 얻는다는 교리를 부인하는 가톨릭교회 입장을 옹호하기 위해 고안된 것이다. 그렇게 말할 수 있는 이유는 다음과 같다.

성경은 천국에 가려면 완전한 의가 필요하다고 가르친다. 예수님은 "내가 너희에게 이르노니 너희 의가 서기관과 바리새인보다 더 낫지 못하면 결코 천국에 들어가지 못하리라"(마 5:20)고 말씀하셨다. 그런 다음 예수님은 "그러므로 하늘에 계신 너희 아버지의 온전하심과 같이 너희도 온전하라"(48절)고 덧붙이셨다. 말하자면 가장 완벽한 의의 기준을 제시하신 것이다.

부자 청년이 천국에 들어갈 수 있는 방법을 여쭈었을 때도 예수님은 역시 절대적인 완전함을 기준으로 제시하셨다. 그분은 "선한 이는 오직 한 분이시니라"(마 19:17)고 말씀하셨다. 이는 예수님 자신이 완전하지 않으시다는 의미가 아니라 인간으로서는 절대적인 완전함을 지니기가 불가능하다는 점을 일깨워 주시기 위한 것이었다. 또한 예수님은 영생을 얻으려면 율법의 계명에 철저히 복종해야 한다고 말씀하셨다(17-21절). 그분은 스스로의 힘으로 하나님의 인정을 받으려는 이들에게 언제나 완전하고 절대적인 수준의 의를 요구하셨다.

부자 청년은 자신의 죄를 이해하지도 인정하지도 않았다. 그는 단지 어렸을 때부터 율법을 지켜 왔다고 대답할 뿐이었다(20절).

예수님은 부자 청년에게 탐심(십계명을 어기는 죄악)이 있음을 간파하시고 은근히 그 점을 지적하셨다. 사실 예수님은 부자 청년과 처음 대화를 시작하실 때부터 선하신 존재는 오직 하나님뿐이라는 사실을 깨우쳐 주시려고 노력하셨다. 하지만 부자 청년은 자신의 죄를 인정하지 않고 결국 구원의 길에서 돌아서고 말았다.

제자들은 그런 상황을 보고 놀라워했다. 인간의 관점에서 보면 부자 청년은 가장 의로운 사람 중에 하나였기 때문이다. 부자 청년이 율법을 지켰다고 주장했을 때 그를 논박한 사람은 아무도 없었다. 이는 그가 다른 사람들의 눈에 띨만한 죄를 저지른 적이 없었다는 점을 암시한다. 그는 참으로 훌륭한 사람이었다. 그런 사람이 영생을 보장받지 못한 채 돌아가는 모습을 본 제자들은 그만 기가 죽고 말았다. 예수님은 그들에게 "내가 진실로 너희에게 이르노니 부자는 천국에 들어가기가 어려우니라"(23절)고 말씀하셨다.

예수님은 다시 한 번 불가능한 기준을 제시하셨다. 그분은 율법을 준수하는 것만으로는 충분하지 않다고 말씀하셨다. 겉으로 볼 때 아무런 흠도 찾을 수 없는 의로운 삶을 살아도 충분하지 않다. 부가 가져다주는 세속적인 특권은 아무 소용이 없다. 하나님은 오직 완전한 의를 지닌 사람만을 인정해 주신다. 예수님은 완전한 의 이외에 모든 것을 낮게 평가하셨다. 그 이유는 행위로 의롭다함을 얻으려는 노력이 무익하다는 점을 일깨워 주시기 위해서였다.

제자들은 "그렇다면 누가 구원을 얻을 수 있으리이까"(25절)라고 여쭈었다. 이에 대해 예수님은 "사람으로는 할 수 없으나 하나님으로서는 다 하실 수 있느니라"(26절)고 대답하신다.

바울은 로마서 4장에서 칭의稱義의 교리를 설명했다. 그는 성도 자신의 의가 아니라 그리스도의 완전한 의가 성도들에게 전가됨으로써 구원을 얻는다고 말했다. 하나님은 그리스도 안에서 성도들을 받아 주신다. 그분은 그리스도의 완전한 의로 그들을 덧입히신다. 하나님은 그리스도의 공로를 보시고 그들의 의가 완전하다고 선언하신다. 성도들의 죄는 이미 모든 죄의 값을 치르신 그리스도에게 전가된다. 그리스도의 의가 성도들에게 전가되고, 성도들은 그리스도의 온전한 의를 지니게 된다. 이것이 바로 믿음으로 의롭다함을 받는다는 의미다. "하나님이 죄를 알지도 못하신 이를 우리를 대신하여 죄로 삼으신 것은 우리로 하여금 그 안에서 하나님의 의가 되게 하려 하심이라"(고후 5:21).

다시 말해 하나님은 우리를 애초에 완벽하게 만들지 않으셨고, 그것을 근거로 우리를 구원하지는 않으신다. 하나님은 우리에게 그리스도의 의를 전가하심으로써 우리를 의롭게 하시고, 그런 다음 의로운 삶을 살아 그리스도의 형상을 이루게 하신다. 하나님은 경건치 않은 자들을 의롭게 하시는 것이다(롬 4:5).

바울은 "그러므로 우리가 믿음으로 의롭다 하심을 받았으니 우리 주 예수 그리스도로 말미암아 하나님과 화평을 누리자"(롬 5:1)고 말했다. 또한 그는 "그러므로 이제 그리스도 예수 안에 있는 자에게는 결코 정죄함이 없나니"(롬 8:1)라고 선언했다. 이들 성경 말씀은 우리의 칭의가 이미 완성되었음을 나타낸다. 한 가지 기억해야 할 것은 사용된 동사의 시제가 모두 과거라는 점이다. "이 사람이 의롭다 하심을 받고 그의 집으로 내려갔느니라"(눅 18:14)는 예수님의 말씀도 하나님의 자비를 구하며 회개했던 세리가 즉시 의롭다함을 받아 구원을 얻게 되었음을 의미한다.

칭의稱義는 성도들에게 이미 이루어진 사건이다. 칭의는 계속되는 과정이 아니다. 우리는 이제 그리스도의 의 덕분에 하나님 앞에 온전히 설 수 있다.

그러나 로마 가톨릭교회는 이 모든 진리를 부인한다. 그들은 칭의를 개인적으로 성취하는 의의 수준에 따른 지속적인 과정으로 설명한다. 로마 가톨릭교회의 공식 교리에 따르면 우리에게 전가된 그리스도의 공로만으로는 구원을 받을 수 없으며, 성례와 선행을 통해 공덕을 쌓아야 한다고 말한다. 먼저 의가 우리 안에 주입되고, 그런 다음 우리 자신의 노력으로 완전해진다는 것이 그들의 주장이다. 가톨릭교회는 우리 안에 실질적인 의가 있어야만 하나님이 우리를 받아 주시는 근거가 마련된다고 말한다. 이는 우리가 완전해질 때까지 칭의도 완성되지 않는다는 뜻이다. 먼저 완전하게 되고 그 다음에 칭의가 완성된다는 주장은 구원의 순서를 뒤바꾸는 결과를 낳는다.

칭의에 관한 가톨릭교회의 입장은 명백한 딜레마를 안고 있다. 가장 훌륭한 삶을 사는 성도라고 해도 결코 완전할 수는 없다. 이 세상에서 절대적으로 완전해질 수 있는 사람은 단 한 사람도 없다(가톨릭교회는 "거의 아무도 없다"고 가르친다). 우리의 의가 천국에 갈 수 있는 필요조건이라면 죽음과 동시에 천국에 들어갈 수 있는 사람은 아무도 없다. 남아 있는 불완전함을 먼저 해결해야 하기 때문이다.

연옥 교리는 바로 이런 딜레마를 해결하기 위해 고안되었다. 믿음으로 의롭다함을 받는다는 것을 부인하려면 이 세상의 불완전한 상태에서 천국의 완전한 상태로 이동할 수 있는 다른 방법을 고안해야 한다. 그래서 로마 가톨릭교회는 대다수의 사람들이 죽은 후에 연옥에 가서 죄를 남김없이 씻고 천국에 들어가는 데 필요한 공덕을 쌓는다는 교리를 만든 것이다. 그들은 연옥에서의 속죄가 극심한 고통과 고난을 수반

한다고 가르친다. 흥미롭게도 가톨릭교회는 그리스도로부터 전가된 의만으로는 죄인들을 구원하기에 부족하다고 말하면서도 세상에 있는 죄인들로부터 연옥에 있는 자들에게 의가 전가된다는 모순된 주장을 펼친다. 그들은 죽은 자들을 위해 촛불을 켜고 기도를 하고 미사를 드린다. 그들은 성례를 통해 쌓은 공덕이 연옥에 있는 사람에게 전가되면 그곳에 있는 기간이 단축된다고 말한다.

성경의 가르침

앞에서도 이야기했지만 성경은 연옥 교리를 가르치지 않는다. 우리의 죄를 속죄하는 데는 그리스도의 고난만으로 충분하다. 우리 자신의 고난은 그리스도의 공로에 아무것도 더하지 못한다. 히브리서 저자는 그리스도의 구속 사역 외에 죄를 씻을 수 있는 희생은 존재하지 않는다고 말했다. 그리스도의 희생이 충분하지 않다고 믿고 고집스럽게 거부한다면 "다시 속죄하는 제사가 없고 오직 무서운 마음으로 심판을 기다리는 것과 대적하는 자를 태울 맹렬한 불만"(히 10:26-27)이 우리를 기다릴 것이다.

성도는 온전히 의롭다함을 받았기 때문에 더 이상 정죄함이 없다. 따라서 사후에 남아 있는 죄를 위해 다시 고난을 받을 필요도 없다. 우리의 모든 죄가 그리스도의 보혈로 깨끗이 씻겼다. 부족함을 메우기 위해 공덕을 쌓을 필요가 전혀 없다. 성도는 이사야 선지자처럼 "내가 여호와로 말미암아 크게 기뻐하며 내 영혼이 나의 하나님으로 말미암아 즐거워하리니 이는 그가 구원의 옷을 내게 입히시며 공의의 겉옷을 내게 더하심이 신랑이 사모를 쓰며 신부가 자기 보석으로 단장함 같게 하셨음이라"(사 61:10)고 말할 수 있다.

어떤 사람들은 고린도전서 3장의 내용을 근거로 죄의 앙금을 남김없이 씻기 위해서는 불 시험을 받아야 한다고 주장한다. 하지만 그 구절을 다시 읽어 보면 성도들의 행위가 "나무나 풀이나 짚"과 같은지, 아니면 "금이나 은이나 보석"(12절)과 같은지를 구별하는 심판을 의미한다는 것을 알 수 있다. 우리의 행위가 그런 심판에 견디느냐 불타느냐 하는 것이 이 구절의 쟁점인 것이다. 때문에 불로 시험을 받는 대상은 성도가 아니라 성도의 행위이다. 더욱이 이 심판은 천국에 가는 도중에 연옥에서 일정 기간 동안 속죄하는 과정이 아니라 종말에 있을 마지막 심판을 가리킨다.

다음의 성경 말씀을 읽어 보자.

"각 사람의 공적이 나타날 터인데 그 날이 공적을 밝히리니 이는 불로 나타내고 그 불이 각 사람의 공적이 어떠한 것을 시험할 것임이라 만일 누구든지 그 위에 세운 공적이 그대로 있으면 상을 받고 누구든지 그 공적이 불타면 해를 받으리니 그러나 자신은 구원을 받되 불 가운데서 받은 것 같으리라"(13-15절).

불 시험을 통과해야 할 대상이 성도가 아니라 행위임이 분명히 드러난다. 또한 천국에 들어가는 조건이 아닌 보상에 초점이 맞추어져 있음을 알 수 있다.

성경은 성도가 세상을 떠나는 즉시 천국에 간다고 말씀한다. 이에 대해 몇 가지 중요한 성경 구절을 살펴보자.

시편 16편. 시편 저자는 죽음을 앞둔 상태에서도 소망으로 가득했다. 그는 "내 영혼을 스올에 버리지 아니하시며 주의 거룩한 자를 멸망시키지 않으실 것임이니이다 주께서 생명의 길을 내게 보이시리니 주의 앞에는 충만한 기쁨이 있고 주의 오른쪽에는 영원한 즐거움이 있나이다"(10-11절)라고 말했다. 시편 저자는 세상을 떠날 때 하나님이 계신 곳에 들어가 충만한 기쁨을 얻게 될 것을 기대했다. 그는 연옥의 고통을 염려하지 않았다. 또한 그는 영혼이 사후에 잠을 잔다고 생각할 수 있는 여지를 전혀 남기지 않았다.

시편 23편. 저자인 다윗은 마지막 구절에서 "내 평생에 선하심과 인자하심이 반드시 나를 따르리니 내가 여호와의 집에 영원히 살리로다"라고 말했다. 다윗은 자신의 삶이 끝나면 여호와의 집에서 영원히 거할 것을 확신했다. "평생을" 살다가 "여호와의 집"으로 간다는 표현에 주목하기 바란다. 다윗의 말은 "몸을 떠나 주와 함께 있는 그것"(고후 5:8)이라는 바울의 말과 정확히 일치한다.

누가복음 16장. 예수님은 세상을 떠난 거지 나사로가 "천사들에게 받들려 아브라함의 품에 들어가고……"(22절)라고 말씀하셨다. 앞에서 지적한 대로 "아브라함의 품"을 구약시대의 성도가 잠시 머무르면서 천국을 기다리는 장소로 생각하는 사람들이 있다. 하지만 나는 아브라함과 나사로가 둘 다 하나님이 계신 곳에 있다고 믿는다. 어쨌든 이 말씀은 수면설이나 연옥설을 모두 배제한다.

"아브라함의 품"이 무슨 뜻인지를 좀 더 알아보기 위해 요한복음 13장으로 잠시 건너가 보자. 요한복음 13장은 다락방에서 있었던 마지막 유월절 만찬을 기록하고 있다. 23절에 "예수의 제자 중 하나 곧 그가 사랑하시는 자가 예수의 품에 의지하여 누웠는지라" 하는 말씀이 있다. 당시에 사용하던 식탁은 지금과 달리 높이가 매우 낮았기 때문에 사람들은 식탁 앞에서 몸을 비스듬히 눕혀야 했다. 이때 예수님의 품에 의지한 제자(요 21:20, 24에 따르면 사도 요한임을 알 수 있다)가 머리를 예수님께 기대고 비스듬히 누웠다. 당시 사람들은 그런 식의 자세를 취하고 손을 이용하여 음식을 먹었다.

따라서 나사로가 "아브라함의 품에 들어갔다"는 표현은 세상에서 거지였던 사람이 믿음의 조상 아브라함의 곁에 누워 만찬을 즐기며 기뻐하는 모습을 묘사하는 것이다. 이는 나사로가 귀한 손님이 되어 대접을 받고 있다는 의미를 함축한다. 한낱 걸인에 불과한 자가 유대인이 가장 위대한 조상으로 생각하는 아브라함 곁에 누워 만찬을 즐긴다는 예수님의 말씀에 바리새인들의 실망이 얼마나 컸겠는지 상상해 보라.

나는 아브라함의 품 역시 천국을 가리킨다고 생각한다. 성경은 구약시대의 성도들이 그리스도가 그들을 영광스러운 천국으로 인도하기까지 특별히 마련된 체류 장소에서 기다려야 했다고 말씀하지 않는다. 오히려 성경의 증거는 그와는 다른 결론에 이르게 한다.

마태복음 17장. 예수님의 모습이 변형되자 모세와 엘리야가 나타나 그분과 대화를 나누었다(3절). 그리스도의 죽으심과 부활이 아직 이르지 않았지만 이미 세상을 떠난 모세와 엘리야가 변화 산 위에 모습을 드러냈다. 그들은 예수님과 더불어 "장차 예수께서 예루살렘에서 별세하실 것"(눅 9:31)에 대해 대화를 나누었다. 그들이 오랜 세월 동안 하데스에 머물고 있다는 인상을 전혀 받을 수 없다. 그들은 즉시 그리스도를 알아보았고 그분의 영광에 동참했을 뿐 아니라 심지어 예수님이 앞으로 무슨 일을 하셔야 하는지를 세세히 알고 있을 정도로 그분의 지상 사역을 모두 꿰뚫고 있었다. 변화 산 사건에 관한 성경의 기록은 참으로 놀랍기만 하다. 우리는 이 말씀을 통해 장차 영원한 천국에서 그리스도와 우리 사이에 어떤 식의 교제가 이루어질 것인지를 짐작할 수 있다.

누가복음 23장. 본문은 예수님이 십자가에서 처형되시는 동안에 일어났던 감동적인 일화를 전해 준다. 예수님과 함께 십자가에 매달린 두 명의 범죄자 가운데 한 사람이 "예수여 당신의 나라에 임하실 때에 나를 기억하소서"(42절)라며 죄를 뉘우쳤다. 예수님은 그에게 "내가 진실로 네게 이르노니 오늘 네가 나와 함께 낙원에 있으리라"(43절)고 대답하셨다.

"낙원"은 사도 바울이 고린도후서 12장 4절에서 "셋째 하늘"에 이끌려 올라갔다고 말했을 때 사용했던 단어와 똑같다. 즉 낙원은 천국과 같은 말이다. 이 말은 결코 연옥을 가리키지 않는다. 더욱이 "오늘" 낙원에 있을 것이라는 약속은 연옥설이나 수면설을 단번에 일축한다.

연옥에서 죄의 정화가 필요한 사람이 있다면 아마도 십자가의 강도일 것이다. 그는 조금 전까지만 해도 회개하지 않은 강도와 함께 그리스도를 조롱했다(막 15:32). 그의 회개는 그야말로 죽음 직전에 불과 몇 분을 남겨둔 상태에서 이루어졌다. 하지만 예수님은 바로 당일에 낙원에서 그를 보게 될 것이라고 약속하셨다.

천국에 대한 성경의 증언

성경에는 천국을 묘사하는 구절들이 많이 있다. 그리고 그 가운데는 상징과 신비로 가득한 묵시적 (또는 예언적) 언어로 이루어진 내용들이 있다. 성경에서 묵시적 상징 언어가 사용될 때는 항상 중요한 사건이 논의된다. 따라서 상징 언어가 비현실적인 일을 묘사한다고 함부로 판단해서는 안 된다. 지금까지 이야기한 대로 성경은 천국을 실제적인 장소로 분명하게 말씀한다. 심지어 가장 묵시적인 특성을 띤 성경 구절조차도 천국을 현실적인 실체로 인정하고 있다.

에스겔의 환상

천국을 극적으로 묘사한 성경 본문 가운데 하나가 에스겔서에 있다. 에스겔은 놀랍게도 환상을 통해 천국의 광경을 보게 되었다. 그는 천국과 하나님의 보좌의 형상을 생생하고도 자세하게 묘사했다.

에스겔서 1장 전체를 읽어 보자.

"서른째 해 넷째 달 초닷새에 내가 그발 강 가 사로잡힌 자 중에 있을 때에 하늘이 열리며 하나님의 모습이 내게 보이니 여호와긴 왕이 사로잡힌 지 오 년 그 달 초닷새라 갈대아 땅 그발 강 가에서 여호와의 말씀이 부시의 아들 제사장 나 에스겔에게 특별히 임하고 여호와의 권능이 내 위에 있으니라 내가 보니 북쪽에서부터 폭풍과 큰 구름이 오는데 그 속에서 불이 번쩍번쩍하여 빛이 그 사방에 비치며 그 불 가운데 단 쇠 같은 것이 나타나 보이고 그 속에서 네 생물의 형상이 나타나는데 그들의 모양이 이러하니 그들에게 사람의 형상이 있더라 그들에게 각각 네 얼굴과 네 날개가 있고 그들의 다리는 곧은 다리요 그들의 발바닥은 송아지 발바닥 같고 광낸 구리 같이 빛나며 그 사방 날개 밑에는 각각 사람의 손이 있더라 그 네 생물의 얼굴과 날개가 이러하니 날개는 다 서로 연하였으며 갈 때에는 돌이키지 아니하고 일제히 앞으로 곧게 행하며 그 얼굴들의 모양은 넷의 앞은 사람의 얼굴이요 넷의 오른쪽은 사자의 얼굴이요 넷의 왼쪽은 소의 얼굴이요 넷의 뒤는 독수리의 얼굴이니 그 얼굴은 그러하며 그 날개는 들어 펴서 각기 둘씩 서로 연하였고 또 둘은 몸을 가렸으며 영이 어떤 쪽으로 가면 그 생물들도 그대로 가되 돌이키지 아니하고 일제히 앞으로 곧게 행하며 또 생물들의 모양은 타는 숯불과 횃불 모양 같은데 그 불이 그 생물 사이에서 오르락내리락 하며 그 불은 광채가 있고 그 가운데에서는 번개가 나며 그 생물들은 번개 모양 같이 왕래하더라 내가 그 생물들을 보니 그 생물들 곁에 있는 땅 위에는 바퀴가 있는데 그 네 얼굴을 따라 하나씩 있고 그 바퀴의 모양과 그 구조는 황옥 같이 보이는데 그 넷은 똑같은 모양을 가지고 있으며 그들의 모양과 구조는 바퀴 안에 바퀴가 있는 것 같으며 그들이 갈 때에는 사방으로 향한 대로 돌이키지 아니하고 가며 그 둘레는 높고 무서우며 그 네 둘레로 돌아가면서 눈이 가득하며 그 생물들이 갈 때에 바퀴들도 그 곁에서 가고 그 생물들이 땅에서 들릴 때에 바퀴들도 들려서 영이 어떤 쪽으로 가면 생물들도 영이 가려 하는 곳으로 가고 바퀴들도 그 곁에서 들리니 이는 생물의 영이 그 바퀴들 가운데에 있음이니라 그들이 가면 이들도 가고 그들이 서면 이들도 서고 그들이 땅에서 들릴 때에는 이들도 그 곁에서 들리니 이는 생물의 영이 그 바퀴들 가운데에 있음이더라 그 생물의 머리 위에는 수정 같은 궁창의 형상이 있어 보기에 두려운데 그들의 머리 위에 펼쳐져 있고 그 궁창 밑에 생물들의 날개가 서로 향하여 펴 있는데 이 생물은 두 날개로 몸을 가렸고 저 생물도 두 날개로 몸을 가렸더라 생물들이 갈 때에 내가 그 날개 소리를 들으니 많은 물 소리와도 같으며 전능자의 음성과도 같으며 떠드는 소리 곧 군대의 소리와도 같더니 그 생물이 설 때에 그 날개를 내렸더라 그 머리 위에 있는 궁창 위에서부터 음성이 나더라 그 생물이 설 때에 그 날개를 내렸더라 그 머리 위에 있는 궁창 위에 보좌의 형상이 있는데 그 모양이 남보석 같고 그 보좌의 형상 위에 한 형상이 있어 사람의 모양 같더라 내가 보니 그 허리 위의 모양은 단 쇠 같아서 그 속과 주위가 불 같고 내가 보니 그 허리 아래의 모양도 불 같아서 사방으로 광채가 나며 그 사방 광채의 모양은 비 오는 날 구름에 있는 무지개 같으니 이는 여호와의 영광의 형상의 모양이라 내가 보고 엎드려 말씀하시는 이의 음성을 들으니라"

위의 본문은 천국에 있는 하나님의 보좌를 묘사하고 있다. 우리는 에스겔이 묘사하는 모든 내용을 완벽하게 이해할 수 없다. 물론 기록을 남긴 에스겔 자신도 마찬가지였다. 하지만 그는 성령의 감동으로 유한한 인간의 언어와 지성의 범주 안에서 최선을 다해 자신이 목격한 것(즉 매끈한 보석들에서 빛나는 광채와 "생물"로 묘사된 천사들과 뒤섞인 영롱한 빛의 바퀴)을 묘사했다. 그는 영원하시고 영광스러우신 하나님의 보좌 주위에서 무지개가 사방으로 찬란한 빛을 발산하는 광경을 보았다.

이런 상징 언어를 어떻게 해석할 수 있을까? 어떤 사람들은 에스겔의 환상에 언급된 모든 표현에서 의미를 찾으려고 노력한다. 예를 들어 내가 참고한 한 자료는 천상의 생물들이 지닌 얼굴 모양을 이렇게 설명한다. "사자는 권위와 능력을, 사람은 지성과 의지를, 소는 인내심과 헌신을, 독수리는 신속한 판단을 각각 의미한다." 하지만 우리는 아무 설명도 주어지지 않은 상징 언어에 너무 많은 의미를 부여하지 않도록 주의해야 한다. 상징 언어는 해독이 필요한 암호가 아니라 인간의 생각으로 도무지 헤아릴 길이 없는 하나님의 주권과 영광과 권능 및 천국의 완전함과 아름다움을 전체적으로 강조하는 데 그 목적이 있다. 세부 내용을 일일이 이해할 수는 없지만 우리는 천국의 영광스러움을 드러내는 것이 에스겔의 목적이었음을 익히 알 수 있다. 한 몸이 되어 일제히 움직이는 바퀴, 번쩍이는 번갯불, 찬란하게 빛나는 보석들, 눈부실 정도로 밝은 광채, 이 모든 것이 하나님의 영광을 드러낸다.

이렇듯 천국에 관한 에스겔의 증언을 모두 이해할 수는 없지만 우리는 천국이 말로 표현하기 어려울 정도로 영광스러운 곳이라는 암시를 받을 수 있다.

요한의 묵시

요한이 환상을 통해 본 천국의 광경은 요한계시록 전반에 걸쳐 묘사되었는데, "하늘"로 번역된 헬라어가 요한계시록에 모두 50회 이상 사용되었다. 또 "하늘의 하나님"이라는 호칭도 두 번 사용되었다(계 11:13, 16:11). 요한계시록의 내용은 주로 땅에서 일어나는 사건들을 다루면서도 모두 천국의 관점에서 기술되었다.

또한 요한의 환상과 에스겔의 환상에는 서로 유사한 내용이 많이 있다. 물론 요한이 기록한 내용이 더 많지만 에스겔이 묘사한 내용과 서로 아름답게 조화를 이루고 있다.

요한은 4장에서 천국에 이끌려 올라갔던 경험담을 진술했다. "이 일 후에 내가 보니 하늘에 열린 문이 있는데 내가 들은 바 처음에 내게 말하던 나팔 소리 같은 그 음성이 이르되 이리로 올라오라 이 후에 마땅히 일어날 일들을 내가 네게 보이리라 하시더라 내가 곧 성령에 감동되었더니 보라 하늘에 보좌를 베풀었고 그 보좌 위에 앉으신 이가 있는데"(계 4:1-2).

에스겔이 하나님의 보좌와 말로 설명하기 어려운 천국의 영광을 묘사함으로써 자신이 본 환상을 마무리한 데 비해 요한은 보좌를 묘사하는 데서부터 기록을 시작했다. 그는 본문에서 거듭 하나님의 보좌를 언급한다. 보좌는 하나님이 계시는 곳이자 천국의 중심이다. 다시 말해 천국의 영광은 모두 하나님의 보좌로부터 흘러나온다.

3절은 "앉으신 이의 모양이 …… 녹보석 같더라"고 말씀한다. 녹보석은 다양한 색깔(주로 녹색의 암영)을 띠고 있는 짙은 반투명체의 보석을 말한다. (고대의 녹보석은 실제로 투명한 보석을 의미했다.) 또한 3절은 "앉으신 이의 모양이 …… 홍보석 같고"라고 말씀한다. 어떤 사람들은 홍보석이 피의 희생을 통해 구원을 베푸시는 구원자 하나님을 의미한다고 해석한다. 이는 구원자로서의 하나님의 영광을 강조한다. 참고로 홍보석과 녹보석은 대제사장의 흉배에 부착된 열두 보석 가운데 첫 번째와 마지막 보석이다(출 28:17, 20).

이처럼 에스겔과 요한은 인간의 표현을 뛰어넘는 영광스럽고 눈부신 천국의 광경을 묘사하고 있다. 요한의 증언도 에스겔의 증언처럼 말로 형용할 수 없는 천국의 영광을 묘사하는 데 주안점을 두었다.

인간의 언어는 하나님의 영광을 묘사하기에 부적합하다. 따라서 요한은 진기한 보석들에 빗대어 천국의 아름다움을 묘사하고자 노력했다. 그가 언급한 보석들은 그가 생각할 수 있는 가장 영광스럽고 아름다운 것들이었기 때문에 그것에 의존해 자신이 목격한 바를 표현할 수밖에 없었다. 물론 그가 묘사한 천국의 영광은 세상의 보석들이 지닌 아름다움을 훨씬 능가한다. 천국의 광경을 상상하기가 어렵다 해도 관계없다. 아마도 천국이 우리의 상상을 초월하는 영광을 지닌 곳이라는 것을 알리는 것이 요한의 의도였을 것이다.

요한의 증언은 계속된다. 그의 증언은 마치 에스겔의 증언을 방불케 한다. "앉으신 이의 모양이 벽옥과 홍보석 같고 또 무지개가 있어 보좌에 둘렸는데 …… 보좌로부터 번개와 음성과 우렛소리가 나고"(계 4:3-5).

다시금 두려움과 경외심을 자아내는 묘사가 이어진다. 이 말씀은 말할 수 없는 영광과 권능과 권위를 증언한다.

천둥과 번개는 성경에 언급된 또 다른 장면을 연상시킨다. 그것은 바로 하나님이 율법을 주시기 위해 시내 산에 강림하셨던 사건이다. 이스라엘 백성은 천둥과 번개의 형태로 하나님의 영광을 보았다(출 19:16). 이 또한 말로 형용할 수 없는 현상이다. 우리는 그런 표현들을 통해 땅에서 느낄 수 있는 그 어떤 경이로움보다 더 큰 경이로움을 느끼게 된다.

요한은 보좌 주위의 광경을 묘사하면서 또 한 가지 내용을 전한다. 그는 "보좌 앞에 켠 등불 일곱이 있으니 이는 하나님의 일곱 영이라"(계 4:5)고 말했다.

사실 이 구절은 많은 사람들에게 혼동을 준다. 하지만 이 말씀은 결코 성령이 일곱 분이라는 의미가 아니다. 사도 바울은 고린도전서 12장 4절에서 "은사는 여러 가지나 성령은 같고"(11절 참조)라고 말했다. 또한 에베소서 4장 4절에서 "몸이 하나요 성령도 한 분이시니"라고 말했다 (엡 2:18 참조). 따라서 하나님의 성령이 일곱 분이라고는 결코 생각할 수 없다. 그런 생각은 성령에 관한 성경의 증언과 명백히 상충된다.

그러므로 우리는 "일곱 영"을 묵시적인 상징 표현으로 이해해야 한다. 요한은 그것을 "일곱 등불"과 연계시켰다. 이는 요한계시록 2-3장에 언급된 교회의 일곱 촛대를 연상시킨다. 아울러 이는 과거 성막에 안치되었던 "일곱 등잔"(출 25:31-37 참조)을 떠올리게 한다. "일곱 등잔"은 하나로 된 금 촛대 위에 올려놓은 일곱 개의 초를 가리킨다. 따라서 일곱 등불은 가지가 일곱 개인 한 개의 촛대에 놓인 등불을 뜻한다. 이렇게 볼 때 "일곱 영"은 비록 일곱으로 표현되었지만 하나이신 하나님의 성령을 가리킨다고 결론지을 수 있다.

그러면 하나님의 성령을 일곱으로 표현한 이유는 무엇일까? 이는 2-3장에 나오는 일곱 교회에 대한 성령의 주권을 암시할 수도 있고, 또 성령을 "여호와의 영(1) 곧 지혜(2)와 총명(3)의 영이요 모략(4)과 재능(5)의 영이요 지식(6)과 여호와를 경외하는 영(7)"으로 묘사한 이사야서 11장 2절과 관련이 있을 수도 있다. 어떤 의미이든지 간에 우리가 "한 성령"으로 세례를 받아 그리스도의 몸이 되었다는 사실을 부인하지는 않는다(고후 12:13). 성령이 한 분 이상이라는 생각은 성경의 증언과 정면으로 충돌한다(엡 2:18; 요 14:16-17 참조).

요한계시록 4장을 다시 살펴보자. 6절에 보면 "보좌 앞에 수정과 같은 유리 바다가 있고"라는 말씀이 있다. 찬란한 무지개, 벽옥, 홍보석, 녹보석의 영롱한 색깔, 수정처럼 맑은 바다, 한번 그 아름다운 광경을 머릿속에 그려 보자.

형형색색의 보석들, 빛, 수정은 모두 하나님이 좌정해 계시는 보좌의 권위와 영광을 드러낸다. 성경의 다른 곳에서도 이와 비슷한 내용이 발견된다. 예를 들어 출애굽기 24장 9-10절은 "모세와 아론과 나답과 아비후와 이스라엘 장로 칠십 인이 올라가서 이스라엘 하나님을 보니 그 발 아래에는 청옥을 편 듯하고 하늘 같이 청명하더라"고 말씀한다. 영광스러우신 하나님에게서 발산되는 광채가 수정처럼 맑고 유리알처럼 투명한 바다에 비쳐 반사된다. 특히 출애굽기 24장에서 수정 바다는 "청옥을 편 듯한" 모습이었다고 표현하는데 아마도 바다에서 반사된 색깔 때문인 듯하다. 요한계시록이나 출애굽기 본문 모두 형용하기 어려운 "맑고 청명함"을 묘사한다. 에스겔은 "수정 같은 궁창의 형상이 있어 보기에 두려운데"(겔 1:22)라고 표현했다. 천국이 상상을 초월한 아름다움을 지닌 곳이며, 그곳의 모든 것을 배경으로 하나님의 영광이 찬란하게 드러나고 있음을 알 수 있다.

밝음과 깨끗함을 강조하는 이런 표현은 천국에 그늘과 어두움이 전혀 존재하지 않는다는 점을 암시한다. 베티 이디와 같은 사람들은 어둡고 긴 터널과 같은 곳을 보았다고 했다(부록 1 참조). 하지만 성경에는 그런 암시가 전혀 없다. 성경은 모든 것을 빛과 광채와 투명함의 관점에서 기술한다.

요한은 심지어 천국에 거주하는 다른 존재들에 대해 말할 때에도 여전히 하나님의 영광에 초점을 맞추었다. "이십사 장로들(이들은 구원받은 신자 전체를 대표한다)의 보좌"가 하나님의 보좌를 에워싸고 있다(계 4:4). 또 6절은 "네 생물"이 보좌를 둘러싸고 있다고 표현한다. 네 생물은 천사들, 즉 그룹을 가리키는 것이다. 그러므로 하늘의 천사들과 온 교회가 보좌를 에워싸고 있는 셈이 된다. 보좌에는 하나님이 좌정하셔서 그 영광과 권능을 드러내신다.

요한계시록에서만 하나님의 보좌를 39회 이상 언급했다. 이는 우리에게 시사하는 바가 크다. 즉 천국에서 이루어지는 모든 활동이 하나님의 보좌에 초점을 맞추고 있으며, 천국에 존재하는 모든 것이 보좌에서 나오는 영광을 반영함을 알 수 있다.

내가 천국을 소망하는 이유

고대 사회의 건축물들 가운데 가장 대표적인 것은 바로 왕궁과 신전이었다. 전자는 정치적 권위를, 후자는 종교적 권위를 각각 상징했다. 천국에서 하나님의 보좌가 중앙을 차지한다는 것은 하나님이 경배를 받으시기에 합당하신 권위를 지니고 계신다는 사실을 강조한다. 천국 전체가 그분의 왕궁이요 천국 전체가 그분의 성전인 것이다.

그리스도는 요한계시록 3장 12절에서 "이기는 자(요한이 기록한 성경을 종합해 보면 이는 참 신자들을 의미하는 것으로 볼 수 있다)는 내 하나님 성전에 기둥이 되게 하리니 그가 결코 다시 나가지 아니하리라"고 말씀하셨다.[2] 이십사 장로 중에 한 사람은 대환란을 이겨 낸 신자들을 언급하면서 "그러므로 그들이 하나님의 보좌 앞에 있고 또 그의 성전에서 밤낮 하나님을 섬기매 보좌에 앉으신 이가 그들 위에 장막을 치시리니"(계 7:15)라고 말했다.

이들 성경 말씀은 성도가 천국의 성전에서 하나님을 영원히 섬기게 될 것을 의미한다. 이밖에 다른 성경 구절도 천국의 성전에 관해 말한다. 예를 들어 요한계시록 11장 19절은 "하늘에 있는 하나님의 성전"과 "성전 안에 하나님의 언약궤"를 언급한다. 또 요한은 "하늘에 증거 장막의 성전이 열리며"(계 15:5)라고 증언했다. 이처럼 성경 말씀은 천국에 성전이 존재한다는 점을 분명히 밝히고 있다.

하지만 요한은 요한계시록에서 새 예루살렘을 묘사하면서 "성 안에서 내가 성전을 보지 못하였으니 이는 주 하나님 곧 전능하신 이와 및 어린 양이 그 성전이심이라"(계 21:22)고 말했다. 어떤 사람들은 이 말씀과 요한계시록의 다른 기록들을 조화시킬 목적으로 지금은 하늘에 성전이 존재하지만 장차 하나님이 새 하늘과 새 땅을 건설하실 때 사라지게 될 것이라고 말한다. 하지만 그들의 생각은 요한이 말하고자 하는 분명한 의도를 제대로 포착하지 못한 것이다. 즉 천국의 성전은 건물이 아닌 전능하신 하나님 자신이시다. "보좌에 앉으신 이가 그들 위에 장막을 치시리니"(계 7:15)라는 말씀이 이 점을 분명히 함축하고 있다. 요한계시록 21장 23절은 천국에 성전이 없다는 말씀에 이어 "그 성은 해나 달의 비침이 쓸 데 없으니 이는 하나님의 영광이 비치고 어린 양이 그 등불이 되심이라"고 말씀한다.

하나님의 영광이 온 천국에 비취고, 그 자체가 성전이 된다는 사실을 짐작할 수 있다. 즉 천국 전체가 성전이고, 천국 전체에서 하나님의 영광과 임재가 이루어진다. 아울러 요한처럼 "전능하신 이와 및 어린 양이 그 성전이심이라"(22절)고 표현할 수도 있겠다.

불행히도 이런 말씀들을 잘못 이해하면 천국을 단조롭고 재미없는 곳으로 생각할 소지가 있다. 마치 성전의 기둥처럼 몸을 조금도 움직일 수 없는 신세가 되기를 바랄 사람이 누가 있겠는가?(계 3:12 참조) 하지만 요한이 말하려는 의도를 오해하지 말아야 한다. 요한의 말은 신자가 건물을 떠받치는 기둥이 된다는 뜻이 아니라 하나님 앞에서 영원히 거하며 결코 그분을 떠나지 않게 될 것을 의미한다. 하나님은 성전이시고 우리는 기둥이다. 이런 표현은 "내가 다시 와서 너희를 내게로 영접하여 나 있는 곳에 너희도 있게 하리라"(요 14:3)는 예수님의 약속과 "우리가 항상 주와 함께 있으리라"(살전 4:17)는 사도 바울의 소망을 생각나게 한다. 하나님이 계시는 곳 어디에나 우리도 영원히 있게 될 것이다.

에스겔과 사도 요한이 인간의 말로 형용할 수 없는 일들을 표현하려고 했다는 사실을 잊지 말아야 한다. 하나님이 천국의 모든 것을 상세히 보여 주신다고 해도 우리는 그것을 온전히 이해하지 못할 것이다. 천국은 우리가 아는 그 어떤 것과도 비교할 수 없는 곳이다. 그러나 바울은 에베소서 2장에서 천국을 이해할 수 있는 새로운 관점을 소개한다. 그는 우리가 허물과 죄로 죽은 상태(1절), 즉 본질상 진노의 자녀였다고 말하면서(3절) 구원은 전적으로 하나님께 맡겨져 있다고 강조한다. 아울러 그는 하나님이 큰 사랑과 자비로 우리를 죄에서 구원하셨다고 말한다. 하나님이 죽어야 마땅한 우리에게 구원의 은혜를 베풀어 주셨다는 사실을 생각할 때 우리는 겸손한 태도로 감사하지 않을 수 없다.

바울은 에베소서 2장 7절에서 하나님이 우리를 구원하신 이유를 이렇게 밝혔다. "이는 그리스도 예수 안에서 우리에게 자비하심으로써 그 은혜의 지극히 풍성함을 오는 여러 세대에 나타내려 하심이라." 이 구절은 천국이 어떤 곳인지를 알고 싶어 하는 사람들의 호기심을 충족시켜 주지는 못하지만, 장차 천국에서 어떤 일이 일어날 것인지를 생생하게 전달한다. 다시 말해 이 말씀은 땅에서보다 천국에서 하나님의 풍성하신 은혜가 훨씬 더 밝게 드러날 것을 암시한다. 바로 이 사실 때문에 나는 천국을 간절히 소망한다. 장차 천국에서 하나님은 사랑하는 자녀들에게 풍성하신 은혜를 영원히 쏟아 부어 주실 것이다.

잠시 생각해 보자. 우리가 세상에서 누리는 온갖 좋은 것들은 모두 하나님의 은혜 때문이다(약 1:17 참조). 또한 그리스도를 믿는 성도는 장차 천국에서 더욱더 큰 축복을 누리게 될 것이다. 하나님이 크신 축복을 끝없이 우리에게 베푸실 것이며 그로써 그분의 풍성한 은혜를 한껏 드러내실 것이다. 그러니 보잘것없는 세상의 즐거움보다 천국의 풍성한 기쁨을 사모하는 것이 더 낫지 않겠는가?

| THE
GLORY
OF
HEAVEN

chapter 6

새 예루살렘

종말에 이루어질 천국은 지금 하나님이 거하고 계시는 천국과는 다르다. 2장에서 언급한 대로 만물의 종말이 이르면 하늘과 땅을 새롭게 하시는 하나님의 역사가 일어날 것이다. 현재의 천국과 새롭게 된 우주가 하나가 되어 우리가 영원히 거할 완벽한 처소가 마련되는 것이다. 하나님이 거하시는 천국이 확장되어 우주 만물을 감싸고, 그 결과 온 우주가 영광스러운 천국처럼 완전해질 것이다. 사도 베드로는 이를 구원받은 모든 성도의 소망으로 삼았다. 그는 "우리는 그의 약속대로 의가 있는 곳인 새 하늘과 새 땅을 바라보도다"(벧후 3:13)라고 말했다.

심지어 구약시대에도 경건한 이들은 이것을 소망했다. 이미 알고 있는 바대로 가나안은 이스라엘 백성에게 주어진 약속의 땅이었다. 하지만 히브리서 11장은 처음 언약을 맺은 아브라함이 세상에서 약속받은 땅 외에 다른 것에 소망을 두었다고 설명한다. 히브리서 11장 9-10절을 살펴보자. "믿음으로 그가 이방의 땅에 있는 것 같이 약속의 땅에 거류하여 …… 장막에 거하였으니 이는 그가 하나님이 계획하시고 지으실 터가 있는 성을 바랐음이라." 아브라함은 세상의 것이 아니라 영원한 것을 바라보았다. 그는 다가올 세상에서 이루어질 하나님의 영원한 도성을 바라보고 그곳에서 영원히 거하게 될 것을 믿으며 떠돌이 유목 생활을 했다. 성경 기록에 따르면, 아브라함이 실제 소유했던 땅은 사라를 장사 지내기 위해 샀던 땅뿐이었다(창 23:20). 결국 그곳은 아브라함의 히브리 족장으로의 나머지 삶과 마지막 쉼의 장소가 되었다. 천국은 그가 진정 소망했던 곳이었다.

구약성경을 보면 하늘과 땅이 개벽되어 성도들의 영원한 처소로 변하게 될 것을 암시하는 예언들이 많이 있다. "주께서 옛적에 땅의 기초를 놓으셨사오며 하늘도 주의 손으로 지으신 바니이다 천지는 없어지려니와 주는 영존하시겠고 그것들은 다 옷 같이 낡으리니 의복 같이 바꾸시면 바뀌려니와"(시 102:25-26)라는 말씀은 하나님이 온 우주를 마치 낡은 옷처럼 바꾸실 것을 의미한다. (흥미롭게도 히브리서 1장 10-12절은 이 시편 말씀을 성부 하나님이 성자 하나님께 하신 말씀으로 인용했다. 이는 예수님의 영원한 신성을 입증하는 확실한 증거 가운데 하나이다.)

온 우주를 새롭게 하시는 것이 하나님의 계획이다. 하나님은 구약시대 선지자들을 통해 이스라엘 백성에게 그와 같은 약속을 주셨다. 이사야 65장 17-19절을 읽어 보자.

"보라 내가 새 하늘과 새 땅을 창조하나니 이전 것은 기억되거나 마음에 생각나지 아니할 것이라 너희는 내가 창조하는 것으로 말미암아 영원히 기뻐하며 즐거워할지니라 보라 내가 예루살렘을 즐거운 성으로 창조하며 그 백성을 기쁨으로 삼고 내가 예루살렘을 즐거워하며 나의 백성을 기뻐하리니 우는 소리와 부르짖는 소리가 그 가운데에서 다시는 들리지 아니할 것이며"

하나님은 하늘과 땅을 변화시켜 새로운 세상을 만드시겠다고 말씀하셨다. 새 세상에서 새 예루살렘이 만물의 중심이 될 것이라는 말씀에 주목하기 바란다. "이전 것은 기억되거나 마음에 생각나지 아니할 것이라"(17절)는 말씀에서 알 수 있듯이 새 하늘과 새 땅의 영광스러움은 오늘날의 세상과는 비교할 수 없을 정도로 탁월할 것이다. 아울러 이사야서 마지막 장에서 하나님은 새 하늘과 새 땅은 물론 그분의 성도들이 영원히 거하게 될 것이라고 말씀하셨다. 이사야 66장 22절을 읽어 보자. "내가 지을 새 하늘과 새 땅이 내 앞에 항상 있는 것 같이 너희 자손과 너희 이름이 항상 있으리라 여호와의 말이니라."

요한계시록 21장은 이사야의 약속에 담겨 있는 뜻을 자세히 설명한다. 사도 요한은 환상을 통해 본 만물의 종말을 묘사했다. 또한 요한계시록 21장은 새 하늘과 새 땅을 비롯해 거룩한 도성 새 예루살렘을 가장 길고 자세하게 묘사하는 성경 본문이다. 이사야서 마지막에 언급된 짧은 약속이 요한계시록 마지막 장에서 좀 더 온전하게 설명되고 있음을 알 수 있다.

새 하늘과 새 땅이 이루어지는 과정은 다음과 같다. 먼저 아마겟돈 전쟁이 일어나고(계 19장), 지상에서 그리스도의 천년왕국이 이루어질 것이다(계 20:7). 천년왕국이 끝나면 하나님이 흰 보좌 심판을 베푸시고 사탄과 불신자들을 영원한 지옥으로 보내실 것이다(11-15절). 그 후에 "처음 하늘과 처음 땅이 없어졌고"(계 21:1)라는 말씀대로 온 우주가 해체되고 우리가 알고 있는 모든 것이 완전해 질 것이다. 온 우주에서 악이 사라지고, 죽음과 죄와 슬픔과 고통이 영원히 자취를 감추게 될 것이다. 새 하늘과 새 땅이 옛 것들을 대신하고, 그 영광스러운 곳에서 하나님의 백성이 영원히 살게 될 것이다.

불에 타 없어질 것들

요한계시록 21장에 묘사된 천국을 자세히 살펴보기 전에 먼저 현재의 우주가 해체되고 만물이 새롭게 되는 과정을 생각해 보자. 이에 대한 상세한 설명은 사도 베드로의 증언에서 발견할 수 있다. 그의 증언은 깊이 생각해 볼만한 가치를 지닌다.

베드로는 "먼저 이것을 알지니 말세에 조롱하는 자들이 와서 자기의 정욕을 따라 행하며 조롱하여 이르되 주께서 강림하신다는 약속이 어디 있느냐 조상들이 잔 후로부터 만물이 처음 창조될 때와 같이 그냥 있다 하니"(벧후 3:3-4)라고 기록했다. 이 말씀은 불신앙과 의심이 만연한 시대, 즉 영적으로 무감각하고 믿음을 저버리는 배교의 시대가 올 것을 암시한다. 베드로의 말은 신앙을 비웃고 의심하는 우리 시대의 보편적 현상을 묘사하는 듯하다. "2천 년이 지났는데도 예수님이 다시 오시지 않는 것을 보니 영원히 돌아오지 않을 모양이다"라는 냉소주의자들의 말을 한번쯤 들어본 적이 있을 것이다. (하지만 그런 말은 "내가 아직 죽지 않았으니 영원히 죽지 않을 모양이다"라고 말하는 것과 같다.)

베드로가 언급하는 냉소주의는 특히 종말에 있을 심판에 관한 것이다. 당시의 냉소주의자들은 지질학자들이 "균일설"(모든 자연 현상이 세상이 시작된 이후로 균일하게 작용한다는 이론)이라고 부르는 것과 매우 흡사했다. (균일설을 주장하는 이들은 가장 널리 받아들여지는 진화론을 지지한다.) 하지만 냉소주의자들이 제기하는 균일설은 형이상학적인 특색을 지닌다. 그들의 주장은 하나님이 우주의 일에 개입하지 않으신다는 점을 암시한다. 그들은 "우리가 관찰할 수 있는 것은 오직 자연 현상뿐이다. 지구는 계속 돌고 있고, 비는 오고, 태양은 비취고, 물은 역사가 시작된 이후로 계속 순환한다. 말하자면 모든 것이 천천히 영원토록 발전해 나간다는 사실을 의심할 이유가 없다는 것이다. 하나님의 손길에 온 우주가 파괴되는 대규모의 심판은 결코 없을 것이다"라고 말했다.

하지만 그런 신념은 그릇된 확신과 교만한 태도에서 비롯된 것이다. 베드로는 "이는 하늘이 옛적부터 있는 것과 땅이 물에서 나와 물로 성립된 것도 하나님의 말씀으로 된 것을 그들이 일부러 잊으려 함이로다 이로 말미암아 그 때에 세상은 물이 넘침으로 멸망하였으되"(5-6절)라고 말했다. 세상에 대규모의 심판이 없었다고 말하는 이들은 노아의 가족을 제외한 온 인류를 익사하게 한 대홍수의 사건을 잊고 있는 셈이다. (아니, 의도적으로 거부하고 있다고 말하는 편이 더 정확하겠다.) 그러나 대홍수에 관한 지질학적인 자료는 매우 풍부하다.

베드로는 "땅이 물에서 나와 물로 성립한 것"(5절)이라고 말했다. 대홍수가 나기 전만 해도 물(또는 수증기)로 이루어진 보호막이 지구를 감싸줌으로써 태양의 자외선을 막아주는 역할을 했다고 확신하는 사람들이 많이 있다(창 1:7 참조). 그런 보호막 덕분에 지구에는 식물이 무성하고 인간과 동물들이 수백 년 동안 장수하는 결과를 낳았다. (이는 성경에 기록된 대로 홍수 후에 사람들의 수명이 갑자기 단축되었던 사실을 설명해 준다. 대홍수는 인간의 수명에 결정적인 영향을 미쳤던 것이 분명하다.) 지구를 감싸던 보호막이 결국에는 심판의 도구로 변하고 말았다. 즉 보호막이 찢어져 땅으로 물이 쏟아져 내렸던 것이다.

성경에 따르면 대홍수는 지금까지의 역사를 통틀어 지구 전체에 대규모의 재난을 가져다준 유일한 사건이다. 예수님은 하나님의 심판이 임박했다고 말씀하셨지만(마 3:2, 10-12 참조), 대홍수 이후로 세상은 그다지 큰 변화 없이 지속되어 왔다.

베드로는 하나님의 심판이 지체된다고 해서 무감각하고 게으르고 불충실한 삶을 정당화해서는 안 된다고 말했다. 시간은 하나님께 아무런 영향도 미치지 못한다. 하나님에게는 천 년이 하루와 같다. 예수님께서 심판이 임박했다고 말씀하신 지 2천 년이 지났지만 그분의 말씀은 여전히 동일한 효력을 지닌다.

하나님이 마지막 심판을 지체하시는 이유는 그분의 자비하심 때문이다. 베드로는 "사랑하는 자들아 주께는 하루가 천 년 같고 천 년이 하루 같다는 이 한 가지를 잊지 말라 주의 약속은 어떤 이들이 더디다고 생각하는 것 같이 더딘 것이 아니라 오직 주께서는 너희를 대하여 오래 참으사 아무도 멸망하지 아니하고 다 회개하기에 이르기를 원하시느니라"(벧후 3:8-9)고 말했다.

"여호와께서는 모든 것을 선대하시며 그 지으신 모든 것에 긍휼을 베푸시는도다"(시 145:9). 하나님은 대홍수 이후에 다시는 물로 세상을 심판하지 않으시겠다고 약속하셨다(창 9:12-16). 그리고 하나님은 무지개로 자신의 약속을 확증하셨다. 하나님은 진노보다 은혜 베푸시기를 더 좋아하신다.

그러나 하나님이 은혜 베푸시기를 좋아하신다고 해서 심판을 전혀 원치 않으신다고 생각한다면 이는 큰 오산이다. 주의 날이 이르면 진노의 심판이 이루어질 것이다. 베드로는 "그 때 세상은 물의 넘침으로 멸망하였으되"(벧후 3:6)라고 상기시켜 준다. 마찬가지로 지금 세상도 언젠가는 완전히 멸망하고 말 것이다. 베드로는 "이제 하늘과 땅은 그 동일한 말씀으로 불사르기 위하여 보호하신 바 되어 경건하지 아니한 사람들의 심판과 멸망의 날까지 보존하여 두신 것이니라"(7절)고 경고한다.

다음 심판의 도구는 물이 아닌 불이다. 그 불은 우리가 알고 있는 어떤 불과도 다를 것이다. 베드로는 "그러나 주의 날이 도둑 같이 오리니 그 날에는 하늘이 큰 소리로 떠나가고 물질이 뜨거운 불에 풀어지고 땅과 그 중에 있는 모든 일이 드러나리로다"(10절)라고 말했다. 핵 과학은 그런 파괴가 실제로 가능하다는 사실을 보여 준다. 인간은 핵분열을 이용해 상상을 초월하는 파괴력을 선보였다. 핵폭발이 연쇄적으로 일어나면 지구는 결국 파괴되고 만다. 더욱이 지구는 불을 일으킬 엄청난 잠재력을 지니고 있다. 우리는 불로 이루어진 둥근 지구의 껍질 위에 살고 있다. 직경이 8천 마일에 달하는 지구의 대부분이 뜨거운 열기를 지닌 용해 물질로 되어 있다. 특히 지구의 중심에는 화염을 내뿜는 불 덩이가 존재한다. 그것이 지각에 가까이 이르면 화산이 되어 폭발한다.

하지만 베드로가 말하는 불은 핵폭탄을 의미하지 않는다. 마지막 때가 되면 온 우주가 녹아내릴 것이다. 하늘이 큰 소리를 내며 사라지고, 모든 것이 강렬한 열기를 내뿜으며 용해될 것이다. 우리가 알고 있는 모든 것이 즉시 불에 타 없어질 것이다. 이것이 바로 "주의 날"로 불리는 종말에 있을 사건이다. 성경에 따르면 주의 날이 이를 때 하나님의 진노와 심판이 뒤따를 것이라고 한다. 우주가 갑자기 불에 타 없어지고 모든 것의 종말이 이루어질 것이다. 대규모의 파괴가 신속히 진행될 것이다. 열성적인 환경론자들이 아무리 큰 노력을 기울이더라도 지구를 구하지는 못할 것이다. 현 세상은 장차 사라질 일시적인 것에 불과하다. 새 세상이 현 세상을 대체할 것이다.

베드로는 이 종말의 진리를 실제 삶에 적용했다. 그는 "이 모든 것이 이렇게 풀어지리니 너희가 어떠한 사람이 되어야 마땅하냐 거룩한 행실과 경건함으로 하나님의 날이 임하기를 바라보고 간절히 사모하라 그 날에 하늘이 불에 타서 풀어지고 물질이 뜨거운 불에 녹아지려니와"(벧후 3:11-12)라고 말했다. 세상의 것들이 모두 사라진다면 우리는 마땅히 없어지지 않을 것에 마음을 두어야 한다. 우리도 믿음의 조상 아브라함과 같이 하나님이 지으실 영원한 도성을 바라보아야 할 것이다.

베드로는 "우리는 그의 약속대로 의가 있는 곳인 새 하늘과 새 땅을 바라보도다"(13절)라고 결론지었다.

그러나 하나님의 가장 큰 심판조차도 사실은 은혜를 베풀기 위한 목적을 지닌다. 하나님이 마지막 심판을 베푸시는 이유는 그래야만 죄의 저주 아래서 탄식하는 우주 만물을 구원하실 수 있기 때문이다(롬 8:19-22 참조).

천국의 식객이 아닌 가족

이제 새 하늘과 새 땅을 묘사하는 요한계시록 21장을 살펴보자.

"내가 새 하늘과 새 땅을 보니 처음 하늘과 처음 땅이 없어졌고"(1절)라고 말씀한다. 여기서 "새"로 번역된 헬라어 "카이노스"는 하나님이 다시 창조하실 땅이 "옛 것"에 반대되는 의미에서의 "새 것"이 아니라는 점을 분명히 한다. 이 새 땅은 '전혀 다른 성질'의 땅이 될 것이다. 바울은 고린도후서 5장 17절에서 같은 용어를 사용하여 이렇게 기록했다. "그런즉 누구든지 그리스도 안에 있으면 새로운 피조물이라 이전 것은 지나갔으니 보라 새 것이 되었도다"

성경은 새 땅이 어떻게 생겼는지 직접 말씀하지 않지만 우리는 그곳이 그리 낯설지 않은 곳이 되리라는 것을 추측할 수 있다. 우선 그곳에는 예루살렘(즉 전적으로 새로워진 예루살렘)이 있을 것이다. 요한은 거룩한 성 예루살렘을 묘사하는 데 많은 비중을 두었다. 그는 그곳의 거리와 성벽과 문들을 묘사했다. 또한 요한은 높은 산과 물과 시내와 나무들도 언급했다. 무엇보다도 중요한 것은 그곳에 하나님의 백성들이 거하게 될 것이라는 점이다. 우리는 그곳에서 우리가 알고 있는 사람들과 영원한 교제를 나누게 될 것이다.

새롭게 된 만물

다른 한편으로 새 땅은 지금과는 전적으로 다른 낯선 곳이기도 할 것이다. 요한은 "바다도 다시 있지 않더라"(계 21:1)고 말한다. 이는 지금과 매우 큰 차이다. 왜냐하면 현재의 지구는 대부분 물로 덮여 있기 때문이다. 일부 성경학자들은 이 말씀이 국가 간의 경계가 사라질 것을 의미한다고 생각한다. 또 어떤 학자들은 바다가 고대인들에게 공포의 상징이었기 때문에 바다가 없어진다는 것은 곧 공포가 사라진다는 의미일 것이라고 추측하기도 한다. 두 가지 견해 모두 옳을 수 있다. 새 하늘과 새 땅에서는 우리를 두렵게 할 것도 없을 것이며, 국가와 민족 간의 구분 또한 없을 것이다. 천국에 존재하는 유일한 물은 "하나님과 및 어린 양의 보좌로부터" 흘러나오는 "수정 같이 맑은 생명수의 강"(계 22:1)뿐이다. 생명수의 강은 천국의 길 한가운데로 흐른다(2절).

요한계시록 21장 3-7절은 새 하늘과 새 땅의 가장 큰 특색을 보여 준다.

"내가 들으니 보좌에서 큰 음성이 나서 이르되 보라 하나님의 장막이 사람들과 함께 있으매 하나님이 그들과 함께 계시리니 그들은 하나님의 백성이 되고 하나님은 친히 그들과 함께 계셔서 모든 눈물을 그 눈에서 닦아 주시니 다시는 사망이 없고 애통하는 것이나 곡하는 것이나 아픈 것이 다시 있지 아니하리니 처음 것들이 다 지나갔음이러라 보좌에 앉으신 이가 이르시되 보라 내가 만물을 새롭게 하노라 하시고 또 이르시되 이 말은 신실하고 참되니 기록하라 하시고 또 내게 말씀하시되 이루었도다 나는 알파와 오메가요 처음과 마지막이라 내가 생명수 샘물을 목마른 자에게 값없이 주리니 이기는 자는 이것들을 상속으로 받으리라 나는 그의 하나님이 되고 그는 내 아들이 되리라"

위의 본문은 천국이 완전한 축복의 장소가 될 것을 약속한다. 새 하늘과 새 땅에는 눈물, 고통, 슬픔, 애통함이 존재하지 않는다. 천국은 하나님의 백성이 모든 죄와 악으로부터 자유롭게 된 상태로 그분과 더불어 영원히 거하는 곳이다. 하나님이 구원받은 자들의 눈에서 모든 눈물을 씻겨 주실 것이다.

아울러 천국은 죽음이 완전히 정복되는 곳이다(고후 15:26). 그곳에는 질병도, 굶주림도, 고난도, 불행도 없다. 온전한 기쁨과 영원한 축복만이 존재한다. 솔직히 죄와 불행으로 얼룩진 세상만 알고 있는 우리로서는 이것을 상상하기조차 어렵다.

지옥의 존재

사랑하는 사람들이 천국에 함께 있지 않은 상태에서 어떻게 영원히 살 수 있을지를 궁금해 하는 사람들이 많이 있다. 그리스도를 떠나 방탕하게 살다가 믿지 않고 죽은 자식을 둔 부모들을 생각해 보자. 그들이 과연 천국에서 온전한 행복을 누릴 수 있을까? 죄를 짓고 주님을 알지 못한 채 죽은 아버지를 둔 자식은 또 어떨까? 서로 영원히 떨어져 살아야 하는 고통을 어떻게 견딜 수 있을까? 사랑하는 남편이 믿지 않고 죽은 상태에서 그리스도를 영접하게 된 과부의 경우에는 어떨까? 사랑하는 이들과 다시 만날 수 있는 희망이 전혀 없는 상태에서 과연 천국의 삶이 온전히 축복으로만 느껴질 수 있을까?

성경은 이런 물음들에 대해 구체적으로 대답하지 않는다. 어떤 사람들은 세상에서 맺은 인간관계에 대한 기억이 영광스러운 천국에서는 모두 지워질 것이라고 얘기한다. 실제로 성경을 보면 그럴 수도 있겠다는 생각이 들기도 한다. 예를 들어 새 하늘과 새 땅을 묘사하는 이사야 65장 17절은 "보라 내가 새 하늘과 새 땅을 창조하나니 이전 것은 기억되거나 마음에 생각나지 아니할 것이라"고 말씀한다. 하지만 이 말씀은 우리의 삶과 인간관계 등 세상에서 이루어진 모든 것을 까맣게 잊는다는 뜻이 아닐 것이다. 오히려 우리는 세상에서 맺었던 인간관계의 대부분을 그대로 유지하며 영원히 살게 될 것이다. 또한 그리스도가 우리를 구원하신 사실이 영원히 기억될 것이다. 우리의 구원이 그리스도의 지상 사역을 통해 완성되었기 때문에 땅에서 이루어진 사건과 인간관계를 모두 잊는다는 것은 불가능하다.

장차 천국에 가면 세상에서의 모든 일을 훨씬 더 분명하게 이해하게 될 것이다. 지금은 모든 것이 거울에 비친 듯 희미하지만 나중에는 얼굴과 얼굴을 대하여 보는 것처럼 온전히 알게 될 것이다(고전 13:12). 세상에서 맺은 관계와 사랑보다 더 온전하고 만족스러운 관계와 사랑이 이루어질 것이다. 하나님은 고아의 아버지가 되시겠다고 약속하셨다(시 68:5). 마찬가지로 장차 세상에서의 관계들이 깨어지더라도 하나님이 친히 그 공백을 메워 주실 것이다. 천국에서는 우리의 감정과 사랑이 죄로 인해 영향을 받지 않기 때문에 훨씬 더 완전해질 것이다. 하나님의 완전한 정의를 더 잘 이해할 뿐 아니라 그분이 계획하신 일들을 상세히 알게 되어 영광을 돌리게 될 것이다. 물론 하나님의 계획 가운데는 악한 자들을 심판하시는 일도 포함된다. 이사야서 마지막 구절들은 사악한 자들의 멸망이 하나님을 경배하는 동기로 작용할 것을 암시한다(사 66:23-24). 지옥이 존재한다고 해서 천국의 영광이 퇴색하거나 그 축복의 의미가 감소하는 것은 결코 아니다.

이런 모든 일들이 구원받은 자들의 마음에 어떻게 받아들여질지에 대해서 성경은 일절 아무 말씀도 하지 않는다. 성경은 다만 하나님이 우리의 눈물을 씻어 주시고 "영원한 즐거움"을 충만하게 베풀어 주실 것이라고 약속할 뿐이다. 현재로서는 하나님의 지극하신 사랑과 자비와 선하심을 신뢰하는 것으로 족하다.

하나님은 만물을 새롭게 하시겠다고 말씀하시면서 사도 요한에게 "이 말은 신실하고 참되니 기록하라"(계 21:5)고 명령하셨다. 이 명령은 약속의 진실성을 강조하는 의미를 지닌다. 우리는 비록 모든 의문이 풀리지 않더라도 하나님을 신뢰할 수 있어야 한다. 하나님의 말씀은 모두 진실이다. 따라서 우리의 생각으로 납득하기 어려운 일들이 있을지라도 하나님이 만물을 새롭게 하시겠다고 약속하셨다면 그 약속을 굳게 믿어야 한다. 지금 모든 것을 이해하는 것은 불가능하다. 그러나 천국은 우리의 이해와 상관없이 절대적으로 완전할 것이다.

사람들이 영원히 지옥에서 멸망한다고 해서 하나님이 선하지도 않고 사랑도 없으시다는 식으로 그분을 탓할 수는 없다. 하나님은 그들의 멸망에 대해 아무 책임이 없으시다. 하나님은 목마른 자들 모두에게 값없이 생명수를 주셨지만(6절), 사람들이 고집스럽게 그분께 등을 돌리고 죄의 길로 달려가는 것이다.

이기는 자들

구원받은 자들에게는 또 다른 약속이 주어진다. 하나님은 "이기는 자는 이것들을 상속으로 받으리라 나는 그의 하나님이 되고 그는 내 아들이 되리라"(계 21:7) 말씀하셨다. 하나님은 구원받은 자들에게 상상할 수 없는 특권을 제공하셨다. 또한 그분은 세상의 그 어떤 축복과도 비교할 수 없는 기업을 약속하셨다.

"이기는 자"란 구원받은 모든 성도를 가리킨다. "승리한 기독교인"과 "패배한 기독교인"으로 나누어 생각하는 사람들도 있지만 천국에는 그런 구분이 존재하지 않는다. 예를 들어 요즘에 널리 유행하는 견해에 따르면 마태복음 8장 12절에 나오는 "바깥 어두운 데"(즉 슬피 울며 이를 가는 곳)가 패배한 신자들을 위한 장소라고 한다.[1] 그런 견해를 주장하는 이들은 이기는 자를 "믿음의 인내를 지닌 구별된 성도들"[2]로 이해한다. 때문에 패배한 성도들은 천국의 외곽 지역으로 추방되어 온전한 축복에 참여하지 못한다는 것이다. 하지만 그런 생각은 성경에 명백히 위배된다.

성경에 따르면 참 신자이면서 믿음으로 인내하지 못하는 사람이란 있을 수 없다. 하나님은 참 신자를 보호하시겠다고 약속하신다. 베드로는 "너희는 …… 구원을 얻기 위하여 믿음으로 말미암아 하나님의 능력으로 보호하심을 받았느니라"(벧전 1:5)고 말했다. 이렇듯 참 성도는 누구나 궁극적으로 "이기는 자"가 된다. 믿음을 저버리는 이들은 사실 처음부터 그리스도께 속한 참 성도가 아니라는 증거다(요일 2:19). 이것이 바로 "성도의 견인"[3]으로 알려진 교리이다.

"이기는 자"를 비롯해 그와 유사한 표현들이 요한의 기록에 종종 나타난다. 사도 요한은 "이기는 자"를 성도와 동의어로 사용했다. 그에게 참 성도는 모두 "이기는 자"로 간주되었다. 그는 어린 성도나 성숙한 성도나 가리지 않고 "너희가 악한 자를 이기었음이라"고 말했다(요일 2:13-14). 그는 모든 성도에게 적그리스도의 영을 경계하라고 경고한 뒤에 "자녀들아 너희는 하나님께 속하였고 또 그들을 이기었나니 이는 너희 안에 계신 이가 세상에 있는 자보다 크심이라"(요일 4:4)고 말했다. "무릇 하나님께로부터 난 자마다 세상을 이기느니라 세상을 이기는 승리는 이것이니 우리의 믿음이니라 예수께서 하나님의 아들이심을 믿는 자가 아니면 세상을 이기는 자가 누구냐"(요일 5:4-5)라는 말씀은 요한이 이기는 자를 모든 성도로 간주했음을 더욱 분명하게 보여 준다. 따라서 참 성도로서 이기는 자가 되지 못할 사람은 아무도 없다. 성도들을 "이기는 자"로 간주한 사실은 교회들을 향한 예수님의 말씀에서도 명확히 드러난다(계 2:7, 11, 17, 26, 3:5, 12, 21 참조).

상속자

"이기는 자는 이것들을 유업으로 얻으리라"는 하나님의 약속은 모든 성도에게 해당된다. 하나님이 우리의 하나님이 되시고 우리는 그분의 자녀가 될 것이다. 천국이 우리의 집이 되고 우리는 그곳에서 손님이 아닌 가족의 일원, 즉 집주인의 자녀로 거하게 될 것이다.

기업과 관련된 성경 구절들을 연구하면 그것만으로도 족히 책 한 권 분량이 된다. 성경은 모든 성도가 하나님의 자녀라고 가르친다(요 1:12). 바울도 "자녀이면 또한 상속자 곧 하나님의 상속자요 그리스도와 함께 한 상속자니"(롬 8:17)라고 말했다.

천국이 승리한 성도들과 이름뿐인 성도들로 나뉜다고 생각하는 이들은 이기는 자들만 기업에 참여한다고 이야기한다. "바깥 어두운 데"에 있는 이들은 기업을 얻지 못한 채 아버지의 집과 만찬 석상에서 쫓겨난 상태라는 것, 즉 천국의 이류 시민으로 하나님을 직접 뵐 수 없다는 것이 그들의 생각이다.[4] 이는 천국에 대한 성경의 증언과 정면으로 배치된다. 그런 생각은 천국의 기업을 성도가 공덕을 세워서 얻는 것으로 만든다.[5] 성도가 기업을 받지 못한 채 천국의 변방에 머문다는 견해는 천국에 관한 성경의 증언 어디에도 나타나 있지 않다.

물론 성경에는 천국에서 각 사람의 영광이 서로 조금씩 차이가 있을 것을 암시하는 구절들이 있다. 예를 들면 누가복음 19장 16-19절에서 하나님은 충실한 두 종에게 각각 열 고을과 다섯 고을을 다스릴 수 있는 권한을 베푸는 귀인으로 묘사된다. 예수님도 "천국에서는 극히 작은 자"(마 11:11)라는 표현을 사용하셨다. 이는 천국에 상급의 차이가 존재한다는 것을 알려 준다. 주님은 충성된 성도들이 보상을 받게 될 것이며, 그것이 각 사람마다 다를 것이라고 가르치셨다(마 25:21-24).

그러면 보상의 정도를 결정짓는 기준은 무엇일까? 그것은 바로 우리의 행위이다. 마지막 날에 우리는 그리스도의 심판대 앞에서 세상에서 행한 모든 일을 하나님의 불로 시험받게 될 것이다. 자랑스럽게 생각되었던 일들도 단지 남의 눈에 보이기 위한 행위였다면 한갓 지푸라기처럼 불타 없어질지 모른다. 영화의 세트장에 세워진 건물들은 겉으로 볼 때 매우 그럴듯하다. 아무리 살펴보아도 가짜라는 생각이 들지 않는다. 마치 진짜 건물처럼 보인다. 하지만 불을 붙여 보면 그것들을 구성하는 재료의 실체가 여실히 드러나게 된다. 짚과 나무는 모두 불타 없어질 것이다. 성경은 "만일 누구든지 그 위에 세운 공적이 그대로 있으면 상을 받고"(고전 3:14)라고 약속한다. 그러면 공적이 불타 없어진 사람은 어떻게 될까? "그러나 자신은 구원을 받되 불 가운데서 받은 것 같으리라"(15절)는 말씀에 그 대답이 있다. 그런 사람은 마치 불이 붙은 건물에서 간신히 구조된 사람과 같을 것이다. 비록 화상을 입지는 않더라도 온몸에 냄새와 검댕이 묻어날 것이다. 그야말로 가까스로 목숨을 건진 경우다.

하지만 그런 사람일지라도 바깥 어두운 곳에 쫓겨나 슬피 울게 되지는 않는다. 십자가의 강도처럼, 늦은 오후에 고용된 포도원 일꾼들처럼 자신이 행한 것을 훨씬 능가하는 보상을 받게 될 것이다. 가까스로 불길에서 구원받은 사람도 그리스도와 함께한 후사가 되어 천국의 영원한 축복에 참여하게 될 것이다. 천국에서는 가장 작은 자라 하더라도 땅에서 가장 큰 자보다 훨씬 더 위대하다(마 11:11). 천국에서는 나중 된 자가 처음이 되고, 처음 된 자가 나중 되는 일이 일어날 것이다. 기업에 관한 한 탈락자는 단 한 사람도 없다. 어떤 보상을 받게 되든지 우리 모두는 어린양의 보좌 앞에 모든 상급을 내려놓으며 찬양을 드리게 될 것이다. 따라서 구원받은 사람들 사이에 확고한 계급 체제는 존재하지 않을 것이다. 이처럼 천국의 만찬 석상에서 쫓겨나 바깥 어두운 곳에 영원히 머무는 사람이 있다는 생각은 성경의 지지를 받지 못한다.[6]

기업은 보상과는 전혀 다른 개념이다. 영원한 기업은 행위로 얻지 못한다. 때문에 행위를 근거로 영원한 기업을 얻는다는 생각은 큰 오산이다. 사도 바울은 하나님의 자녀로 입양된 신자들은 누구나 기업을 받게 된다고 말했다(롬 8:15-17). 기업은 공로에 근거한 보상이 아니라 출생에 의해 보장된 권리이기 때문이다.

더욱이 자녀의 상속권에 관해 당시 로마의 법률과 유대인의 관습에는 큰 차이가 있었다. 유대인의 관습에 의하면 맏아들이 항상 두 배의 기업을 물려받았다. 하지만 로마의 법률은 모든 자녀가 똑같은 양의 유산을 상속받도록 규정했다. 바울은 로마인 청중을 상대로 "자녀이면 또한 상속자 …… 그리스도와 함께한 상속자"(17절)라고 말했다. 문맥으로 볼 때 바울은 하나님의 모든 자녀가 동등한 상속권을 지닌다는 데 초점을 둔 것이 분명하다. 그의 말은 모든 성도가 똑같이 천국을 기업으로 받게 될 것을 암시한다.

바울은 갈라디아 교인들에게 보낸 편지에서도 비슷한 말을 남겼다. 그는 "너희가 그리스도의 것이면 곧 아브라함의 자손이요 약속대로 유업을 이을 자니라"(갈 3:29)고 말했다. 갈라디아서 4장 6-7절에서도 같은 내용이 발견됩니다. "너희가 아들이므로 하나님이 그 아들의 영을 우리 마음 가운데 보내사 아빠 아버지라 부르게 하셨느니라 그러므로 네가 이 후로는 종이 아니요 아들이니 아들이면 하나님으로 말미암아 유업을 받을 자니라." 기업은 신실한 종에 대한 보상이 아니다(예수님의 비유들은 행위에 따른 보상을 언급할 뿐이다). 그것은 성부 하나님의 자녀가 된 모든 성도의 생득권이다.

이처럼 성경은 모든 성도가 기업에 참여하게 될 것이라고 가르친다. 즉 성도라면 누구나 유업을 얻게 될 것이다(계 21:7). 기업은 공덕을 쌓아 얻어지는 것도 아니고 공덕에 기초해 할당되지도 않는다. "나는 저의 하나님이 되고 그는 내 아들이 되리라"는 하나님의 말씀은 천국이 우리의 처소이자 우리의 소유가 될 것을 말씀한다. 우리는 천국의 식객이 아닌 온전한 가족이 될 것이다. 이 얼마나 놀라운 특권인가!

새 땅이 만들어진 장소

이제 요한계시록 21장 2절을 통해 천국의 또 다른 중요한 특색 하나를 생각해 보자. 요한은 "내가 보매 거룩한 성 새 예루살렘이 하나님께로부터 하늘에서 내려오니 그 준비한 것이 신부가 남편을 위하여 단장한 것 같더라"고 했다.

신부처럼 예비된 성

요한은 하나의 도시가 장엄한 영광을 드리우며 하늘로부터 내려와 새 땅의 일부로 자리 잡는 모습을 보았다. 하늘과 땅이 하나로 합체된 것이다. 하늘에서부터 새 땅의 수도가 고스란히 내려와 앉았다. 본문을 구성하는 중요한 표현들을 하나씩 살펴보자.

"준비한"이란 말은 새 예루살렘이 새 하늘과 새 땅을 창조하기 전에 미리 예비된 것임을 암시한다. 요한은 새 예루살렘이 창조되는 과정을 보았다고 말하지 않는다. 그는 단지 이미 완성된 성을 보았을 뿐이다. 다시 말해 새 예루살렘은 다른 장소로부터 새 땅으로 옮겨진 것이다. 그렇다면 그 다른 장소는 과연 어디일까?

"하나님께로부터 하늘에서 내려오니." 이 말씀은 완벽하게 지어진 새 예루살렘이 하늘에서 새 땅으로 내려왔음을 보여 준다. 하늘이란 바울이 말한 "셋째 하늘"임에 틀림없다. 이 일은 새 하늘과 새 땅이 창조된 직후에 일어났다. 새 예루살렘이 하나님이 거하시는 곳에서 미리 준비되었고 요한이 지켜보는 앞에서 땅으로 내려와 영원한 나라의 수도로 자리 잡았다. 그러면 누가 그 성을 준비했을까? 예수님은 제자들에게 "거처를 예비하러" 가신다고 말씀하신 바 있다(요 14:3). 그러므로 그 거처가 바로 거룩한 하늘의 도성임을 알 수 있다. 새 하늘과 새 땅이 창조되는 순간에 이미 마련된 새 예루살렘이 임했다.

"신부가 남편을 위해 단장한 것 같더라." 이 말씀은 새 예루살렘의 영광을 함축한다. 태초에 하나님은 엿새 만에 물질세계를 창조하셨다. 하지만 새 예루살렘의 경우에는 2천 년 동안을 준비하고 계신다. 장차 나타날 새 예루살렘의 모습은 너무나도 영광스러울 것이다. 그 영광스러움이 너무도 커서 아마 말로 형용하기가 불가능할 것이다.

시온 산

새 예루살렘은 아브라함이 구했던 "하나님이 계획하시고 지으실 터가 있는 성"(히 11:10)을 말한다. 히브리서 저자는 구원받은 성도들 모두에게 "너희가 이른 곳은 시온 산과 살아 계신 하나님의 도성인 하늘의 예루살렘과 천만 천사와 하늘에 기록된 장자들의 모임과 교회와 만민의 심판자이신 하나님과 및 온전하게 된 의인의 영들과"(히 12:22-23)라고 말했다.

이 말씀 역시 천국에 대해 흥미로운 정보를 제공한다. 시온 산은 예루살렘 성전 근처에 위치한다. 따라서 시온 산에 거한다는 것은 하나님의 거룩한 처소 바로 옆에 거처를 마련한다는 의미다. 천국의 시온 산은 "하늘에 기록된" 모든 자들(즉 구원받은 모든 성도들)의 영원한 가정이 될 것이다. (이 점도 구원받은 자들 가운데 일부가 천국의 변방으로 쫓겨날 것이라는 생각을 일축한다.) "의인들의 영"은 천국에서 비로소 "온전해질" 것이다. 우리는 상상을 초월한 영광에 거하기에 합당한 존재가 될 것이다(요일 3:2).

천국의 넓이와 높이

요한계시록 21장 10-27절은 새 예루살렘이 하늘에서 내려오는 모습을 목격한 요한의 환상을 훨씬 더 생생하고 자세하게 전해 준다. 요한은 성령의 인도로 높은 산에 올라갔다. 그리고 그곳에서 새 예루살렘이 셋째 하늘로부터 내려오는 모습을 보았다. 새 예루살렘은 새 하늘과 새 땅의 영원한 수도로 자리 잡았다.

요한은 새 예루살렘이 "하나님의 영광"을 지녔다고 말한다. 그리고 그는 "그 성의 빛이 지극히 귀한 보석 같고 벽옥과 수정 같이 맑더라"(11절)고 증언한다.

앞에서 살펴본 대로 성경은 영원한 천국을 언급할 때마다 빛과 영광을 부각시킨다. 천국은 무한하고 영원한 하나님의 영광 그 자체다. 하나님의 영광이 천국의 중심을 차지하는 것이다. 이사야 60장 19절은 "다시는 낮에 해가 네 빛이 되지 아니하며 달도 네게 빛을 비추지 않을 것이요 오직 여호와가 네게 영원한 빛이 되며 네 하나님이 네 영광이 되리니"라고 말씀한다. 요한계시록 21장 23절도 "그 성은 해나 달의 비침이 쓸 데 없으니 이는 하나님의 영광이 비치고 어린 양이 그 등불이 되심이라"고 말씀한다. 하나님이 친히 천국의 빛이 되어 주시는 것이다. 특히 천국의 수도인 새 예루살렘에서는 더욱 찬란한 광채를 드러내실 것이다.

나는 어렸을 때 패서디나에서 롤러스케이트를 타곤 했다. 롤러스케이트장 천장 한가운데에는 사각형의 작은 거울들이 촘촘하게 붙어 있는 둥근 물체가 매달려 있었다. 빛이 그곳에 반사될 때마다 롤러스케이트장 전체가 불빛으로 번쩍거렸다. 그것을 생각하면 각종 보석에서 반사되는 찬란함을 묘사하려고 노력했던 요한을 다소나마 이해할 수 있을 것 같다. 그는 영원한 도성이 하늘에서 내려오는 광경을 보았다. 하나님의 영광을 찬란하게 반사하는 그 모습이 수정과 다이아몬드 같은 보석의 빛나는 광채를 닮았을 것이 분명하다. 하나님의 영광을 반사하는 불빛이 새롭게 창조된 우주를 상상 초월하는 아름다움으로 뒤덮었을 것이다.

영광스러운 성벽과 문들

요한계시록 21장 12절은 새 예루살렘에 "크고 높은 성곽이 있고"라고 말씀한다. 천국의 도성에 왜 벽이 있는 걸까? 벽은 대개 원수의 침입을 막기 위한 수단이다. 그러나 천국에는 원수가 없다. 하나님이 모든 원수를 이미 지옥 불에 던져 넣으셨기 때문이다(계 20:14-15). 그러므로 새 예루살렘의 성벽은 기능적인 목적을 지닌다고 볼 수 없다. 천국에 있는 다른 모든 것처럼 성벽도 하나님의 영광을 드러낼 뿐이다. 그것은 천국이 절대적인 안전이 보장된 곳임을 상징한다.

요한계시록 22장 14-15절은 "자기 두루마기를 빠는 자들은 복이 있으니 이는 그들이 생명나무에 나아가며 문들을 통하여 성에 들어갈 권세를 받으려 함이로다 개들과 점술가들과 음행하는 자들과 살인자들과 우상 숭배자들과 및 거짓말을 좋아하며 지어내는 자는 다 성 밖에 있으리라"고 말씀한다. 이 말씀도 성벽의 존재를 암시한다. 개들과 점술가들과 거짓말쟁이들은 성 밖에 머문다. 그런 죄악을 저지른 이들은 이미 영원한 지옥으로 추방되었다(계 21:8; 20:15).

성벽과 문을 묘사하는 요한의 설명은 매우 흥미롭다.

"열두 문이 있는데 문에 열두 천사가 있고 그 문들 위에 이름을 썼으니 이스라엘 자손 열두 지파의 이름들이라 동쪽에 세 문, 북쪽에 세 문, 남쪽에 세 문, 서쪽에 세 문이니 그 성의 성곽에는 열두 기초석이 있고 그 위에는 어린 양의 열두 사도의 열두 이름이 있더라"(계 21:12-14).

문들의 이름은 이스라엘 열두 지파를 따라 지어졌고, 기초석들은 열두 사도의 이름을 따랐다. 그곳은 하나님의 백성이 영원히 거할 처소다. 천국에서는 이스라엘과 교회가 하나로 합체되어 하나님의 백성으로 영원히 거하게 된다.

문들의 존재는 사람들이 성을 드나들 수 있다는 점을 암시한다. 성은 결코 우리를 가두어 놓지 않는다. 그곳은 우리의 집이지만 우리는 그곳에만 갇혀 있지 않는다. 무한한 우주를 마음대로 여행할 수 있고, 또 언제라도 성문을 통해 들어올 수도, 다시 나갈 수도 있다.

천국의 규모

요한은 계시록 21장 15-16절에서 "내게 말하는 자가 그 성과 그 문들과 성곽을 측량하려고 금 갈대 자를 가졌더라 그 성은 네모가 반듯하여 길이와 너비가 같은지라 그 갈대 자로 그 성을 측량하니 만 이천 스다디온이요 길이와 너비와 높이가 같더라"고 말한다. 성이 정입방체로서 완전한 대칭 구조를 이루고 있음을 알 수 있다. 넓이가 1,500평방마일, 높이도 역시 1,500마일에 달하는 구조였다. 어떤 이들은 피라미드 형태를 가졌을 것이라고 추정한다. 가능한 해석이지만 성경이 전하는 것과는 거리가 멀다. 성경은 분명히 정입방체를 의미하고 있다.

정입방체의 성은 과연 무엇을 의미할까? 솔로몬이 지은 성전의 지성소가 바로 각 면이 20규빗에 해당하는 정입방체였다(왕상 6:20). 새 예루살렘은 영원한 지성소이며, 하나님의 임재가 이루어지는 성소이자 그분의 거처다. 그리고 우리의 거처도 바로 하나님의 집 안에 존재한다(시 23:6; 요 14:2 참조). 하나님의 지성소, 즉 하늘 장막의 중심을 차지하는 곳이 땅에 임하는 것이다.

높이가 1,500마일이라는 것은 솔직히 상상하기 어렵다. 지구 표면에서부터 높이가 1,500마일이라면 대기층을 가볍게 통과하고도 남을 만큼 높다(대기층의 두께는 약 100마일에 불과하다). 하지만 천국에서는 하늘과 땅이 하나로 합체되어 더 이상 대기층의 구분이 존재하지 않는다는 점을 기억해야 한다.

그렇다면 이런 높이와 길이는 단순히 상징적 의미일까? 내 생각은 그렇지 않다. 요한은 천사가 성을 측량하는 모습을 지켜보며 "그 성곽을 측량하매 백사십사 규빗이니 사람의 측량 곧 천사의 측량이라"(계 21:17)고 말했다. 정확한 치수를 명기한 것으로 보아 세상의 측량 단위를 사용하여 실제적인 장소를 묘사하고 있는 것으로 생각된다.

이들 치수를 따져 보면 새 예루살렘의 표면적이 2백 25만 평방마일이라는 계산이 나온다. 외곽 지역까지 모두 포함한 런던의 넓이가 621 평방마일이고, 센트럴 런던 자체는 고작 1평방마일에 불과한 것을 생각해 보면 쉽게 비교가 될 것이다. 이를 근거로 생각해 보면 새 예루살렘의 면적은 110억이 넘는 인구를 수용할 수 있을 정도로 넓다. 더구나 이는 새 예루살렘의 높이를 전혀 고려하지 않은 계산이다. 천국은 좁은 길을 걸어갔던 소수의 신자들이 들어가 살기에 충분히 넓은 곳이다(마 7:13-14). 장차 영원한 천국이 임하면 그 소수의 사람들이 "아무도 능히 셀 수 없는 큰 무리"(계 7:9)가 되어 나타날 것이다. 그리고 천국은 그들 모두를 수용하기에 충분할 것이다.

1,500마일은 그 길이가 얼마나 될까? 그것은 메인에서 플로리다까지의 거리와 같다. 그만한 길이가 면적을 이루고, 또 정입방체의 모양으로 그 안에 수없이 많은 층이 존재하고, 수백만 개의 황금 길이 서로 가로지르며 놓여 있는 모습을 상상해 보라. 새 예루살렘은 엄청난 규모를 자랑하며 천상의 아름다움과 권위를 한껏 뽐낼 것이다.

성의 건축 재료

요한계시록 21장 18절을 보면, 성벽의 건축 재료가 벽옥임을 알 수 있다. 벽옥은 다양한 색상을 지닌 반투명체의 보석이다. 어떤 사람들은 성경 시대의 벽옥은 다이아몬드처럼 생긴 투명한 준準보석이었다고 이야기한다. 무엇이 되었든 벽옥은 도시의 중앙에서 뿜어 나오는 하나님의 영광을 찬란하게 반사할 것이다. 성 자체는 "맑은 유리와 같은 정금"으로 지어져 있다. 물론 우리가 알고 있는 금은 투명하지 않다. 그러므로 "맑은 유리와 같다"는 말은 금의 표면을 마치 맑은 거울처럼 매끄럽게 다듬어 놓은 상태를 의미한다. 고대 사회의 거울은 표면을 매끄럽게 만든 금속이 사용되었다. 어쩌면 이는 다양한 종류의 귀금속이 너무나 순수한 나머지 투명한 빛을 띠는 모습을 표현한 것일 수도 있다. 에스겔과 요한은 둘 다 천국이 귀한 보석들처럼 투명하다고 묘사했다. 하나님의 영광이 보석의 면에 반사되어 그분의 아름다우심을 한껏 드러낸다. 이것이 바로 요한이 목격한 것이다. 세상에서 볼 수 없는 찬란한 광채가 곳곳에서 반사되어 나타나고 천국 전체가 황금빛처럼 번쩍거렸다. 그리고 그것은 요한의 눈에 정금처럼 보였다.

19-20절은 "그 성의 성곽의 기초석은 각색 보석으로 꾸몄는데 첫째 기초석은 벽옥이요 둘째는 남보석이요 셋째는 옥수요 넷째는 녹보석이요 다섯째는 홍마노요 여섯째는 홍보석이요 일곱째는 황옥이요 여덟째는 녹옥이요 아홉째는 담황옥이요 열째는 비취옥이요 열한째는 청옥이요 열두째는 자수정이라"고 말씀한다. 이들은 모두 색깔을 지닌 보석들이다. 그리고 이들 보석은 녹색, 푸른색, 붉은색, 황금색, 보라색 등 다양한 색조를 지닌다. 이것들은 맑은 유리와 같은 정금과 투명한 성벽과 더불어 말로 형용할 수 없는 아름다움을 형성한다. 하나님은 우리 안에 아름다움을 사모하는 마음을 주셨다. 천국의 아름다움은 우리의 그런 마음을 영원히 충족시키고도 남을 것이다.

요한은 "그 열두 문은 열두 진주니 각 문마다 한 개의 진주로 되어 있고 성의 길은 맑은 유리 같은 정금이더라"(21절)고 말한다. 하나의 진주로 다듬어 만든 커다란 성문은 상상하기 어렵다. 하지만 요한은 그렇게 묘사한다. 이들 진주는 거대한 진주조개에서 나온 것이라기보다는 하나님이 만드신 완벽한 진주일 가능성이 높다.

천국에 없는 것들

천국에는 없는 것이 없을 것이라고 생각할 수 있지만 그렇지 않다. 사도 요한은 천국에 없는 것 몇 가지를 언급했다. 그리고 그중에는 전혀 뜻밖이라고 생각할 만한 것들도 있다.

성전

이미 3장에서 이야기한 대로 천국에는 성전이 없다. 요한은 "성 안에서 내가 성전을 보지 못하였으니 이는 주 하나님 곧 전능하신 이와 및 어린 양이 그 성전이심이라"(계 21:22)고 기록했다.

그러면 하나님이 천국의 성전이시라는 말은 무슨 의미일까? 성전은 예배를 드리는 곳이다. 그런데 요한의 말에 의하면 천국에서는 바로 하나님의 존전 앞에서 예배를 드린다. 따라서 하나님은 예배 장소 그 자체가 되신다. 그분은 천국에 있는 모든 이들에게 장막을 드리우신다(계 7:15).

우리는 예배를 형식적이고 딱딱하며, 심지어는 다소 거북하게 생각하는 경향이 있다. 교회학교 어린 학생들은 예배를 무엇인가 갑갑하고 어색한 느낌, 즉 끝날 때까지 입을 다문 채 얌전히 앉아 있어야 하는 지루한 종교의식이라고 생각한다.

그러나 예배는 그런 것이 아니다. 성경이 말하는 예배는 삶의 모든 차원을 포괄한다. 바울이 "너희가 먹든지 마시든지 무엇을 하든지 다 하나님의 영광을 위하여 하라"(고전 10:31)고 말한 이유가 바로 여기에 있다. "또 무엇을 하든지 말에나 일에나 다 주 예수의 이름으로 하고 그를 힘입어 하나님 아버지께 감사하라"(골 3:17). 하나님의 영광을 위하지 않는 일은 할 필요가 없고, 또 해서도 안 된다. 예배란 하나님을 영화롭게 하는 것이기 때문에 삶에서 예배가 아닌 일은 아무것도 없다. 결국 우리가 죄가 없는 완전한 상태라면 우리 삶 자체가 모두 예배인 것이다.

천국은 바로 그런 곳이다. 웨스트민스터 소요리문답의 첫 번째 요리문답이 말하는 대로 하나님을 영화롭게 하고 그분을 영원히 즐거워하는 삶이 천국에서 이루어질 것이다. 천국의 예배는 딱딱하거나 거북하기는커녕 넘치는 기쁨만을 가져다줄 것이다. 죄책감이나 불안함이 없이 순수하게 하나님을 즐거워하는 삶이 이루어질 것이다. 천국의 예배에서 얻는 즐거움은 세상의 그 어떤 즐거움과도 비교할 수 없다. 세상의 사랑, 세상의 아름다움, 세상의 온갖 축복들도 참된 축복을 베풀어 주시는 하나님 앞에 드리는 천국의 순전한 예배와 비교할 때 아무것도 아니다. 그리고 하나님을 아는 자들만이 그런 순수한 즐거움의 실체를 알게 될 것이다.

완전한 예배를 드리는 특권은 성도가 받아 누리게 될 기업의 일부다. 시편 저자는 "하늘에서는 주 외에 누가 내게 있으리요 땅에서는 주 밖에 내가 사모할 이 없나이다 내 육체와 마음은 쇠약하나 하나님은 내 마음의 반석이시요 영원한 분깃이시라"(시 73:25-26)고 고백했다.

이것이 우리의 가장 깊은 욕구를 충족시켜 주는 것이 아닐까? 시편 저자는 "내가 여호와께 바라는 한 가지 일 그것을 구하리니 곧 내가 내 평생에 여호와의 집에 살면서 여호와의 아름다움을 바라보며 그의 성전에서 사모하는 그것이라"(시 27:4)고 말했다. 우리의 기업이 될 천국에서 우리는 영원히 여호와의 집에 거하게 될 것이다(시 23:6). 그곳은 우리가 상상하는 것보다 훨씬 영광스러운 성전이다.

발광체

천국에는 성전만 없는 것이 아니다. 앞에서 말한 대로 천체의 발광체들도 존재하지 않는다. 요한계시록 21장 23절은 "그 성은 해나 달의 비침이 쓸 데 없으니 이는 하나님의 영광이 비치고 어린 양이 그 등불이 되심이라"고 말씀한다.

천국의 영광은 태양빛보다 훨씬 더 밝다. 이사야는 "그 때에 달이 수치를 당하고 해가 부끄러워하리니 이는 만군의 여호와께서 시온 산과 예루살렘에서 왕이 되시고 그 장로들 앞에서 영광을 나타내실 것임이라"(사 24:23)고 말했다. 하나님의 영광에 비하면 해와 달은 희미한 촛불에 불과하다. 요한은 "만국이 그 빛 가운데로 다니고 땅의 왕들이 자기 영광을 가지고 그리로 들어가리라"(계 21:24)고 덧붙였다. 그는 땅의 왕들도 천국의 영광 앞에서 자신들의 영광을 포기하게 될 것이라고 말한다. 모든 민족이 하나님의 빛 가운데 들어오고, 직분에 상관없이 하나님의 영광 앞에 엎드려 경배할 것이다.

일전에 어느 무신론자로부터 편지 한 통을 받은 적이 있다. 그는 성경의 증언을 액면 그대로 받아들이면 천국이 지옥보다 더 뜨거운 곳이 될지도 모른다는 생각을 피력했다. 그는 "지옥의 경우 유황이 끓는다고 했으니 온도로 치면 약 177도 정도 될 것입니다. 그런데 이사야 30장 26절은 '여호와께서 자기 백성의 상처를 싸매시며 그들의 맞은 자리를 고치시는 날에는 달빛은 햇빛 같겠고 햇빛은 일곱 배가 되어 일곱 날의 빛과 같으리라'고 말합니다. 이를 물리학적으로 계산하면 빛의 밝기가 태양의 일곱 배가 되어 지구 표면을 177도 이상의 온도로 달구게 될 것이 분명합니다. 따라서 성경이 사실이라면 천국이 지옥보다 훨씬 뜨거운 곳이 될 것입니다"라고 말했다.

하지만 그의 주장은 성경을 액면 그대로 받아들였다고 할 수 없다. 첫째, 이사야 30장 26절은 천국에 관한 성경 구절이 아니라 세상에 대한 하나님의 심판을 묘사한다. 둘째, 요한계시록 21장의 요점은 천국에 "발광체"가 없다는 것이다. 천국의 빛은 온도의 단위로 측정할 수 있는 빛이 아니다. 그 빛은 바로 하나님의 영광이다. 하나님의 영광이 천국 전체를 비춘다. 그 빛은 발광체에서 나오는 빛이 아니다. 세상에 있는 빛과는 전혀 다른 것이다. "하나님은 빛이시라 그에게는 어둠이 조금도 없으시다는 것이니라"(요일 1:5)는 말씀대로 천국의 빛은 곧 하나님의 빛이다. 그 빛이 열기를 뿜어낼 것이라고 생각할 수 있는 근거는 성경 어디에도 없다.

다시 말하지만 이런 표현들은 인간의 언어가 지닌 한계를 드러냄으로써 우리의 상상을 초월하는 개념을 전달하는 데 목적이 있다. 천국의 영광은 상상하기 힘들 만큼 밝을 것이다.

몇 년 전에 루터교 학자 세이스가 새 예루살렘의 영광스러움을 아래와 같이 아름답게 묘사했다.

천국의 빛은 물질의 연소를 통해 발생하는 빛이 아니다. 그것은 다 타고 나면 다시 갈아야 할 화석연료의 발화로 인해 뿜어 나오는 빛과는 다르다. 창조되지 않은 빛, 즉 하나님의 빛이 영원한 등불이신 어린양을 통해 영화롭게 된 성도들의 거처와 마음과 생각을 비춰 줄 것이다. 바울과 실라가 심하게 두들겨 맞은 채로 빌립보 감옥에 갇히게 되었는데도 여전히 즐겁게 찬송을 불러 간수들의 마음을 환하게 밝혀 줄 수 있었던 것도 하나님의 빛을 간직하고 있었기 때문이다. 바울은 다메섹으로 가는 도중에 정오의 태양보다 더 밝은 빛에 둘러싸였다. 그 빛은 그의 전 존재를 일깨워 새로운 깨달음을 얻게 했다. 그 후로 그는 자신의 영혼과 몸을 불태워 주 안에서 빛이 되었다. 모세가 하나님을 대면하고 산에서 내려올 때에 그의 얼굴에서 광채가 나서 백성들이 그것을 제대로 바라볼 수 없었다. 빛이신 하나님과 가깝게 교제를 나누다 보니 그도 역시 빛이 되었고, 하나님의 영광으로 불타오르는 등불이 되어 백성들의 진영으로 내려왔다.

변화 산에서도 복되신 예수님의 몸과 옷에서 빛이 뿜어져 나왔다. 이사야는 새 예루살렘이 임할 때를 바라보며 "달이 수치를 당하고 해가 부끄러워하리니"(사 22:23)라고 말했다. 그것들이 부끄러워하는 이유는 새 예루살렘에서 비취는 영광스러운 광채 때문이다. 그곳에는 해와 달이 빛을 발할 필요가 전혀 없다. 왜냐하면 하나님의 영광이 그곳을 비추고 어린양이 그 등불이 되시기 때문이다.[7]

안전 체계

사도 요한은 "낮에 성문들을 도무지 닫지 아니하리니 거기에는 밤이 없음이라"(계 21:25)고 말한다. 고대에는 밤이 되면 강도와 도적 떼와 적군의 위협에서 백성들을 보호하기 위해 성문을 닫아 두었다. 따라서 성문이 항상 열려 있다는 말은 안전이 완벽하게 보장된다는 뜻이다. 그러나 천국의 안전을 위협할 요소는 아무것도 없기 때문에 성문을 닫아 둘 필요가 없다.

"사람들이 만국의 영광과 존귀를 가지고 그리로 들어가겠고"라는 26절 말씀은 왕들이 하나님의 보좌 앞에 자기들의 영광을 바칠 것이라는 24절 말씀의 연속이다. 이런 말씀들은 하나님의 권위와 영광에 견줄 만한 대상이 아무것도 없다는 것을 의미한다. 모든 대립과 갈등이 종식되고 하나님과 그분의 백성이 영원히 안전하게 거할 것이다.

요한은 "무엇이든지 속된 것이나 가증한 일 또는 거짓말하는 자는 결코 그리로 들어가지 못하되 오직 어린 양의 생명책에 기록된 자들만 들어가리라"(27절/ 계 22:15 참조)고 말했다. 하나님의 택하신 백성, 즉 그리스도를 믿는 이들만이 새 예루살렘 성에 들어갈 수 있다. 사탄을 비롯한 악의 도구들은 영원히 추방될 것이다.

불만족스러운 욕구

천사는 요한에게 "수정 같이 맑은 생명수의 강"을 보여 주었다. 그는 그것을 보고 "하나님과 및 어린 양의 보좌로부터 나와서 길 가운데로 흐르더라 강 좌우에 생명나무가 있어 열두 가지 열매를 맺되 달마다 그 열매를 맺고 그 나무 잎사귀들은 만국을 치료하기 위하여 있더라"(계 22:1-2)고 증언했다. 수정처럼 맑은 물이 하나님의 보좌로부터 흘러나와 새 예루살렘 한복판으로 흐른다. 팔레스타인과 같이 척박한 땅에 사는 사람들에게 강이 주는 의미를 한번 상상해 보기 바란다. 그들에게 강은 위로와 안식의 장소, 즉 피곤함을 달래고 생명을 유지해 나가는 장소였다. 강은 뜨거운 사막의 열기에 바짝 마른 혀를 시원하게 적셔 줄 물이 있는 곳이었다. 사막에 사는 사람이 열매가 달린 나무를 발견했을 때의 기쁨을 한번 생각해 보라. 새 예루살렘은 도시와 강물과 과실수들이 어우러진 곳, 그야말로 귀한 것들이 모두 한곳에 모여 있는 장소다.

시편 저자도 생명수의 강물을 노래했다. "한 시내가 있어 나뉘어 흘러 하나님의 성 곧 지존하신 이의 성소를 기쁘게 하도다 하나님이 그 성 중에 계시매 성이 흔들리지 아니할 것이라"(시 46:4-5).

에덴동산에는 동산을 적시는 아름다운 강이 있었다(창 2:10). 또한 에덴동산 한가운데는 생명나무가 있었다(9절). 천국의 광경은 마치 완전해진 에덴동산을 방불케 한다.

"생명나무"는 딱 한 그루만 있는 것이 아니라 두 그루나 세 그루를 가리킬 수도 있다. 헬라어 원문에 보면 그 앞에 정관사가 없다. 본문은 "길 한가운데와 강 좌우에 생명나무 한 그루가 있어"라고 번역할 수 있다. 그럴 경우에는 강 좌우에 각각 한 그루씩, 그리고 길 한복판에 한 그루, 모두 세 그루를 가리킨다. 또 "길 가운데"라는 표현을 강물의 위치를 가리키는 말로 해석하면, 본문은 "그가 수정 같이 맑은 생명수의 강을 내게 보이니 하나님과 및 어린 양의 보좌로부터 나와서 길 가운데로 흐르더라 강 좌우에 생명나무가 있어"라고 번역할 수 있다. 이 경우에는 생명나무가 두 그루가 된다(계 22:1-2).

어쨌든 생명나무가 맺는 과실은 참으로 경이롭다. 생명나무는 매달

하나씩 열두 가지 종류의 열매를 맺는다. 생명나무의 과실을 먹을 수 있는 특권은 이기는 자들, 즉 모든 성도에게 주어졌다(계 2:7).

천국에서 음식을 먹는 것은 생계유지가 아닌 미각의 즐거움을 위해서다. 물론 생명나무의 열매는 먹는 자에게 건강하고 유익한 영향을 미칠 것이다. 심지어는 그 잎사귀조차 "만국을 소성하기 위해" 있다. "소성"으로 번역된 헬라어는 "데라페이아"이다. 이 말에서 "치료"를 뜻하는 "therapeutic"라는 영어 단어가 파생했다. 요한은 생명나무의 잎사귀가 순수하게 먹는 즐거움을 가져다줌으로써 천국의 삶을 더욱 풍요롭게 해 줄 것이라고 말한다. 생명수도 마시는 즐거움을 위해 존재한다. 천국에는 음식이 필요하지 않지만 순수하게 미각의 즐거움을 만끽할 수 있다. 이런 점들은 우리를 위한 하나님의 계획이 그분을 영원히 즐거워하는 데 있다는 사실을 다시금 일깨워 준다. 천국에 있는 대부분이 하나님과 그분의 백성에게 순전한 즐거움을 가져다주는 데 그 목적이 있다.

저주

우리가 천국을 간절히 소망하는 이유를 아래 말씀에서 찾을 수 있다.

"다시 저주가 없으며 하나님과 그 어린 양의 보좌가 그 가운데에 있으리니 그의 종들이 그를 섬기며 그의 얼굴을 볼 터이요 그의 이름도 그들의 이마에 있으리라 다시 밤이 없겠고 등불과 햇빛이 쓸 데 없으니 이는 주 하나님이 그들에게 비치심이라 그들이 세세토록 왕 노릇 하리로다"(계 22:3-5).

저주가 영원히 사라질 것이다. 또한 저주에 수반되는 모든 고통과 불편함도 함께 자취를 감추게 될 것이다. 고통, 고뇌, 고된 땀, 가시, 질병, 슬픔, 죄 따위는 천국에 존재하지 않는다.

사도 바울은 "하나님이 자기를 사랑하는 자들을 위하여 예비하신 모든 것은 눈으로 보지 못하고 귀로 듣지 못하고 사람의 마음으로 생각하지도 못하였다"(고전 2:9)고 말했다. 천국의 기쁨은 우리의 상상을 초월한다. 하지만 성도들은 현재에도 그것을 맛볼 수 있다. 하나님이 성령으로 이것을 우리에게 보이셨기 때문이다(10절). 우리는 하늘의 은사를 맛보았다(히 6:4). 천국을 맛본 우리는 마음을 그곳에 두어야 할 것이다.

안타깝게도 실제로 천국에 가야만 하나님과 사귐을 가질 수 있고 천국의 즐거움을 누릴 수 있다고 생각하는 성도들이 많은 것 같다. 하지만 성도에게 영생은 단지 미래의 소망이 아닌 현재의 소유다. 우리는 이미 천국에 있는 것처럼 살아야 한다. 우리는 지금도 기도와 말씀 연구를 통해 하나님과 얼마든지 교제를 나눌 수 있다.

차이가 있다면 천국에서는 얼굴과 얼굴을 맞대고 하나님과 함께 거할 수 있다는 점이다(고전 13:12). 데살로니가전서 4장 17절은 우리가 장차 공중으로 이끌려 올라가 주를 영접한 후부터는 "항상 주와 함께 있으리라"고 말씀하신다. 또한 주님은 "내가 결코 너희를 버리지 아니하고 너희를 떠나지 아니하리라"(히 13:5)고 하신다.

사도 요한은 천국에서 우리가 그분의 얼굴을 뵈올 것이라고 했다(계 22:4). 이 말은 우리가 주님과 더 이상 친밀해질 수 없을 만큼 완벽한 사귐을 갖게 될 것을 의미한다. 그리고 앞이마에 주님의 이름이 새겨졌다는 것은 그분이 우리의 소유주이시며, 우리가 그분을 향해 온전히 헌신할 것을 뜻한다.

이것이 바로 영원한 천국에서 누리게 될 궁극적인 축복이다. 우리는 영원히 거룩하신 하나님 앞에서 살게 될 것이다. 우리는 그리스도와 잠시도 떨어지지 않고 친밀한 사귐을 갖게 될 것이다. 우리는 그리스도와 더불어 상속자가 될 것이며, 그분과 함께 다스리게 될 것이다. 천국의 모든 풍요로움이 우리의 소유가 될 것이며, 원하는 대로 마음껏 기쁨을 누리게 될 것이다.

하나님이 우리에게 직접 약속하지 않으셨다면 이 모든 일들은 신성을 모독하는 터무니없는 말이 될 것이다.

THE
GLORY
OF
HEAVEN

chapter 7

천국에서의 삶

우리는 완전하다는 개념은 알고 있지만 실제로 완전한 것을 생각해 내기가 그리 쉽지 않다. 세상에서 이루어지는 경험은 모두 불완전하다.

주님을 알고 사랑하는 성도들은 스스로의 불완전함을 느낄 때가 많다. 물론 우리의 육체도 불완전하지만 이는 비단 육체의 불완전함만을 의미하지는 않는다. 우리를 곤혹스럽게 하는 불완전함의 실제적인 문제는 우리의 마음에서 비롯하는 부패한 본성이다(막 7:21-23).

사실 우리는 다른 사람들의 불완전함에 비해 우리 자신의 불완전함을 보다 관대하게 생각하는 경향이 있다. 실상 우리는 스스로의 불완전함을 숨기려 한다. 그러나 마음으로는 우리 자신이 죄로 인해 불완전한 상태에 놓여 있음을 부인하기 어렵다. "오호라 나는 곤고한 사람이로다 이 사망의 몸에서 누가 나를 건져내랴"(롬 7:24)고 탄식했던 바울의 심정에 공감하지 않을 성도가 과연 어디 있겠는가?

그러나 우리만 고통스러운 것이 아니다. 온 우주가 죄의 결과로 인해 신음하고 있다. 바울은 "피조물이 다 이제까지 함께 탄식하며 함께 고통을 겪고 있는 것을 우리가 아느니라"(롬 8:22)고 말했다. 세상에서의 모든 경험이 불완전한 이유가 바로 여기에 있다. 모든 피조물은 죄의 저주 아래 신음하며 저주가 사라질 마지막 때를 갈망한다.

그날이 오면 모든 것이 완전해질 것이다. 더 이상 피조물의 고통과 슬픔과 탄식을 들을 수 없을 것이다. 이사야는 "여호와의 속량함을 받은 자들이 돌아오되 노래하며 시온에 이르러 그들의 머리 위에 영영한 희락을 띠고 기쁨과 즐거움을 얻으리니 슬픔과 탄식이 사라지리로다"(사 35:10)라고 예언했다.

뿐만 아니라 우리도 완전해질 것이다. 영혼과 육체가 아무 흠이 없는 완전한 상태가 될 것이다. 사도 요한은 "사랑하는 자들아 우리가 지금은 하나님의 자녀라 장래에 어떻게 될지는 아직 나타나지 아니하였으나 그가 나타나시면 우리가 그와 같을 줄을 아는 것은 그의 참모습 그대로 볼 것이기 때문이니"(요일 3:2)라고 말했다.

그러나 지금은 그때의 일을 상상할 수 없다. "아직 나타나지 않았기 때문"이다. 하지만 우리는 장차 그리스도처럼 완전해질 것이다. 아들이신 예수 그리스도의 형상을 본받는 것, 바로 그것이 하나님이 영원 전에 우리를 선택하신 목적이다(롬 8:29). "곧 창세 전에 그리스도 안에서 우리를 택하사 우리로 사랑 안에서 그 앞에 거룩하고 흠이 없게 하시려고"(엡 1:4)라는 말씀도 그 점을 분명히 밝혀 준다.

하나님은 우리 안에 착한 일을 시작하셨고 그리스도 예수의 날까지 충실하게 그 일을 진행시켜 나가실 것이다(빌 1:6). 그리고 장차 그리스도를 뵙게 될 때 우리는 즉시 완전해질 것이다. 왜냐하면 그분을 있는 그대로 뵙게 될 것이기 때문이다.

천국은 완전해진 의인들이 거하기에 가장 완벽한 곳이다. 완전함은 우리를 거룩케 하시는 하나님의 사역, 즉 성화의 궁극적인 목적이다. 하나님은 단지 우리가 좀 더 나은 인간이 되는 것에서 만족하지 않으신다. 그분은 우리를 아들의 형상으로 변화시키기 원하신다. 성도는 영화를 통해 인간의 몸을 입으신 주님의 형상을 닮게 된다. 천국의 완전함을 통해 우리의 구원이 완성된다. 그것이 바로 하나님이 창세전에 우리를 택하신 목적이다.

완전함의 씨앗

하나님은 우리가 불신앙을 버리고 그리스도를 영접하는 순간부터 우리를 완전하게 하시는 사역을 시작하신다. 성령은 우리를 거듭나게 하시며 우리에게 거룩한 소원을 지닌 새 마음을 주신다(겔 36:26). 성령은 우리의 완고함을 꺾으시고, 마음을 열어 진리를 받아들이게 하신다. 또한 우리는 성령의 역사로 인해 의를 사모하고 하나님을 열망하게 된다. 이처럼 중생의 역사는 우리의 내면을 변화시킨다. 그리고 그때부터 하나님은 우리의 삶에서 일어나는 선악간의 모든 일을 통해 우리를 그리스도의 형상으로 변화시켜 나가신다(롬 8:28-30).

신분상으로 우리는 이미 의롭다함을 받았다. 우리는 온전한 의로 덧입었다(사 61:10; 롬 4:5). 그 덕분에 우리는 정죄함이나 두려움 없이 하나님 앞에 담대히 나갈 수 있는 것이다(롬 5:1, 8:1).

"아버지께서 그리스도 안에서 하늘에 속한 모든 신령한 복을 우리에게 주시되"(엡 1:3)라는 말씀은 이와 같은 신분상의 특권을 의미한다. 바울은 하나님이 우리를 그리스도와 "함께 일으키사 그리스도 예수 안에서 함께 하늘에 앉히시니"(엡 2:6)라고 말했다. 이 말씀 역시 하나님이 은혜로 우리에게 자녀의 신분을 허락하신 것을 의미한다. 우리는 아직 천국에서 그리스도와 함께 있는 것은 아니다. 하지만 하나님의 영원한 법정에서는 이미 우리에게 그와 같이 높은 법적 직위가 수여되었다.

그러나 하나님은 그것에서 멈추지 않으신다. 하나님은 우리를 법적으로 의롭다고 선언하신 후에(칭의) 예수 그리스도의 형상으로 변화시켜 나가신다(성화). 법적 지위가 완전해졌으니 이제 실제로 완전해지는 과정이 남아 있는 셈이다. 천국은 거룩한 장소다. 우리가 거룩해지지 않으면 그곳에 거할 수 없다. 이런 점에서 칭의의 축복은 우리가 예수 그리스도의 형상을 온전히 본받게 될 것(영화)을 보증하는 하나님의 약속이다. 바울은 "의롭다 하신 그들을 또한 영화롭게 하셨느니라"(롬 8:30)고 힘주어 말했다.

그리스도의 형상을 닮을 수 있는 씨앗은 회심하는 순간에 심겨진다. 골로새서 2장 9-10절은 우리가 그리스도 안에서 "충만해졌다"고 말씀한다. 베드로는 "생명과 경건에 속한 모든 것"(벧후 1:3)을 성도에게 주셨다고 덧붙였다. 성도의 영혼에는 하나님의 생명을 비롯하여 천국의 삶에 필요한 모든 것이 거한다. 영생의 원리가 이미 성도 안에 존재하는 것이다. 이는 성도가 천국의 삶을 지금 현재에도 소유하고 있음을 의미한다. 성도는 이미 죽음에서 생명으로 옮겨졌다(요 5:24). 때문에 우리는 이미 새사람이다(고후 5:17). 우리는 죄에서 해방되어 의의 종이 되었다(롬 6:18). 우리는 죄의 삯(즉 사망)을 받는 대신에 영생의 선물을 받았다(롬 6:23). 영생은 풍성한 삶을 의미한다(요 10:10). 그것은 수맥까지 파 내려간 우물처럼 우리 안에서 영적 능력을 뿜어 올려 부르심에 합당한 삶을 살아갈 수 있게 한다(요 7:38). 성경은 "누구든지 그리스도 안에 있으면 새로운 피조물이라 이전 것은 지나갔으니 보라 새 것이 되었도다"(고후 5:17)라고 말한다.

하지만 아무리 경건한 성도라 하더라도 항상 "새" 사람처럼 보이지는 않는다. 사실 우리 자신도 늘 "새로운 피조물"이 된 듯한 느낌을 갖지 못한다. 솔직히 그리스도가 말씀하신 생수의 강이 흘러넘치기보다 죄에 사로잡혀 무력한 삶을 살아갈 때가 더 많다. 우리는 성령의 처음 익은 열매를 받았으면서도 속으로 탄식하며 살아간다(롬 8:23). 우리는 일생 동안 탄식을 중단하지 않는다. 신앙이 매우 성숙한 사도조차도 로마서 7장 24절에서 "오호라 나는 곤고한 사람이로다 이 사망의 몸에서 누가 나를 건져내랴" 하고 탄식했다는 사실을 기억해야 한다.

우리는 나사로처럼 여전히 수의를 입고 있는 상태다. 즉 우리는 아직 육신에 속박되어 있다. 성경에서 "육신"은 말 그대로 육체를 가리키지 않는다. 그것은 우리의 몸이 영화롭게 될 때까지 우리 안에 잔존해 있는 부패한 생각과 습성을 가리킨다. 바울은 "육신"과 "영"을 구분했다.

하지만 그의 구분은 물질적인 것과 비물질적인 것을 구분하는 영지주의와 뉴에이지 사상의 이원론과는 전혀 무관하다. 바울이 말하는 육신은 죄의 성향을 의미한다. 심지어 구원받은 사람에게도 그러한 본성은 여전히 남아 있다.

때문에 바울은 로마서 7장에서 자신의 경험을 바탕으로 이 문제를 분명히 지적했다.

"내가 행하는 것을 내가 알지 못하노니 곧 내가 원하는 것은 행하지 아니하고 도리어 미워하는 것을 행함이라 만일 내가 원하지 아니하는 그것을 행하면 내가 이로써 율법이 선한 것을 시인하노니 이제는 그것을 행하는 자가 내가 아니요 내 속에 거하는 죄니라 내 속 곧 내 육신에 선한 것이 거하지 아니하는 줄을 아노니 원함은 내게 있으나 선을 행하는 것은 없노라 내가 원하는 바 선은 행하지 아니하고 도리어 원하지 아니하는 바 악을 행하는도다 만일 내가 원하지 아니하는 그것을 하면 이를 행하는 자는 내가 아니요 내 속에 거하는 죄니라 그러므로 내가 한 법을 깨달았노니 곧 선을 행하기 원하는 나에게 악이 함께 있는 것이로다"(15-21절).

사도 바울이 말한 "육신"의 의미가 본문 마지막 구절에 잘 드러나 있다. 그는 "내가 한 법을 깨달았노니 곧 선을 행하기 원하는 나에게 악이 함께 있는 것이로다"(21절)라고 말했다. 여기서 말하는 "법"이 곧 육신이다. 바울은 "내 지체 속에서"(23절)라는 말로 이 법이 자신 안에 존재하면서 율법의 의에 복종하려는 마음과 싸워 "내 지체 속에 있는 죄의 법이 나를 사로잡는 것을 보는도다"라고 말했다. 우리 안에 내주하는 죄의 법은 거듭나기 전에 인생을 살아오면서 우리가 구축한 모든 악한 습관과 사고방식을 아우른다. 이 육신의 영향력은 아직 온전히 제거되지 않았다. 세상에 사는 한, 우리는 그 영향력 아래서 큰 고초를 겪는다. 기독교인은 일생동안 육신의 행위를 "죽이면서" 살지만, 죄의 원리는 우리가 영화롭게 될 때에야 비로소 온전히 제거된다.

신자인 우리는 새로운 피조물이 되어 영혼이 거듭난 덕분에 생명과 경건에 필요한 모든 것을 부여받았지만, 우리 안에 살아남아 있는 죄 때문에 그리스도 안에서 얻은 우리의 새로운 신분을 온전히 향유하지 못한다.

우리는 바울처럼 "속사람으로는 하나님의 법을 즐거워하되"(22절)라고 말한다. 우리가 하나님의 법을 사랑하는 이유는 우리 안에 영생의 원리가 존재하기 때문이다. 하지만 수의로 온몸을 꽁꽁 동여맨 상태로 막 무덤을 빠져나온 사람처럼 우리는 여전히 육신에 속박되어 있다. 육신의 원리가 그리스도 안에서 얻은 새 생명의 원리와 서로 갈등을 일으켜, 마음으로는 하나님의 법을 즐거워하지만 "한 다른 법"이 "내 지체 속에 있는 죄의 법으로 나를 사로잡는 것"(23절)이다.

이런 일이 어떻게 가능할까? 바울은 앞에서 우리가 "죄로부터 해방되고 하나님께 종"(롬 6:22)이 되었다고 말했다. 즉 죄의 속박에서 벗어났다는 것이다. 그런데 어째서 다시 "죄의 법에 사로잡혀 있다"(롬 7:23)고 말하는 것일까?

종이 된다는 것과 포로가 된다는 것은 의미가 전혀 다르다. 구원받지 못한 죄인들은 자발적으로 죄의 종이 되기를 원한다. 하지만 아직 완전히 영화롭게 되지 못한 성도는 적군에게 사로잡혀 석방의 날까지 원치 않는 포로 생활을 하는 사람과 비슷하다. 죄는 우리를 괴롭힐 수 있지만 죽일 수는 없다. 죄의 권세는 이미 깨어졌다. 그러나 성도에게는 아직도 죄가 남아 있다(21절). 또한 성도는 하나님의 법에 복종하기를 원한다(22절). 따라서 비록 부패한 생각과 행동을 일삼던 옛 습관에 치우칠 때가 적지 않더라도 우리는 이미 새롭게 되었다(고후 5:17).

하나님은 우리의 안과 밖을 온전히 변화시키기 원하신다. 그분은 성도의 영혼에 영원한 생명의 씨앗을 심어 주셨다. 우리에게는 하나님을 기쁘시게 하고픈 새로운 마음과 능력이 주어졌다. 새 마음을 얻은 우리는 하나님을 사랑하려는 열정을 갖게 되었다. 그렇기 때문에 우리는 궁극적으로 은혜 안에서 성장해 나갈 수 있는 것이다.

바울은 성도가 안에서부터 온전히 변화되어 가는 원리를 명쾌하게 설명했는데, 고린도후서 3장에서 우리의 구원을 시내 산에서 하나님의 영광을 목격한 모세의 경험과 대조시켰다. 바울은 고린도 성도들에게 모세가 율법을 수여받고 산에서 내려왔을 때 얼굴에 광채가 났었다는 사실을 상기시켰다. 그 광채는 너무 밝아서 백성들이 육안으로 바로 쳐다보기가 어려웠다. 할 수 없이 모세는 수건으로 얼굴을 가려야 했다(출 34:29-33). 하지만 그것은 없어질 영광, 즉 일시적으로 반사된 영광이었다(고후 3:7).

그와는 대조적으로 "장차 우리에게 나타날 영광"(롬 8:18)은 반사된 영광이 아니라 내면에서부터 직접 뿜어 나오는 영원한 영광이다. 바울은

"우리가 다 수건을 벗은 얼굴로 거울을 보는 것 같이 주의 영광을 보매 그와 같은 형상으로 변화하여 영광에서 영광에 이르니 곧 주의 영으로 말미암음이니라"(고후 3:18)고 말했다. 하나님의 성령이 우리를 한층 더 높은 영광의 단계로 이끌어 주신다.

"보매"로 번역된 헬라어는 "거울에 비친 모습을 보다"를 의미한다. '킹 제임스' 성경은 이를 "거울로 보는 것처럼 보매"라고 번역했다. 이스라엘 백성과 달리, 우리는 영광이 반사된 빛으로부터 우리를 가려줄 수건이 필요 없다("우리는 모세가 이스라엘 자손들에게 장차 없어질 것의 결국을 주목하지 못하게 하려고 수건을 그 얼굴에 쓴 것 같이 아니하노라"_13절). 우리는 온전한 영광을 온전히 바라본다. "어두운 데에 빛이 비치라 말씀하셨던 그 하나님께서 예수 그리스도의 얼굴에 있는 하나님의 영광을 아는 빛을 우리 마음에 비추셨느니라"(고후 4:6).

물론, 우리는 그리스도의 얼굴을 있는 그대로 직접 보지 못한다. 우리가 보는 영광은 "영광의 소망"이신 그리스도, 곧 우리 안에 계시는 그리스도의 형상을 의미한다(골 1:27). 그리스도의 영광을 바라보고 열망하면, 그분의 형상이 우리 안에서 더욱 밝게 빛난다. 장차 우리는 그분의 모습을 희미하게 보지 않고, 거울로 보는 것처럼 있는 그대로 직접 보게 될 것이다. 우리는 부활의 몸으로 그분 앞에 서게 될 것이다. "우리가 지금은 거울로 보는 것 같이 희미하나 그 때에는 얼굴과 얼굴을 대하여 볼 것이요"(고전 13:12). "그가 나타나시면 우리가 그와 같을 줄을 아는 것은"(요일 3:2)이라는 말씀대로, 얼굴을 마주하고 그리스도의 모습을 보는 순간, 우리는 즉시 그분의 형상으로 변화될 것이다.

그때가 오기까지 그리스도의 영광은 우리를 안으로부터 밖으로 차츰 변화시켜 나갈 것이다. 이것이 이 영광이 (모세의 얼굴에 반사된 영광과 달리) 사라지지 않고 "영광에서 영광에 이르게" 되는 이유다.

영원한 즐거움

장차 천국에 이르면 인간의 부패한 본성은 흔적도 없이 사라진다. 완전해지지 않으면 천국에 들어갈 수 없기 때문이다. 성경은 천국의 성도들이 흰옷을 입는다는 말로 이런 진리를 표현하고 있다. 요한계시록 6장 11절은 "각각 그들에게 흰 두루마기를 주시며 이르시되 아직 잠시 동안 쉬되 그들의 동무 종들과 형제들도 자기처럼 죽임을 당하여 그 수가 차기까지 하라"고 말씀한다. "흰 두루마기"는 거룩함, 순결함, 절대적인 완전함을 상징한다. 천국의 한 장로는 요한에게 "이는 큰 환난에서 나오는 자들인데 어린 양의 피에 그 옷을 씻어 희게 하였느니라"(계 7:14)고 말했다. 이처럼 성경은 완전한 자들만이 천국에 들어갈 수 있다고 강조한다.

또한 성경은 "거룩함을 따르라 이것이 없이는 아무도 주를 보지 못하리라"(히 12:14)고 말씀한다. 하나님은 단지 우리를 의롭다고 선언만 하시는 것이 아니다. 그분은 우리를 형식상으로만 의롭다고 하신 채 육신에 속박되어 살도록 방치하지 않으신다. 하나님은 사랑과 은혜로 우리를 변화시켜 주신다. 그분은 우리의 마음과 영혼과 생각과 육체를 변화시켜 고귀한 신분에 걸맞는 존재로 만드신다.

물론 우리의 거룩함이 천국에 들어가는 조건이나 하나님의 인정을 받는 근거가 된다는 뜻은 결코 아니다. 만일 그렇다면 천국에 들어갈 수 있을 만큼의 공덕을 충분히 쌓아야 하는데 그럴 수 있는 사람은 세상에 아무도 없다. 우리가 천국에 들어갈 수 있는 것은 칭의를 통해 우리에게 전가된 그리스도의 온전한 의 때문이다. 그러므로 성화를 통해 이루어지는 거룩함은 결코 공로가 될 수 없다.

더욱이 성화를 통해 이루어지는 거룩함은 천국에 들어갈 수 있는 충분한 자격을 확보해 주지 못한다. 우리는 장차 천국에 가서야 그리스도의 온전한 형상을 이룰 수 있다. 성화는 그와 같은 목적을 향해 나아가는 성장 과정일 뿐이다. 성화를 즉각적으로 완성하는 것은 바로 영화다. 하나님은 우리를 즉시 영화롭게 만드시어 그분이 계시는 곳으로 받아들이신다. 앞서 3장에서 말했듯이 영혼의 잠이나 연옥 체류와 같은 대기 시간은 전혀 존재하지 않는다.

이 문제에 대한 오해의 뿌리는 매우 깊이 박혀 있다. 심지어는 루이스와 같은 개신교 사상가도 다음과 같이 말할 정도였다.

우리의 영혼은 연옥을 요구한다. 그렇지 않은가? 하나님이 우리에게 "내 아들아 네 입에서 냄새가 나고, 네가 걸친 누더기에서 흙이 뚝뚝 떨어지는구나. 하지만 이곳에 있는 우리는 매우 관대하단다. 아무도 네 모습을 흉보거나 너를 외면할 사람은 없다. 와서 기쁨에 참여하지 않겠느냐?"고 말씀하신다면 마음이 찢어지지 않겠는가? 우리는 "먼저 저를 용납해 주세요, 주님. 저를 거부하지 않으신다고 해도 먼저 깨끗이 씻어야 하겠습니다"라고 대답해야 마땅하지 않겠는가? "그렇게 하려면 고통이 뒤따를지도 모른다"는 주님의 말씀이 이어지더라도 "그렇다 해도 괜찮습니다. 주님"이라고 대답하는 것이 옳은 듯하다.[1]

루이스는 신학자가 아니었다. 그는 (다른 많은 성공회 신자들처럼) 가톨릭 전통으로 성경의 명확한 진리를 훼손했다. 이것은 가장 명백하면서도 이해할 수 없는 오류 가운데 하나인 것이 분명하다. 마치 영화에 관한 성경의 약속을 전혀 모르고 있는 듯한 말투다.

한 가지 더 말하자면, 성경은 연옥의 개념을 언급하지 않는다. 또한 우리의 영화가 고통스러울 것이라는 의미를 드러내는 성경 구절도 전혀 눈에 띄지 않는다. 성경은 성도가 세상을 떠나는 순간 영원히 영화롭게 되어 하나님이 거하시는 곳에 이른다고 말씀한다. 그러므로 세상을 떠난다는 것은 곧 그리스도와 함께 있는 것이다(빌 1:23). 게다가 그리스도를 뵙는 순간 우리는 그분처럼 변하게 될 것이다.

영화는 은혜롭고, 평화로운 변화, 즉 아무 고통이 없는 즉각적인 변화를 의미한다. 바울은 "우리가 담대하여 원하는 바는 차라리 몸을 떠나 주와 함께 거하는 그것이라"(고후 5:8)고 말했다.

또한 바울은 천국에 있는 성도는 지금 "몸을 떠나 있는" 상태라고 말했다. 몸은 무덤에 있고 영혼은 즉시 천국에 간다는 말이다. 히브리서 12장 23절도 세상을 떠나 천국에 있는 성도들이 육체가 없는 상태라고 말씀한다. 그 말씀에 따르면 천국은 "온전하게 된 의인의 영"이 거하는 장소다. 하지만 성도는 영원히 육체가 없는 상태로 살아가지 않는다.

마지막 부활의 때가 되면 영화롭게 된 영이 영화롭게 된 육체와 결합하게 될 것이다.

그렇다면 완전하게 된 영혼은 과연 어떤 모습일까? 분명한 것은 악으로부터 영원히 자유롭게 된다는 사실이다. 다시는 이기적인 욕망을 품거나 쓸데없는 말을 발설하지 않게 될 것이다. 또한 불친절한 태도를 취하거나 부패한 생각을 일삼는 일도 없을 것이다. 죄의 속박 상태에서 완전히 해방되어 하나님 앞에서 완전하고 의롭고 거룩하게 살아갈 수 있을 것이다. 그런 삶을 사는 우리 자신의 모습을 과연 상상할 수 있을까? 나는 솔직히 완전해진 내 자신의 모습을 상상하기가 어렵다. 그러나 놀랍게도 천국에는 어떤 불완전함도 존재하지 않을 것이다.

요한계시록 21장 27절은 "무엇이든지 속된 것이나 가증한 일 또는 거짓말하는 자는 결코 그리로 들어가지 못하되"라고 말씀한다. 즉 죄에 조금이라도 오염된 사람은 천국에 들어갈 수 없다. 천국에는 더 이상 죄의 위협이 존재하지 않는다.

그러면 과거에 지은 죄의 흔적은 어떻게 해결될까? 요한계시록 22장 14-15절은 "자기 두루마기를 빠는 자들은 복이 있으니 이는 그들이 생명나무에 나아가며 문들을 통하여 성에 들어갈 권세를 받으려 함이로다 개들과 점술가들과 음행하는 자들과 살인자들과 우상 숭배자들과 및 거짓말을 좋아하며 지어내는 자는 다 성 밖에 있으리라"고 말씀한다. 전에는 죄가 우리의 존재를 규정지었지만 이제는 그렇지 않다. 우리는 그리스도 안에서 죄 사함을 받고 깨끗하게 되어 영원히 완전해진 새로운 피조물이다. 바울은 고린도의 성도들에게 이렇게 말했다.

"불의한 자가 하나님의 나라를 유업으로 받지 못할 줄을 알지 못하느냐 미혹을 받지 말라 음행하는 자나 우상 숭배하는 자나 간음하는 자나 탐색하는 자나 남색하는 자나 도적이나 탐욕을 부리는 자나 술 취하는 자나 모욕하는 자나 속여 빼앗는 자들은 하나님의 나라를 유업으로 받지 못하리라 너희 중에 이와 같은 자들이 있더니 주 예수 그리스도의 이름과 우리 하나님의 성령 안에서 씻음과 거룩함과 의롭다 하심을 받았느니라"(고전 6:9-11).

하나님은 이미 우리를 의롭다고 하시며 죄에서 자유롭게 해 주셨다. 그분은 이제 거룩하게 하는 사역을 통해 우리를 죄에 오염된 상태에서 깨끗하게 하신다. 언젠가 하나님은 우리의 모든 죄의 흔적까지 영원히 지워버리실 것이다. 그러므로 성도인 우리는 이와 같은 진리를 굳게 믿고 흔들리지 말아야 한다.

아울러 아직 믿음이 없는 이들은 이 진리를 굳게 붙잡기 바란다. 죄가 있으면 천국에 갈 수 없다. 죄에서 벗어날 수 있는 유일한 방법은 그리스도의 보혈뿐이다. 더 이상 죄의 대가를 감당하기 어렵고 죄에 속박된 상태를 원치 않는다면 생명과 용서와 영원한 안식을 베풀기 원하시는 주님의 뜻을 받아들이기 바란다. 주님은 "수고하고 무거운 짐 진 자들아 다 내게로 오라 내가 너희를 쉬게 하리라"(마 11:28)고 말씀하신다. 주님은 누구도 거절하지 않으신다. 그분은 "내게 오는 자는 내가 결코 내쫓지 아니하리라"(요 6:37)고 말씀하신다. "성령과 신부가 말씀하시기를 오라 하시는도다 듣는 자도 오라 할 것이요 목마른 자도 올 것이요 또 원하는 자는 값없이 생명수를 받으라 하시더라"(계 22:17)는 말씀대로 주님은 모든 사람을 부르신다.

천국에는 죄, 고난, 슬픔, 고통이 존재하지 않는다. 또한 어떤 유혹도 존재하지 않는다. 우리는 그곳에서 하나님의 뜻을 거역하는 어떤 일들도 행하지 않게 될 것이다. 세상도, 육신의 정욕도, 마귀도 천국에는 존재하지 않는다. 박해와 분열, 증오와 갈등도 없다. 싸움이나 다툼도 존재하지 않는다. 기도, 금식, 회개, 죄의 고백도 모두 중단될 것이다. 더이상 그럴 필요가 없기 때문이다. 더 이상 고백할 것도 기도할 것도 없을 것이다. 우리를 슬프게 만드는 것들이 없기 때문에 눈물을 흘리는 일도 없을 것이다. 죄로 인한 결과는 물론, 죄 자체가 없기 때문에 놀라운 축복만이 존재할 것이다.

그때가 되면 우리는 "완전한 즐거움"이 무엇인지 알게 될 것이다. 시편 16장 11절은 "주의 앞에는 충만한 기쁨이 있고 주의 오른쪽에는 영원한 즐거움이 있나이다"라고 말씀한다. 우리를 탄식하게 만드는 것들이 모두 사라지고 하나님의 면전에 거하게 될 것이다. 그곳에는 가장 순결하고 참된 즐거움이 존재한다. 죄의 저주 아래 살면서 땅에서 조금씩 누리는 즐거움은 천국의 순결한 기쁨에 비하면 지극히 사소하고 하찮은 것에 불과하다. 우리의 영혼이 새로워질 때 하나님을 온전히 영화롭게 하며 그분을 영원히 즐거워하는 삶이 이루어질 것이다. 순전한 마음으로 하나님을 즐거워하는 것, 그것이 바로 축복의 본질이다.

또한 천국에는 "완전한 지식"이 존재한다. 바울은 "그 때에는 주께서 나를 아신 것 같이 내가 온전히 알리라"(고전 13:12)고 말했다. 주님이 우리를 온전히 알고 계신 것처럼 우리도 온전한 지식을 갖게 될 것이다.

물론 그렇다고 해서 우리가 절대적인 차원에서의 완전한 지식을 갖게 된다는 의미는 아니다. 모든 것을 아는 완전한 지식은 하나님의 비공유적 속성 가운데 하나다. 모든 것을 알려면 하나님이 되어야 한다. 바울의 말은 우리가 원하는 만큼의 완전한 지식을 소유하게 될 것이라는 의미다. 즉 더 이상 의문이나 혼동이나 무지에 사로잡히지 않으며, 믿음이 아닌 직접 보는 것으로 행하게 될 것이다.

이 밖에도 우리에게는 "완전한 위로"가 주어질 것이다. 우리를 불편하게 하는 것들이 모두 사라질 것이다. 부자와 나사로의 비유에 보면 아브라함이 지옥에 있는 부자에게 "얘 너는 살았을 때에 좋은 것을 받았고 나사로는 고난을 받았으니 이것을 기억하라 이제 그는 여기서 위로를 받고 너는 괴로움을 받느니라"(눅 16:25)고 말하는 것을 볼 수 있다. 지옥은 고통의 장소이고, 천국은 위로의 장소이다.

나아가 우리는 "완전한 사랑"을 알게 될 것이다. 고린도전서 13장 13절은 "그런즉 믿음, 소망, 사랑, 이 세 가지는 항상 있을 것인데 그 중의 제일은 사랑이라"고 말씀한다. 세 가지 덕성 가운데 사랑이 으뜸인 이유는 무엇일까? 그 이유는 사랑만이 영원하기 때문이다. 장차 천국에 가면 우리의 모든 소망이 이루어진다. 바울은 "보이는 소망이 소망이 아니니 보는 것을 누가 바라리요"(롬 8:24)라고 말했다. 믿음으로 바라는 모든 것이 장차 영원히 우리의 것이 된다. 눈으로 모든 것을 볼 때가 되면 더 이상 믿음으로 행할 필요가 없다. 하지만 사랑은 온전해지고 영원히 계속될 것이다. 요한복음 13장 1절을 보면 예수님이 제자들을 "끝까지" 사랑하셨다고 말씀한다. "끝까지"로 번역된 헬라어 "에이스

텔로스"는 "완전하게"라는 의미를 함축한다. 우리는 바로 그와 같은 사랑을 영원히 누리며, 또한 온전한 사랑을 주님께 드릴 수 있게 될 것이다.

마지막으로 천국은 "완전한 기쁨"이 있는 곳이다. 세상에서의 기쁨은 슬픔, 실망, 낙심, 근심 등이 섞여서 나타난다. 죄와 탄식과 슬픔이 행복한 마음을 앗아갈 때가 많이 있다. 세상에서의 삶을 정직한 눈으로 관찰해 보면 기쁨보다는 슬픔이 더 많다. 처음 태어나는 순간은 기쁨일지 몰라도 마지막에는 죽음과 사별의 슬픔을 겪어야 한다. 하지만 천국은 다르다. 천국에는 순전한 기쁨만이 존재한다. 마태복음 25장에 기록된 달란트 비유에서 주님은 충성된 종에게 "잘하였도다 착하고 충성된 종아 …… 네 주인의 즐거움에 참여할지어다"(23절)라고 말씀하셨다.

예수님의 말씀은 천국의 삶이 기쁨의 삶이 될 것을 암시한다. 천국의 기쁨은 중단되는 법도 없고, 줄어드는 법도 없이 영원히 지속될 것이다. 왜냐하면 천국은 완전한 곳이기 때문이다.

영광스러운 몸

이미 앞에서 이야기한 대로 천국은 상상 속의 장소가 아니다. 그곳은 성도들이 그리스도의 부활체와 같은 몸을 지니고 살아갈 실제적인 장소다.

부활의 필연성

하나님은 인간을 영혼과 육체로 만드셨다. 그러므로 우리는 속사람과 겉사람으로 구성되어 있다(창 2:7). 따라서 궁극적으로 완전해지려면 육체와 영혼이 모두 새로워져야 한다(고후 4:16). 새 하늘과 새 땅의 창조는 우리가 육체를 지닐 것을 요구한다. 왜냐하면 실제적인 땅에 거주하려면 반드시 육체가 있어야 하기 때문이다. 성경의 증언을 정직하게 받아들이면 이런 현실을 영적으로 해석하거나 비유적으로 이해할 수 없다. 영생이 단지 마음의 상태를 의미한다면 성경의 수많은 약속이 거짓이 되고 만다.

죽음은 육체와 영혼의 분리를 가져온다. 몸은 무덤으로 가고 영혼은 주님께로 간다. 그리고 육체와 영혼의 분리는 부활 때까지 지속된다. 예수님은 "이를 놀랍게 여기지 말라 무덤 속에 있는 자가 다 그의 음성을 들을 때가 오나니 선한 일을 행한 자는 생명의 부활로, 악한 일을 행한 자는 심판의 부활로 나오리라"(요 5:28-29)고 말씀하셨다. 현재 세상을 떠난 성도들의 영혼은 천국에 있다. 하지만 장차 그들의 몸이 부활하면 영혼과 육체를 동시에 지닌 완전한 형태가 되어 영원히 거하게 될 것이다.

마찬가지로 현재 세상을 떠난 불신자들의 몸은 무덤에 있고, 그들의 영혼은 지옥에 있다. 장차 그들의 몸도 무덤에서 부활하여 영혼과 결합하게 될 것이다. 그들은 육체와 영혼을 지닌 온전한 형태로 하나님의 심판을 받아 몸과 함께 영원한 지옥으로 던져질 것이다(마 5:30 참조).

그러므로 성도는 심판을 두려워할 필요가 없다. 그리스도 안에 있는 자들에게는 결코 정죄함이 없다(롬 8:1). 우리는 몸의 구속을 간절히 사모한다(23절). 고린도후서 5장 2절은 "참으로 우리가 여기 있어 탄식하며 하늘로부터 오는 우리 처소로 덧입기를 간절히 사모하노라"고 말씀한다. 이 말씀은 과연 무슨 의미일까? 우리가 새로운 육체를 갖게 될 것을 함축하는 말씀이 아닐까? 그리고 부활의 몸은 현재의 몸과 얼마나 흡사할까? 과연 현재의 모습과 같을까?

부활한 몸은 현재 지니고 있는 몸이 영화롭게 된 상태를 뜻한다. 부활한 몸은 그리스도의 영광스러운 부활체와 동일한 속성을 지니게 될 것이다. 왜냐하면 요한의 말대로 "그가 나타나시면 우리가 그와 같을 줄을"(요일 3:2) 알기 때문이다.

그리스도의 부활체는 전혀 새로운 몸이 아니라 전과 같은 몸이다. 예수님이 부활하신 후에 무덤은 비어 있었다. 죽으셨던 육체, 바로 그 육체가 영화롭게 되어 부활하셨기 때문이다. 십자가에 처형되실 때 생겼던 상처의 흔적도 그대로 남아 있었다(요 20:27).

또한 그리스도의 몸을 만져볼 수도 있었다. 그분은 유령, 또는 환영이 아니셨다(눅 24:39). 그분의 모습은 인간의 형체와 같았다. 그분은 엠마오로 가는 제자들과 장시간 대화를 나누기도 하셨다. 그들은 그분이 인간임을 의심치 않았다(13-18절).

하지만 그리스도의 부활체는 세상의 차원을 넘어선 속성을 지녔다. 예를 들어 부활하신 그리스도는 벽을 그대로 통과하셨고(요 20:19), 신원을 즉시 확인할 수 없는 형태로 나타나기도 하셨으며(막 16:12), 느닷없이 모습을 드러내기도 하셨고(눅 24:36), 육체를 지닌 모습 그대로 하늘로 승천하셨다(눅 24:51; 행 1:9).

우리의 부활체도 그와 같을 것이다. 부활체는 인간의 몸과 똑같은 구체적인 몸이다. 그것은 우리가 땅에서 거할 때에 지녔던 몸과 똑같지만 영화의 과정을 거쳐 전적으로 완전해질 것이다. 고린도후서 5장 1절은 부활한 몸을 "손으로 지은 것이 아니요 하늘에 있는 영원한 집"으로 표현했다.

데살로니가전서 4장은 세상을 떠난 성도들은 부활하고, 살아 있는 성도들은 즉시 하늘로 승천하게 될 것이라고 증언한다.

"형제들아 자는 자들에 관하여는 너희가 알지 못함을 우리가 원하지 아니하노니 이는 소망 없는 다른 이와 같이 슬퍼하지 않게 하려 함이라 우리가 예수께서 죽으셨다가 다시 살아나심을 믿을진대 이와 같이 예수 안에서 자는 자들도 하나님이 그와 함께 데리고 오시리라 우리가 주의 말씀으로 너희에게 이것을 말하노니 주께서 강림하실 때까지 우리 살아 남아 있는 자도 자는 자보다 결코 앞서지 못하리라 주께서 호령과 천사장의 소리와 하나님의 나팔 소리로 친히 하늘로부터 강림하시리니 그리스도 안에서 죽은 자들이 먼저 일어나고 그 후에 우리 살아 남은 자들도 그들과 함께 구름 속으로 끌어 올려 공중에서 주를 영접하게 하시리니 그리하여 우리가 항상 주와 함께 있으리라"(13-17절).

바울은 고린도전서 15장 51-52절에서도 다음과 같이 말한다.

"보라 내가 너희에서 비밀을 말하노니 우리가 다 잠 잘 것이 아니요 마지막 나팔에 순식간에 홀연히 다 변화되리니 나팔 소리가 나매 죽은 자들이 썩지 아니할 것으로 다시 살아나고 우리도 변화되리라"

본문은 죽은 성도들이 먼저 부활의 몸과 연합하고, 살아 있는 성도들이 즉시 변화되어 영화롭게 될 것을 말씀한다. 그리스도가 재림하실 때 세상에서 살고 있는 성도들은 모두 완전해질 것이다. 또한 죽은 자들과 살아 있는 자들의 몸이 모두 영화롭게 될 것이다.

육체의 부활은 기독교 신앙의 근본 교리 가운데 하나다. 바울은 고린도전서 15장에서 육체의 부활을 의심하거나 의문시하는 사람들을 엄히 책망했다. 그는 "누가 묻기를 죽은 자들이 어떻게 다시 살아나며 어떠한 몸으로 오느냐 하리니 어리석은 자여"(35-36절)라고 말했다. 이 구절은 바울이 쓴 글 중에서 가장 신랄한 질책의 의미를 담고 있다.

바울은 육체의 부활을 기독교의 근본 교리로 간주했다. 그러므로 육체의 부활을 부인하는 것은 곧 참된 기독교를 부인하는 것이다.

"만일 죽은 자가 다시 살아나는 일이 없으면 그리스도도 다시 살아나신 일이 없었을 터이요 그리스도께서 다시 살아나신 일이 없으면 너희의 믿음도 헛되고 너희가 여전히 죄 가운데 있을 것이요"(16-17절).

부활의 진리

바울은 몇 가지 예증을 통해 부활의 진실성을 설명하고자 했다. 먼저 그는 "내가 진실로 진실로 너희에게 이르노니 한 알의 밀이 땅에 떨어져 죽지 아니하면 한 알 그대로 있고 죽으면 많은 열매를 맺느니라"(요 12:24)는 예수님의 가르침에 근거하여 부활을 설명했다.

또한 바울은 예수님의 비유를 육체의 부활에 적용했다. "네가 뿌리는 씨가 죽지 않으면 살아나지 못하겠고 또 네가 뿌리는 것은 장래의 형체를 뿌리는 것이 아니요 다만 밀이나 다른 것의 알맹이 뿐이로되"(고전 15:36-37)라는 그의 말에서 그것을 확인할 수 있다. 땅에 심겨진 씨앗은 먼저 죽는 과정을 거친다. 씨앗이 먼저 발효되어 썩어야만 새 생명이 시작된다. 씨앗이 죽어서 훨씬 더 영광스러운 식물로 거듭나듯이 우리의 몸도 죽어서 무덤에 안장된 후에야 비로소 부활하게 된다.

아울러 씨앗에는 자라날 식물의 형태와 성질을 결정하는 요소가 담겨져 있다. 예를 들어 도토리나무로 자라게 될 모든 유전자 정보는 작은 도토리 알갱이 안에 담겨져 있다. 마찬가지로 부활의 몸도 땅속에 매장된 육체를 닮게 될 것이다. 물론 훨씬 더 영광스러운 몸일 테지만 말이다. 부활한 후에도 우리는 여전히 우리 자신으로 남게 된다. 단지 완전해질 뿐이다. 우리의 육체가 썩는 것은 영광스러운 부활의 몸으로 거듭나기 위한 과정에 불과하다. 부활의 몸은 옛 몸이 가졌던 결함을 찾아볼 수 없는 완전한 몸, 즉 천국에서 살아가는 데 필요한 모든 것을 갖춘 영광스러운 몸이 될 것이다.

이것이 바로 "죽은 자들이 어떻게 다시 살아나며"(35절)라는 첫 번째 질문에 대한 답이다. 바울은 계속해서 "죽은 자들이 어떠한 몸으로 오느냐?"라는 두 번째 질문에 대한 답변을 시도한다. 의심하는 자들의 질문은 땅 위의 육체가 천국의 삶에 적합하지 않다는 점을 전제로 한다. 그러나 바울은 땅 위의 육체를 부활의 몸으로 생각하는 자체가 어리석다고 지적한다. "육체는 다 같은 육체가 아니니 하나는 사람의 육체요 하나는 짐승의 육체요 하나는 새의 육체요 하나는 물고기의 육체라"(39절)는 말씀은 인간의 유한한 지식으로도 충분히 생각할 수 있는 것이다. 바울의 말은 부활의 몸이 세상에서의 경험으로 알고 있는 것과는 전혀 다른 형태의 몸이라는 점을 시사한다. 부활의 몸은 인간의 몸이지만 영광스럽고 완전한 몸이다. 인간의 몸이 새의 몸과 다르듯이 부활의 몸은 세상에서의 몸과 다를 것이다.

바울은 비슷한 맥락에서 "하늘에 속한 형체도 있고 땅에 속한 형체도 있으나 하늘에 속한 것의 영광이 따로 있고 땅에 속한 것의 영광이 따로 있으니 해의 영광이 다르고 달의 영광이 다르며 별의 영광도 다른데 별과 별의 영광이 다르도다"(40-41절)라고 말을 잇는다. 작은 벌레에서부터 거대한 우주에 이르기까지 모든 것을 만드신 창조주 하나님은 그분이 원하시는 어떤 육체도 능히 만드실 수 있다. 하나님이 만드신 세상은 그 다양함을 이루 다 말로 형언할 수 없다. 그러므로 바울의 말에는 "그런데 어찌하여 그분의 능력을 의심하는가?"라는 뉘앙스가 담겨 있는 것이다.

바울은 지금까지의 설명을 모두 종합하여 이렇게 결론지었다.

"죽은 자의 부활도 그와 같으니 썩을 것으로 심고 썩지 아니할 것으로 다시 살아나며 욕된 것으로 심고 영광스러운 것으로 다시 살아나며 약한 것으로 심고 강한 것으로 다시 살아나며 육의 몸으로 심고 신령한 몸으로 다시 살아나나니 육의 몸이 있은즉 또 영의 몸도 있느니라"(42-44절).

씨앗처럼 썩어 버린 땅 위의 몸이 부활의 몸으로 거듭날 것이다. 무덤은 부활의 씨앗이 심겨 있는 모판과도 같다. 물론 부활의 몸은 세상에서의 몸과는 다른, 전적으로 새로운 몸일 것이다. 비참한 모습으로 땅속에 묻혀 썩어 버린 육체가 영광스러운 몸으로 다시 부활하게 될 것이다. 죽어서 무덤에 묻힌 육체는 생명도, 감각도 없지만 다시 강한 몸으로 거듭나게 될 것이다. 생명이 없는 물건처럼 땅에 묻혔던 육체가 생명이 충만한 신령한 몸으로 부활할 것이다.

이처럼 우리는 천국에서 완전한 육체를 지닌 채 살게 될 것이다. 부활의 몸은 주름살도 없고, 늙어 머리가 빠지는 일도 없을 것이다. 또한 부활의 몸은 질병에 걸리거나 상처를 입지도 않을 것이며, 알레르기 반응도 일으키지 않을 것이다. 천국에는 그런 것들이 존재하지 않는다. 천국에는 결코 썩지 않는 것, 즉 절대적인 완전함만이 존재할 것이다.

우리는 장차 천국에서 상상을 초월하는 능력을 지니게 될 것이다. 새 예루살렘의 높이가 1,500마일에 이른다는 점을 기억하기 바란다. 꼭대기에 올라가기 위해 엘리베이터를 기다릴 필요가 없다. 자유롭게 날아오를 수 있는 능력을 지니게 될 것이 분명하다. 또는 부활하신 그리스도가 갑자기 사라지셨다가 원하시는 곳에 즉시 모습을 드러내셨던 것처럼 마음으로 생각하는 순간에 곧 원하는 곳에 도착할 수 있게 될 것이다.

무엇보다도 우리는 그리스도의 형상을 온전히 닮게 될 것이다. 바울은 이렇게 말했다.

"기록된 바 첫 사람 아담은 생령이 되었다 함과 같이 마지막 아담은 살려 주는 영이 되었나니 그러나 먼저는 신령한 사람이 아니요 육의 사람이요 그 다음에 신령한 사람이니라 첫 사람은 땅에서 났으니 흙에 속한 자이거니와 둘째 사람은 하늘에서 나셨느니라 무릇 흙에 속한 자들은 저 흙에 속한 자와 같고 무릇 하늘에 속한 자들은 저 하늘에 속한 이와 같으니"(45-48절).

바울은 본문에서 두 가족의 가장을 비교하였다. 아담은 육을 따른 자들의 조상이다. 이는 그가 인류의 조상임을 의미한다. 그리스도는 신령한 자들의 머리시다. 즉 그분은 구원받은 자들의 머리시다. 땅 위의 육체는 아담에게서 물려받았기 때문에 그의 형상을 닮았으나 천국에서는 썩지 않으시고, 영원하시고, 영화로우시고, 강하시고, 신령하신 예수 그리스도의 형상을 닮게 될 것이다.

천국에서 우리는 예수 그리스도의 부활체를 닮은 육체를 가지며, 하나님의 충만한 생명을 지닌 채 영원히 살게 될 것이다. 음식을 굳이 먹지 않아도 배고프지 않고, 원하는 대로 공간을 이동하며, 물질을 통과할 수 있을 것이다. 또한 부활의 몸은 늙지도 않을 뿐더러 고통, 슬픔, 질병, 죽음과도 전혀 무관할 것이다.

아울러 부활의 몸은 영광스러운 광채를 뿜어낼 것이다. 부활하신 그리스도의 얼굴에서는 해가 힘 있게 비취는 듯한 광채가 났다(계 1:16). 또한 구약성경에서는 영광스러운 부활의 몸을 달과 별들의 빛에 비유했다. 즉 성경은 "지혜 있는 자는 궁창의 빛과 같이 빛날 것이요 많은 사람을 옳은 데로 돌아오게 한 자는 별과 같이 영원토록 빛나리라"(단 12:3)고 말씀한다.

이제 세상에서 위로와 기쁨을 찾으려는 행동이 얼마나 어리석은지 알 수 있겠는가? 우리를 그리스도처럼 만드시려는 하나님의 계획에 동참하는 것이 훨씬 더 낫다. 그런데도 세상의 헛된 것들에 끝없이 집착할 생각인가? 그런 삶은 결코 진정한 만족을 가져다 줄 수 없다. 그런 생각은 우리의 비참한 현실을 더욱 악화시킬 따름이다.

완전한 관계

지금까지 천국에서의 관계에 대해서는 거의 아무 얘기도 하지 않았다. 그러나 이 문제는 대부분의 기독교인들이 궁금하게 생각하는 중요한 문제들 가운데 하나다. 과연 천국에서도 사랑하는 사람들을 알아볼 수 있을까? 세상에서의 관계들을 기억할 수 있을까? 천국에서는 어떤 관계를 맺게 될까? 천국에서도 가족 간의 사랑과 교제가 이루어질까? 천국에서의 관계는 세상에서의 관계와 비슷한 점이 있을까?

나는 종종 "천국에서도 지금의 아내와 결혼생활을 하게 될까?"라는 생각을 하곤 한다. 사람들은 대개 "아내와의 관계가 단절되기를 원치 않아요. 천국에 가서도 아내와 결혼생활을 하고 싶어요"라고 말한다(물론 반대의 생각을 하는 사람들도 있을 것이다).

성경은 위의 같은 질문들에 대해 구체적으로 대답한다. 예를 들어 바울은 결혼과 가정생활에 대해 이렇게 말했다.

"형제들아 내가 이 말을 하노니 그 때가 단축하여진 고로 이 후부터 아내 있는 자들은 없는 자 같이 하며 우는 자들은 울지 않는 자 같이 하며 기쁜 자들은 기쁘지 않은 자 같이 하며 매매하는 자들은 없는 자 같이 하며 세상 물건을 쓰는 자들은 다 쓰지 못하는 자 같이 하라 이 세상의 외형은 지나감 이니라"(고전 7:29-31).

바울은 사라질 것들 몇 가지를 예로 들었다. 그 가운데는 결혼, 우는 것, 세상의 기쁨, 소유 등이 포함된다. 세상의 "형적"은 사라질 것이다. 형적을 뜻하는 헬라어 "스케마"는 유행, 삶의 방식, 일을 처리하는 방법 등을 가리킨다.

바울은 삶을 영위해야 하지만 그것에 매몰되어서는 안 된다고 강조한다. 왜냐하면 세상의 모든 것은 일시적으로 지나갈 형적에 불과하기 때문이다. 결혼은 멋진 일이지만 그로 인한 책임 또한 막중하다. 하지만 결혼생활을 빌미로 하나님을 섬기는 일이나 천국에 보물을 쌓으며 위의 것을 구하는 삶을 게을리해서는 안 된다.

바울은 결혼, 애정, 소유 등과 같은 축복된 삶의 요소가 잘못되었다고 말하지 않는다. 그는 단지 소유나 감정에 사로잡혀 일시적인 세상일에 너무 깊이 매몰되어서는 곤란하다고 말할 따름이다.

결혼을 비롯한 세상일들은 종종 그보다 훨씬 더 중요한 일에 대한 관심을 가로막는 장애 요인이 될 수 있다. 바울은 "너희가 염려 없기를 원하노라 장가 가지 않은 자는 주의 일을 염려하여 어찌하여야 주를 기쁘시게 할까 하되 장가 간 자는 세상 일을 염려하여 어찌하여야 아내를 기쁘게 할까 하여 마음이 갈라지며"(32-34절)라고 말했다. 독신으로 살 수 있으면 그렇게 하는 것이 좋다. 결혼도 일시적인 제도에 불과하다. 우리는 주님의 일에 더 큰 관심을 기울여야 한다.

하지만 이미 결혼한 상태라면 결혼생활에 무관심해서는 안 된다. 성경은 결혼생활의 중요성을 강조하며, 남편과 아내가 관계를 통해 하나님을 영화롭게 해야 한다고 말씀한다. 바울의 말은 결혼 관계의 일시적인 성격을 강조할 따름이다. 결혼한 부부는 은혜를 유업으로 함께 받게 될 동반자지만(벧전 3:7), 결혼 제도는 일시적일 뿐이다. 결혼 제도보다 더 높고, 영원한 가치를 지닌 것들이 있다.

예수님도 결혼은 단지 세상에서의 결합을 의미할 뿐이라고 가르치셨다. 마태복음 22장에는 사두개인들이 예수님을 곤란하게 하기 위해 난해한 질문을 제기하는 장면이 나온다. 당시 사두개인들은 그 문제를 둘러싸고 바리새인들과 많은 논쟁을 벌였다. 바리새인들은 부활한 후에도 세상에서 맺었던 관계를 유지한다고 가르쳤는데, 그들은 남편들이 세상에서 인연을 맺은 아내와 가족들과 더불어 영원히 살 것이라고 믿었다. 그러나 이와 견해를 달리했던 사두개인들은 예수님이 어느 편인지 확인하고 싶었다. 그들은 예수님에게 질문을 던지는 형식을 빌려 바리새인들의 신학이 지니고 있는 도덕적 딜레마를 제기했다.

그들은 "선생님이여 모세가 일렀으되 사람이 만일 자식이 없이 죽으면 그 동생이 그 아내에게 장가 들어 형을 위하여 상속자를 세울지니라 하였나이다"(24절)라고 말한다. 이는 신명기 25장에 기록되어 있는 것으로 가문의 기업을 보호하기 위한 목적을 지닌 율법이다. 그들은 그 율법에 근거하여 다음과 같은 가상의 시나리오를 전개했다.

"우리 중에 칠 형제가 있었는데 맏이가 장가 들었다가 죽어 상속자가 없으므로 그 아내를 그 동생에게 물려 주고 그 둘째와 셋째로 일곱째까지 그렇게 하다가 최후에 그 여자도 죽었나이다 그런즉 그들이 다 그를 취하였으니 부활 때에 일곱 중의 누구의 아내가 되리이까"(마 22:25-28).

예수님은 그들의 무지를 꾸짖으시며 "너희가 성경도, 하나님의 능력도 알지 못하는 고로 오해하였도다 부활 때에는 장가도 아니 가고 시집도 아니 가고 하늘에 있는 천사들과 같으니라"(29-30절)고 대답하셨다.

천사들은 자손을 낳지 않는다. 장차 천국에 가면 우리도 역시 마찬가지일 것이다. 결혼을 해야 할 이유가 사라지게 될 것이다. 땅에서 남자는 조력자를 필요로 하고, 여자는 보호자를 필요로 한다. 하나님은 남자와 여자가 자손을 낳도록 계획하셨다. 하지만 천국에서 남자는 조력자가 필요하지 않다. 완전하기 때문이다. 여자도 역시 홀로 완전하기 때문에 보호자가 필요하지 않다. 천국의 인구는 고정된 상태로 지속될 것이다. 그런 상황에서 결혼이란 제도는 불필요하다.

어떤 사람들은 예수님의 대답을 근거로 장차 천국에서는 성의 구별이 없어질 것이라고 생각한다. 하지만 예수님의 말씀에서 그런 결론을 도출할 필요는 없다. 천국에 거하는 성도들에게 성별이 없다는 구절은 성경 어디에도 나와 있지 않기 때문이다. 그리스도의 부활체가 자웅동체의 몸으로 변했다는 증거는 아무 데도 없다. 오히려 부활하신 예수님을 본 마리아는 처음에 그분을 동산지기로 착각했다. 동산지기는 남자의 직업이었다. 더구나 그녀는 남자를 부를 때 사용하는 "주여"라는 호칭을 사용했다(요 20:15). 다른 제자들은 부활하신 후에도 예전의 모습을 지니고 계신 예수님을 즉시 알아보았다. 성별은 우리의 정체성을 구성하는 중요한 요소 가운데 하나다. 성경 어디에도 남자가 남자이기를 그만두고, 여자가 여자이기를 그만두게 될 것이라는 말씀은 없다. 사라지는 것은 결혼 제도이지 성이 아니다.

그러면 행복한 결혼생활을 영위하고 있는 사람들은 이 문제를 어떻게 생각해야 할까? 나는 아내를 사랑한다. 그녀는 내 가장 친한 친구이자 내 인생의 가장 사랑스러운 동반자다. 부부가 서로를 그렇게 생각한다고 해도 결코 낙심하지 말기 바란다. 장차 천국에서는 땅에서보다 훨씬 더 완전한 상태로 영원한 동반 관계를 누리게 될 것이기 때문이다. 한 가지 차이가 있다면 다른 모든 사람들과도 동일한 관계를 맺는다는 점이다. 한 사람의 배우자와 깊은 관계를 맺으며 지내는 것은 너무나도 아름다운 일이다. 하물며 천국에 있는 모든 사람과 완전한 관계를 맺으며 지낼 수 있다면 그 얼마나 영광스러운 일이겠는가?

천국에 관한 질문 가운데 종종 듣게 되는 두 번째 질문은 "우리가 서로를 알아볼 수 있을까요?"라는 것이다. 그에 대한 대답은 "예"다. 부활의 몸은 약점이나 결함이 없을 뿐 예전의 모습과 똑같다. 많은 성경 구절이 이 사실을 확증한다.

예를 들어 구약성경은 사람이 죽었을 때 "열조에게 돌아갔다"(창 25:8, 35:29, 49:29; 민 20:24; 삿 2:10 참조)는 표현을 사용한다. 사무엘하 12장에서 다윗은 자신이 낳은 아이가 죽자 "나는 그에게로 가려니와 그는 내게로 돌아오지 아니하리라"(23절)고 말한다. 다윗은 아이를 다시 보기를 기대했다. 그는 얼굴 없는 영혼이 아닌 실제 아이를 보기 원했다.

신약성경은 우리의 정체성이 변하지 않을 것이라고 훨씬 더 분명하게 말씀한다. 예수님은 제자들과 마지막 만찬을 나누시면서 "이것을 갖다가 너희끼리 나누라 내가 너희에게 이르노니 내가 이제부터 하나님의 나라가 임할 때까지 포도나무에서 난 것을 다시 마시지 아니하리라"(눅 22:17-18)고 말씀하셨다. 그리스도는 장차 천국에서 자신과 제자들이 포도나무에서 난 것을 마시게 될 것이라고 약속하셨다. 또한 예수님은 훨씬 더 확실한 어조로 "동 서로부터 많은 사람이 이르러 아브라함과 이삭과 야곱과 함께 천국에 앉으려니와"(마 8:11)라고 약속하셨다.

구원받은 신자들은 각자의 정체성을 영원히 유지할 것이다. 물론 완전한 형태로 말이다. 우리는 에녹, 노아, 아브라함, 야곱, 사무엘, 모세, 여호수아, 에스더, 엘리야, 엘리사, 이사야, 다니엘, 에스겔, 다윗, 베드로, 바나바, 바울 등 위대한 성경 인물들과 교제를 나누게 될 것이다.

모세와 엘리야가 변화 산에서 그리스도 앞에 나타났던 사건을 기억할 것이다. 그들이 세상을 떠난 후 오랜 세월이 지났지만 여전히 옛 모습을 지니고 있었다(마 17:3). 그들의 총체적인 모습은 변화되지 않았고, 각자의 특성 역시 사라지지 않았다. 그들은 오직 영광스럽고 완벽한 평태 안에서 그들의 뚜렷한 정체성을 유지했다.

사두개인들이 부활에 관한 질문으로 예수님을 곤란하게 만들려고 했을 때 그분은 "나는 네 조상의 하나님이니 아브라함의 하나님, 이삭의 하나님, 야곱의 하나님이니라"는 출애굽기 3장 6절 말씀을 인용하셨다. 그런 다음 예수님은 "하나님은 죽은 자의 하나님이 아니요 살아 있는 자의 하나님이시니라"(마 22:32)는 말씀을 덧붙이셨다. 이 말씀은 아브라함과 이삭과 야곱이 살아 있으며, 하나님이 여전히 그들의 하나님이 되신다는 것을 암시한다. 부자와 나사로의 비유에서도 그 두 사람이 각자의 정체성을 그대로 지니고 있음을 알 수 있다. 차이가 있다면 한 사람은 천국에, 다른 한 사람은 지옥에 있다는 것뿐이다.

천국과 관련하여 흔히 듣게 되는 또 하나의 질문은 "천국에서 가족과 친구들을 다시 만날 수 있는가?" 하는 것이다. 지금까지의 내용이 말해 주듯 대답은 "그렇다"이다. 우리는 가족들과 사랑하는 사람들은 물론 역사 속에 살다 간 하나님의 백성들을 모두 만나게 될 것이다. 가족의 규모가 아무리 크다 하더라도 무한하고 완전한 천국에서는 아무 문제가 되지 않는다. 모든 사람과 친밀한 관계를 맺을 수 있는 기회가 열려 있고, 영원히 서로 의미 있는 관계를 맺으며 살아갈 것이다.

바울은 주님의 재림과 죽은 성도들의 부활을 언급하며 "우리 살아 남은 자들도 그들과 함께 구름 속으로 끌어 올려 공중에서 주를 영접하게 하시리니 그리하여 우리가 항상 주와 함께 있으리라"(살전 4:17)고 말했다. 바울이 이런 말을 써 보낸 목적은 주님의 재림이 이루어질 때 이미 세상을 떠난 사랑하는 이들과 만날 수 없을까봐 걱정하는 데살로니가 교인들을 위로하기 위해서였다. 또한 그는 18절에서 "이러한 말로 서로 위로하라"고 했다. 진정한 재회가 이루어질 때 위로를 받을 수 있다. 만일 재회를 했다 해도 서로를 알아보지 못한다면 그것은 아무 위로가 되지 못할 것이다. 그러나 우리 모두가 영원히 "함께" 있을 것이라는 바울의 약속은 우리가 알고 있는 모든 사람과 다시 만나게 될 것을 전제로 한다.

신학자 하지A. A. Hodge는 이렇게 말했다.

천국은 성육하신 그리스도와 구원받은 성도들의 영원한 고향이다. 따라서 그곳의 구조와 환경과 활동은 반드시 인간적인 성격을 띨 수밖에 없다. 천국의 기쁨과 활동은 이성적이고 도덕적이고 감정적이고 의지적이고 능동적이다. 그곳에서는 모든 기능이 원활히 이루어지고, 모든 욕구가 충족되어야 하며, 모든 재능이 개발되어야 하고, 모든 이상이 실현되어야 한다. 천국에서는 인간의 이성, 지적인 호기심, 상상력, 심미적 본능, 거룩한 욕망, 사회적 관계, 인간의 영혼이 지닌 무한한 힘과 능력이 온전히 발휘되어 충분한 만족이 주어질 것이다.[2]

천국에서 혹시나 불편을 느끼면 어쩌나 하는 생각은 한낱 기우에 불과하다. 천국은 우리가 세상에서 가장 친숙하게 느끼는 그 어떤 장소보다 더욱더 친근하게 다가올 것이다. 천국은 사랑 많으신 주님께서 직접 설계하신 곳이다. 그곳에서 영화롭게 된 우리는 영원히 함께 거하며 주님을 즐거워할 것이다.

시편 저자는 "그의 경건한 자들의 죽음은 여호와께서 보시기에 귀중한 것이로다"(시 116:15)라고 노래했다. 과연 지당한 말씀이다.

지속적인 교제

천국에서 가장 놀라운 일, 즉 우리가 천국에서 누리는 최상의 기쁨은 두말할 것도 없이 하나님과의 지속적인 교제다.

"우리의 사귐은 아버지와 그의 아들 예수 그리스도와 더불어 누림이라"(요일 1:3)는 말씀은 하나님과의 관계를 토대로 우리의 구원을 정의한다. 성도가 된다는 것은 하나님과 영적 교제를 나누는 것을 의미한다. 하나님의 생명이 곧 우리의 생명이 되고, 그분의 뜻이 곧 우리의 뜻이 되고, 그분의 목적이 곧 우리의 목적이 되는 것이다. 죄가 우리와 그리스도와의 관계를 방해한다 하더라도 거듭난 우리의 영혼은 살아계신 하나님과 연합된 상태고, 또 살아 계신 그리스도와 늘 관계를 맺고 있다.

다시 말해 구원은 하나님과의 교제를 가능하게 해 준다. 우리는 그분과 대화를 나누며 교통할 수 있다. 또한 우리는 하나님을 아버지로 부르며 기도할 수 있다(롬 8:15). 바울은 "아바"라는 말을 사용하기를 좋아했다. 우리는 성경을 통해 말씀하시는 하나님의 음성을 들을 수 있다.

그분은 우리의 삶에 개입해 스스로를 드러내신다. 우리는 그분과 영적 교제를 나눈다.

그러나 세상에서 이루어지는 하나님과의 교제는 완전하지 않다. 우리의 유한함 때문이다. 바울은 "우리가 지금은 거울로 보는 것 같이 희미하나 그 때에는 얼굴과 얼굴을 대하여 볼 것이요 지금은 내가 부분적으로 아나 그 때에는 주께서 나를 아신 것 같이 내가 온전히 알리라"(고전 13:12)고 말했다. 이것은 하나님과 우리의 관계에 관한 말씀이다. 천국에서는 죄나 어두움이 없이 완전한 관계가 이루어질 것이다.

예수님도 배신당하시던 날 밤에 그 점을 염두에 두고 기도하셨다. 요한복음 17장은 대제사장이신 예수님의 기도를 기록하고 있다. 예수님의 기도는 비단 제자들만이 아니라 모든 신자를 위한 것이다. 예수님도 그 점을 분명히 밝히셨다(20절). 주님은 지상 사역을 마무리할 때가 왔음을 아시고 창세전에 누리셨던 영광을 되찾게 해 주시기를 성부께 기도하셨다. 그분은 "아버지여 내게 주신 자도 나 있는 곳에 나와 함께 있어 아버지께서 창세 전부터 나를 사랑하시므로 내게 주신 나의 영광을 그들로 보게 하시기를 원하옵나이다"(24절)라고 간구하셨다. 예수님은 우리가 자기와 함께 있기를 원하셨다. 아울러 예수님은 "아버지께서 내 안에, 내가 아버지 안에 있는 것 같이 그들도 다 하나가 되어 우리 안에 있게 하사"(21절)라고 기도하셨다. 예수님은 자신이 성부와 하나가 되신 것처럼 우리도 그분과 하나가 되기를 원하셨던 것이다.

이는 우리의 유한한 생각으로는 도저히 이해할 수 없는 심오한 진리가 아닐 수 없다. 그러나 예수님은 제자들에게 천국에 대한 약속의 말씀을 하실 때마다 그 점을 가장 염두에 두셨다. 십자가에 못 박히시기 전날 밤에 예수님은 "내가 가는 곳에 네가 지금은 따라올 수 없으나 후에는 따라오리라"(요 13:36)고 말씀하셨다. 예수님이 떠나신다는 이 말에 제자들은 당황하지 않을 수 없었다. 그런 그들을 보시고 예수님은 다음과 같이 약속하셨다.

"너희는 마음에 근심하지 말라 하나님을 믿으니 또 나를 믿으라 내 아버지 집에 거할 곳이 많도다 그렇지 않으면 너희에게 일렀으리라 내가 너희를 위하여 거처를 예비하러 가노니 가서 너희를 위하여 거처를 예비하면 내가 다시 와서 너희를 내게로 영접하여 나 있는 곳에 너희도 있게 하리라"(요 14:1-3).

간단히 말해 우리는 구체적인 장소에 거하게 될 것이며, 또한 인격이신 주님과 더불어 살게 될 것이다. 천국을 진정 천국답게 만드는 것은 주님의 임재다. "어린 양이 그 등불이 되심이라"(계 21:23)는 말씀이 바로 그런 뜻이다. 하나님과의 완전한 교제가 천국의 본질이다.

"보라 하나님의 장막이 사람들과 함께 있으매 하나님이 그들과 함께 계시리니 그들은 하나님의 백성이 되고 하나님은 친히 그들과 함께 계셔서"(3절)라는 말씀은 천국의 본질을 간단히 요약해 준다. 그리고 이 말씀에도 역시 하나님과의 교제의 개념이 담겨 있다. 이 말씀은 하나님이 "사람들과 함께" 거하신다는 점을 강조한다. 하나님이 친히 사람들

사이에 장막을 치시고 그 가운데 거하실 것이다. 모든 신자는 영원히 하나님과 교제를 나누는 기쁨을 누리게 될 것이다.

천국의 장막은 과거에 광야에서 이스라엘 백성 가운데 존재했던 성막과는 다를 것이다. 당시에 성막은 이스라엘 진영 중앙에 위치했지만 지극히 거룩한 곳이라서 엄격한 율법으로 백성들의 출입을 통제했다. 특히 하나님이 거하시는 지성소에는 일 년에 단 한 차례, 그것도 오직 대제사장만 들어갈 수 있었다. 그러나 요한계시록 7장 15절은 "보좌에 앉으신 이가 그들 위에 장막을 치시리니"라고 말씀한다. 이 말씀은 하나님이 우리를 그분이 거하시는 처소에 불러들이신다는 의미다.

예수님은 제자들에게 "내 아버지 집에 거할 곳이 많도다"라고 말씀하신 뒤에 "내가 너희를 위하여 거처를 예비하러 가노니"(요 14:2) 하고 덧붙이셨다. 지금 예수님은 성부 하나님의 집에서 선택받은 성도들이 거할 처소를 마련하고 계신다. 이는 살아 계신 하나님과 더할 나위 없이 가까운 관계를 맺게 될 것을 약속하는 말씀이다.

천국에서 우리는 얼굴을 마주하고 주님을 직접 보게 될 것이다. 이것은 우리에게 주어지는 엄청난 특권이다. 요한복음 1장 18절과 요한일서 4장 12절은 "하나님을 본 사람이 없다"고 말씀한다. 또한 디모데전서 6장 16절은 "오직 그에게만 죽지 아니함이 있고 가까이 가지 못할 빛에 거하시고 어떤 사람도 보지 못하였고"라고 말씀한다. 출애굽기 33장에서 모세가 하나님의 영광을 보고 싶어 하자(18절), 하나님은 "네가 내 얼굴을 보지 못하리니 나를 보고 살 자가 없음이니라"(20절)라고 말씀하시며 단지 등을 보는 것만 허락하셨다. 진실로 하나님은 "눈이 정결하시므로 악을 차마 보지 못하신다"(합 1:13).

유한한 인간의 눈으로는 하나님을 직접 볼 수 없다. 그리스도가 인간의 몸을 입으신 이유가 바로 여기에 있다. 어느 때나 하나님을 본 사람이 없지만 아버지의 품속에 있는 독생하신 하나님이 나타나셨다(요 1:18). 그리스도가 육신이 되어 우리 가운데 거하시고 우리가 그 영광을 보니 아버지의 독생자의 영광이었다(14절). 그리스도는 세상에 오셔서 우리 가운데 거하셨다. 그렇게 하신 목적은 우리를 구원하여 천국에 데려가시고 그곳에서 성부와 성자와 성령과 완전한 교제를 나누게 하시기 위해서다. 참으로 놀라운 사실이 아닌가?

천국에서는 죄에서 완전히 자유롭기 때문에 하나님의 영광을 있는 그대로 볼 수 있다. 그것은 우리가 지금까지 경험해 온 것이나 상상해 온 어떤 것보다 더욱 경이롭고 즐거운 광경이 될 것이다. 세상의 그 어떤 즐거움도 하나님의 영광을 있는 그대로 바라볼 수 있는 특권과 기쁨에 비하면 아무것도 아니다.

마태복음 5장 8절은 "마음이 청결한 자는 복이 있나니 그들이 하나님을 볼 것임이요"라고 말씀한다. "볼 것"으로 번역된 헬라어 동사 "호라오"의 시제는 미래의 지속적인 현실을 나타낸다. 우리는 천국에서 하나님을 보며 지낼 것이다. 왕들은 대개 백성들과 직접적인 접촉을 엄격히 제한한다. 즉 왕을 접견한다는 것은 흔치 않은 특권이다. 그러나 성도들은 천국에서 왕 중에 왕이신 하나님과 영원히 끊어지지 않는 교제를 나누게 될 것이다.

하나님과의 지속적인 교제는 구원받은 성도의 가장 큰 염원이었다. 시편 저자는 "하나님이여 사슴이 시냇물을 찾기에 갈급함 같이 내 영혼이 주를 찾기에 갈급하니이다 내 영혼이 하나님 곧 살아 계시는 하나님을 갈망하나니 내가 어느 때에 나아가서 하나님의 얼굴을 뵈올까"(시 42:1-2)라고 노래했다. 또한 빌립은 그리스도께 "주여 아버지를 우리에게 보여 주옵소서 그리하면 족하겠나이다"(요 14:8)라고 했다. 모세는 "원하건대 주의 영광을 내게 보이소서"(출 33:18)라고 간구했다. 거듭난 사람은 누구나 그런 소원을 갖는다. 다윗은 "나는 의로운 중에 주의 얼굴을 뵈오리니 깰 때에 주의 형상으로 만족하리이다"(시 17:15)라는 말씀으로 이를 아름답게 표현했다.

다윗은 여러 가지 처지를 경험했다. 천한 목동이었다가 위대한 용사가 되었으며, 궁극적으로는 왕위에 올랐다. 그는 세상의 모든 즐거움을 맛보았다. 하지만 그는 하나님의 얼굴을 뵈며 그분처럼 거룩해질 때 참된 만족을 얻을 수 있다는 것을 알았다.

무엇이 참된 만족을 가져다주는가? 좋은 옷인가? 새로운 직장이나 승진인가? 새 집이나 자동차인가? 좋은 음식, 즐거운 오락인가? 아니면 휴가인가? 이런 세속적인 즐거움에 마음을 두지 않기 바란다. 구원받은 성도는 하나님을 볼 수 있다. 요한계시록 22장 3-4절은 "하나님과 그 어린 양의 보좌가 그 가운데에 있으리니 그의 종들이 그를 섬기며 그의 얼굴을 볼 터이요"라고 약속한다.

성도는 하나님과 그분의 아들 예수 그리스도를 뵈올 때, 즉 온전히 의롭게 된 모습으로 그분 앞에 서서 그 무한한 영광과 아름다움을 바라볼 때 진정한 만족을 느낄 수 있다. 베드로가 변화 산에서 천국의 영광을 잠시 맛본 뒤에 초막을 짓고 그곳에 영원히 살자고 했던 이유가 바로 여기에 있다(마 17:4).

18세기 찬송가 작가 패니 크로스비는 "후일에 생명 그칠 때"라는 찬송가에서 다음과 같이 노래했다.

> 후일에 생명 그칠 때 여전히 찬송 못하나
> 성부의 집에 깰 때에 내 기쁨 한량없겠네
> 후일에 장막 같은 몸 무너질 때는 모르나
> 정녕히 내가 알기는 주 예비하신 집 있네
>
> 후일에 석양 가까워 서산에 해가 질 때에
> 주께서 쉬라 하리니 영원한 안식 얻겠네
>
> 그날을 예비하면서 내 등불 밝게 켰다가
> 주께서 문을 여실 때 이 영혼 들어가겠네
>
> (후렴)
> 내 주 예수 뵈올 때에 그 은혜 찬송하겠네
> 내 주 예수 뵈올 때에 그 은혜 찬송하겠네

위의 찬송가는 특별한 의미를 지닌다. 크로스비는 시각 장애인이었다. 그러나 그녀는 자신이 장차 시력이 회복되어 보게 될 첫 번째 사람이 예수 그리스도일 것을 확신했다.

어떤 점에서 우리도 마찬가지일 것이다. 세상에서의 시력은 장차 천국에서 지니게 될 보다 선명한 시력에 비하면 거의 맹인과 같은 수준에 불과하다(고전 13:12). 우리는 하나님의 영광에 의해 우리의 눈이 온전히 밝아질 그날을 열심히 사모해야 한다. 그것이 우리 모두의 간절한 소망이 되기를 진정으로 바란다.

THE
GLORY
OF
HEAVEN

chapter 8

성경이 가르치는 천사

천사는 천국에 관한 논의에서 **빼놓을** 수 없는 주제 가운데 하나다.

천사는 요즘의 대중문화에서 큰 인기를 누리고 있다. 1970년대 초에 갑작스럽게 시작된 뉴에이지 운동과 더불어 천사에 관련된 다양한 신화와 미신과 점술 행위가 대중의 관심을 사로잡기 시작했다. 「천사 조나단 Highway to Heaven」과 「터치드 바이 언 앤젤 Touched by an Angel」이라는 두 텔레비전 드라마가 큰 인기를 끌면서 천사에 관한 관심은 폭발적으로 증폭되었다. 할리우드는 망상을 더욱 부추겼다. 천사의 방문을 주제로 다루는 수십 편의 영화가 지난 30여 년 동안 계속해서 출시되었다. 천사를 소재로 한 예술품, 인형, 금은보석 등도 큰 인기를 누리고 있고, 다양한 인사 카드를 판매하는 상점과 선물 가게에서도 천사를 그린 형상들을 쉽게 찾아볼 수 있다. 내 동료 가운데 한 사람이 우리 집 근처에 있는 한 상점을 아래와 같이 묘사했다. 그 상점에는 온통 천사와 관련된 상품만이 진열되어 있다.

내 사무실에서 자동차로 약 1시간 정도 달려가면, "세상에서 가장 큰 천사 상점"이라고 광고하는 뉴에이지 상점이 있다. 그곳의 선반에는 천사를 형상화한 그림과 작은 조각상을 비롯해 천사들과 이야기를 나누는 방법을 가르친다고 주장하는 뉴에이지 책들이 즐비하게 진열되어 있다. 또한, 그곳에는 "선반용 천사들"이라는 그럴싸한 물건들을 한데 모아둔 코너가 있다. 도자기로 만들어 선반에 세워둘 수 있도록 설계한 이 천사상들은 대부분 날개 달린 여인이나 작은 천사의 날개를 뽐내는 천진난만한 어린 아이 모양을 하고 있다.[1]

천사를 만났다는 이야기와 천사에 관한 책들이 다량으로 저술되어 출판되고 있다. 대부분 뉴에이지 사상이나 점술 행위와 관련된 책들이다. 최근에 아마존닷컴의 서적 분야에서 "천사"라는 말로 검색을 시도해 본 결과, 무려 8만 권 이상의 책이 검색되었다. (아마존닷컴의 전체 분야에서 "천사"를 검색해보면 50만개 이상의 결과를 얻을 수 있다.) 이처럼, 천사와 관련된 사업은 어마어마한 규모를 자랑한다.

그러한 책들 중에서도 천사들을 알아보고, 그들과 의사소통하는 법을 가르치는 책들이 가장 큰 인기를 구가하는 것으로 보인다. 이 장르에 속하는 베스트셀러 가운데는 『Where Angels Walk: True Stories of Heavenly Visitors 천사들이 나타나는 곳: 천상의 방문객에 관한 실제 이야기(후속편이 열

네 권이나 발행되었고, 그 가운데 대다수가 밀리언셀러를 기록했다)』[2], 『Angels 101: An Introduction to Connecting, Working, and Healing with the Angels 천사 개론: 천사들과의 교통 및 그들과 함께 행하는 사역과 치유』[3], 『How to Hear Your Angels 천사의 말을 듣는 법』[4], 『Anglespeak: How to Talk With Your Angels 천사가 말하다: 천사와 대화를 나누는 법』[5], 『Your Angel Journey: A Guide to Releasing Your Inner Angel 당신의 천사 여행: 당신의 내면에 있는 천사를 나오게 하는 법』[6](이상 국내 미출간_편집자주) 등이 있다.

이들 책은 천사들과의 교통을 매우 중요한 주제로 강조하고 있다. 『Ask Your Angels 천사에게 구하라』[7](국내 미출간_편집자주)는 지난 20년 동안 이 분야에서 가장 큰 인기를 누렸던 책 가운데 하나다. 이 책의 광고 문구는 다음과 같다. "저자들은 천사들의 능력을 빌려 우리의 잃어버린 내면을 되찾고 삶의 목표를 이루는 방법론을 제시합니다. 인간관계의 개선, 질병 치유, 중독 상태로부터의 회복 등 모든 문제를 해결할 수 있는 방법이 여기에 있습니다." 이 책은 독자에게 '천사들의 능력에 접근할 수 있는 방법 및 그들과 대화를 나누는 기술을 터득하는 방법'을 가르쳐 준다고 약속하고 있다.

최근에 출판된 책들 가운데 천사를 주제로 다룬 책들을 소개하는 출판사들의 광고 문구 몇 가지를 간추리면 다음과 같다.

"이 책에 소개된 간편한 기술을 이용하면 죽은 가족이나 친구들은 물론 수호천사, 정령, 요정, 천사장, 신들과 같은 영적 존재들과 접촉할 수 있는 방법을 습득할 수 있다. 아울러 본서는 본인의 직관 능력을 자극할 수 있는 지압점을 알려줌과 동시에 귀신들로부터 자신을 보호하는 방법 및 미지의 것에 대한 두려움을 정복하는 방법을 가르쳐 준다."

"모든 사람에게는 정해진 운명의 길을 갈 수 있게 도와주는 수호천사, 또는 안내 정령이 있다. 본 카세트테이프는 각자의 안내 정령과 접촉할 수 있는 방법을 소개한다."

"본서는 수호천사와 접촉할 수 있는 방법과 일상생활에서 천사들과 교류할 수 있는 방법을 소개한다. 본서는 신의 고주파 파장에 주파수를 맞추는 방법, 천사들과 자연의 영들과 교감하는 방법, 그 존재들과 교제하는 방법을 소개함으로써 자연 세계에서 우리가 차지하는 위치를 좀 더 깊이 이해할 수 있게 해 준다."

"이 책은 기쁨과 위로를 가져다주는 보호자들에게 우리의 마음을 열게 만들어 우리의 의식을 새로운 차원으로 나아갈 수 있게 한다."

"본서에 포함된 각각의 글들은 인간과 천사의 상호 협력을 통해 우리 자신의 내면은 물론 심지어 자연을 새롭게 창조할 수 있게 도와준다. 독자는 본서를 통해 오랫동안 우리의 영감을 자극해 온, 포착하기 힘든 고대의 정령들에 대한 다채롭고 풍부한 견해들을 접할 수 있다."

"저자들은 수호천사가 여러분을 보호하는 구체적인 방법 아홉 가지를 소개할 뿐 아니라 수호천사에게 도움을 요청하는 방법, 크고 작은 모든 일에 도움과 안내를 구하는 부르짖음에 수호천사가 응답하게 만드는 방법을 제시한다. 아울러 본서는 천사들의 서열과 천사들의 세계에서 사용하는 언어에 관해 새로운 지식을 얻게 해 준다."

"이 책은 하늘의 왕국과 천사들과 협력해 새로운 창조를 이룰 수 있는 방법을 소개하고 있다. 여기서 제시한 보다 구체적인 활동과 명상을 통해, 여러분의 초청을 기다리고 있는 천사들과 직접 교류할 수 있는 방법을 찾기 바란다."

"언제라도 천사들과 정령들로부터 영감을 받을 수 있다. 독자는 저자의 친절한 안내 아래 글쓰기와 창작 활동을 통해 천사들의 세계를 탐험하게 될 것이다. 본서는 만다라 사용법, 각 계절의 힘을 이용하는 법, 색채의 영향력을 일러줌과 동시에 천사들이 어떤 식으로 색채와 빛을 그들의 언어로 활용하는지를 알게 해 준다. 아울러 본서는 천사들과의 교류를 통해 자신의 창조적인 재능을 깨닫게 된 많은 사람들의 경험담을 실었다."

"본서는 영혼에 잠재되어 있는 치유 능력, 빛의 천사와 치유 천사의 능력을 육체에 적용하는 방법을 제시한다. 지난 8년간의 워크숍을 통해 얻어진 이 방법들은 배우기가 매우 쉽다. 이미 이 방법들을 적용해 육체의 세포들을 치유하고 개선한 사람들이 수천 명에 이른다. 치유 천사들은 현재 여러분이 사용하는 치유 방법이나 치료 요법을 유지하면서도 도움을 준다. 아울러 본서에는 구체적인 질병에 적용할 수 있는 이미지와 색채는 물론 치유와 관련된 질문 사항들을 열거한 내용이 실려 있다."

"출생 별자리와 특수한 색깔의 양초를 활용해 천사들을 부르면, 우리는 이 세상에 사는 동안 필요한 지혜와 마법의 능력을 얻을 수 있다."

물론 이 책들은 대부분 한낱 점술 행위 및 뉴에이지 신비주의에 불과하다. 1장에서 천국을 방문했다는 이들의 주장이 안고 있는 모든 위험성이 영적 존재들과의 접촉을 주장하는 이들 책에도 똑같이 나타난다.

그러나 천사들과 접촉할 수 있다고 주장하는 사람들 가운데는 실제로 영적 존재들과 교통할 수 있는 능력을 지닌 이들도 있다. 성경은 사탄과 그의 하수인들이 종종 빛의 천사로 가장한다고 경고한다(고후 11:13-15). 다시 말해 귀신들은 영적 세계와의 접촉에 호기심을 느끼는 사람들을 현혹한다. 천사에 관한 관심은 결국 점술 행위로 치우치고 결국 심각한 폐해를 가져온다. 그런 사술에 현혹되어 마귀에게 속박된 사람들이 상당수에 이른다. 때문에 기독교인들은 그런 그릇된 행위를 강력하게 경고해야 한다.

그러나 안타깝게도 이런 현상에 대한 복음주의 진영의 대처는 매우 미약하다. 더욱 심각한 것은 "기독교적" 색채를 띤 천사에 관한 도서들이 출판되고 있는 상황이라는 점이다. 그런 책들은 "천사들에 관한 생생한 증언"이라는 제목으로 천사들과 대화를 나누었다는 사람들의 이야기를 마구 소개하고 있다. 대체로 복음주의 진영은 세상의 유행에 휩쓸리는 경향이 많다. 그리고 이런 경향은 매우 심각한 위험성을 내포한다.

고린도후서 11장 15절의 말씀대로 귀신이 선한 천사로 가장하는 것은 별로 어렵지 않다. 천사의 도움을 받았다는 감동적인 이야기들이 많지만(예를 들면 천사들이 식인종의 손에서 선교사의 목숨을 구했다는 등의 이야기), 성경에 기록된 이야기들 외에 다른 이야기들은 그것이 진실인지 거짓인지 검증이 불가능하다. 물론 계단에서 막 굴러떨어지려는 찰나에 눈에 보이지 않는 천사의 손길이 그 사람을 붙들어 주었다는 이야기가 순전한 거짓말이라는 뜻은 아니다. 하지만 그것이 정말 천사의 손길이었는지 아니었는지는 확인할 길이 없다. 우리는 다만 하나님의 섭리가 여러 가지 재앙으로부터 우리를 보호하신다는 것만을 확신할 따름이다. 어떤 상황에서 하나님이 천사를 도구로 사용하셨든지 그렇지 않든지 감사와 찬양은 언제나 천사가 아닌 하나님께 돌려야 한다.

성경은 천사들이 성도를 섬긴다고 말씀한다. 또 "부지중에 천사들을 대접한 이들이 있었느니라"(히 13:2)라는 말씀도 있다. 성경은 그런 사실을 근거로 낯선 사람들을 친절하게 대접하라고 가르친다. 그러나 성경은 그런 사건이 매우 드물다는 점을 암시한다. 특히 위의 말씀을 이해할 때에는 "부지중에"라는 말에 주목해야 한다. 성경에 따르면 천사들을 대접하는 것은 분명히 가능한 일이다. 하지만 설령 그런 일이 일어나더라도 깨닫지 못할 가능성이 매우 높다. 성경 어느 곳에서도 천사의 형상을 소지하라든가 일상생활에서 천사의 증거를 찾으라고 권하는 내용을 발견할 수 없다.

또한 천사를 만났다는 이야기들이 가득한 요즘 책들은 그 진위 여부를 검증할 수가 없다. 하나님의 섭리에 의한 놀라운 현상일 수도 있지만 천사의 개입으로 확신할 수 있는 증거가 없다. 이야기의 내용 전체가 의문투성이다. 그런 이야기들은 영적으로 유익보다 해가 훨씬 더 많다.

성경이 말하는 천사

나는 1995년 초에 무디지에서 천사들에 대한 요즘의 열기를 분석한 기사를 오려둔 적이 있다. 그곳에는 천사에 관한 관심이 급속도로 증폭된 것을 보여 주는 흥미로운 통계 수치가 나와 있다. 당시의 통계 수치는 수호천사, 천사와의 교통과 같은 주제를 다룬 책들이 놀라울 만큼 폭발적으로 증가한 현상을 잘 보여 주고 있다. 그러나 그런 통계 수치가 아무리 놀랍다고 해도 요즘의 통계 수치에 비교하면 그다지 놀랍게 느껴지지 않을 것이 틀림없다.

기사에는 "성경은 결코 천사들을 설명하지 않는다. 성경은 다만 천사들의 활동만을 묘사할 뿐이다"[8]라는 신학 교수 에드 글래스콕의 말을 인용한 구절이 있었다. 맞는 말이다. 성경에서 천사에 대해 얻는 정보들을 종합해 보면, 그들에 대한 상세한 지식보다는 해답을 찾기 어려운 의문점들이 훨씬 더 많이 드러난다. 성경은 천사들이 인간을 섬기고, 또 이따금 인간의 일에 개입한다고 말씀한다. 그러나 어떻게 그런 일이 일어나는지에 대해서는 거의 아무런 설명도 하지 않는다. 사람들이 성경에 계시된 내용 이외의 영적 사실들을 알려고 하면 할수록 실망할 수밖에 없다. 왜냐하면 "감추어진 일은 우리 하나님 여호와께 속하였거니와 나타난 일은 영원히 우리와 우리 자손에게 속하였나니"(신 29:29) 라고 말씀하기 때문이다.

물론 성경에는 천사들에 관한 상당한 정보가 수록되어 있다. 우리는 천국에서 천사들과 영원히 더불어 살게 될 것이다. 따라서 천국을 주제로 한 우리의 연구에 성경이 말하는 천사들과 그들의 역할을 잠시 살펴보는 것도 유익하리라 생각된다.

성경은 다양한 호칭으로 천사들을 부른다. 예를 들어 "권능 있는 자"(시 89:6), "하나님의 아들들"(욥 1:6, 2:1, 38:7), "천사"(엘로힘, '신들'이라는 뜻, 시 8:5), "새벽 별"(욥 38:7), "군장"(단 10:13), "정사와 권세들"(엡 3:10) 등이 그것이다(이상 개역한글).

또한 우리는 성경을 통해 천사들이 하나님이 거하시는 셋째 하늘에 있다는 것을 알 수 있다. 그들은 그곳에서 늘 하나님을 찬양한다. 물론 그들은 둘째 하늘에도 출입할 수 있다. 그들은 우주를 돌아다니면서 여러 가지 방법으로 하나님을 섬긴다. 첫째 하늘도 예외가 아니다. 천사들은 때때로 세상에 와서 인간의 일에 개입하기도 한다.

천사의 창조

천사들은 창조된 존재들이다. 그들은 신이 아니다. 때문에 그들에게는 전지전능한 신의 속성이 없다. 또한 그들은 영원 전부터 존재하지도 않았다. 그들은 피조물이다. 느헤미야 9장 6절은 "오직 주는 여호와시라 하늘과 하늘들의 하늘과 일월 성신과 땅과 땅 위의 만물과 바다와 그 가운데 모든 것을 지으시고 다 보존하시오니 모든 천군이 주께 경배하나이다"라고 말씀한다. 이 말씀은 하나님이 천사들을 창조하셨음을 분명히 보여 준다. 천사들은 지성을 지닌 다른 피조물들과 마찬가지로 경배를 받기 위해서가 아니라 하나님을 경배하기 위해 창조되었다. 성경에서 천사들은 누군가가 그들을 경배하려고 할 때마다 엄히 꾸짖으며 오직 하나님만을 경배하라고 일러주곤 했다(계 19:10, 22:8-9).

시편 148편은 천사들이 창조주 하나님을 경배하는 피조물임을 분명히 말씀하고 있다.

"그의 모든 천사여 찬양하며 모든 군대여 그를 찬양할지어다 해와 달아 그를 찬양하며 밝은 별들아 다 그를 찬양할지어다 하늘의 하늘도 그를 찬양하며 하늘 위에 있는 물들도 그를 찬양할지어다 그것들이 여호와의 이름을 찬양함은 그가 명령하시므로 지음을 받았음이로다"(2-5절).

느헤미야 9장 6절 말씀 "오직 주는 여호와시라 …… 모든 것을 지으시고"와 시편 148편 5절 말씀 "그가 명령하시므로 지음을 받았음이로다"는 천사들을 창조하신 분이 여호와 하나님임을 분명히 밝히고 있다. 예수님의 신성을 입증하는 가장 유력한 증거 가운데 하나는 그분이 천사들을 포함한 만물을 창조하셨다는 사실이다. 골로새서 1장 16절은 "만물이 그에게서 창조되되 하늘과 땅에서 보이는 것들과 보이지 않는 것들과 혹은 왕권들이나 주권들이나 통치자들이나 권세들이나 만물이 다 그로 말미암고 그를 위하여 창조되었고"라고 말씀한다. 바울은 그리스도가 피조물에 불과하다고 가르치는 이들을 논박하고 그분의 신성을 옹호하기 위해 그와 같이 말했다. (지금도 여호와의 증인은 그리스도가 피조물의 으뜸인 천사장이라고 가르친다.) 바울은 그리스도가 천사들을 포함하여 우주 만물을 창조하셨다는 말로 그런 그릇된 가르침들을 강력히 비판했다. 그리스도는 천사가 아니라 성육신하신 하나님이시다.

바울은 종종 천사들을 하늘에 거하면서 우주를 다스리는 "통치자들과 권세들"로 표현한다(엡 6:12). 물론 천국의 위계질서가 어떻게 이루어졌는지 정확히 알 수는 없다. 하지만 천사들이 하나님이 정하신 위계질서에 따라 조직된 형태를 유지하는 것은 분명하다.

천사들의 무리는 최소한 한 명의 천사장을 필두로 많은 스랍과 그룹들로 이루어져 있다. 천사장 미가엘의 이름은 다니엘서 10장 13, 21절과 유다서 1장 9절, 요한계시록 12장 7절에 언급되어 나타난다. 그는 모든 천사들 가운데 지위가 가장 높은 천사인 듯하다. 성경에는 가브리엘이라는 또 다른 거룩한 천사의 이름이 나타난다(단 8:16, 9:21; 눅 1:19, 26). 어떤 사람들은 그가 미가엘과 서열이 비슷하다고 생각하지만, 성경은 그를 천사장이라고 언급하지 않는다.

스랍은 이사야 선지자가 환상 중에 천국을 목격했을 때 처음 언급되었다. 이사야는 그들을 하나님의 보좌 앞에 서서 그 거룩하신 보좌를 호위하면서 찬양을 하는, 영광스럽고 위풍당당한 천사로 묘사했다.

그룹은 대중 예술에서 종종 통통한 얼굴을 한 어린아이의 모습으로 그려지지만, 그런 모습과는 전혀 다른 강력한 능력과 위엄을 갖춘 천사들을 가리킨다. 그들은 에덴동산을 수호하는 역할을 했고(창 3:24), 언약궤를 보호하는 상징적인 역할을 하기도 했다(출 37:7). 또한, 그들은 하나님이 타고 다니시는 살아 있는 불 마차의 역할을 하기도 했다(삼하 22:11; 시 18:10; 겔 10:1–22). 그들은 항상 두렵고 경이로운 피조물로 묘사된다.

그 밖에 다른 천사들은 "왕권들, 주권들, 통치자들, 권세들"(골 1:16)이라고

불린다. 그와 비슷한 용어가 타락한 천사들에게도 적용되었다(엡 6:12; 골 2:15).[9]

성경은 그들을 천군으로 묘사한다. 천군을 창조하신 그리스도는 그들의 권위를 훨씬 능가하시며, 오직 그리스도만이 하나님 우편에 계신다. 바울은 하나님이 그리스도를 "모든 통치와 권세와 능력과 주권과 이 세상뿐 아니라 오는 세상에 일컫는 모든 이름 위에 뛰어나게 하시고"(엡 1:21)라고 말했다. 또한 바울은 그리스도가 "만물보다 먼저 계시고 만물이 그 안에 함께 섰느니라"(골 1:17)고 말했다. 이렇듯 성경은 영원하신 그리스도(요 1:1)와 피조물에 불과한 천사들을 뚜렷하게 대조한다.

천사가 피조물이라는 교리는 그리스도가 "복되시고 유일하신 주권자이시며 만왕의 왕이시며 만주의 주시요 오직 그에게만 죽지 아니함이 있고"라는 디모데전서 6장 15-16절의 말씀과 일맥상통한다.

천사들은 세상이 창조되기 이전에 창조된 것으로 보인다. 욥기 38장 7절은 "그 때에 새벽 별들이 기뻐 노래하며 하나님의 아들들이 다 기뻐 소리를 질렀느니라"고 말씀한다. 천사들은 먼저 창조되어 하나님의 창조 사역을 지켜보았던 것 같다. 천사들은 후손을 낳지 않기 때문에(마 22:30) 단번에 모든 천사가 창조되었을 것이다. 하나님이 명령하시는 대로 각각 독특한 개성을 지닌 수많은 천사들이 일시에 창조되었다. 천사들은 후손을 낳지 않는 관계로 숫자가 늘어날 리도 없고, 또 죽지 않기 때문에 줄어들지도 않는다.

그러면 천사들의 숫자는 과연 얼마나 될까? 성경은 정확한 숫자를 밝히지 않는다. 그러나 그리스도가 탄생하셨을 때 "수많은 천군"이 나타났다고 말씀한다(눅 2:13). 예수님은 체포되실 당시에 하나님께 기도만 하면 당장에라도 "열두 군단 더 되는 천사"를 부를 수 있다고 말씀하셨다. "군단"으로 번역된 원어는 "레기온"이다. 열두 레기온은 7만 8천 내지 14만 4천의 숫자에 해당한다. 예수님이 14만 4천 명의 천사를 부르셨다면 즉시 그 모습을 드러냈을 것이다. 하지만 천사들의 숫자가 그만큼에 불과하다고 생각할 필요는 없다. 오히려 성경은 그보다 훨씬 더 많은 숫자의 천사들이 있다고 말씀한다.

성경은 천사들을 하늘의 별들에 비유함으로써 그들이 엄청난 숫자에 이른다는 것을 암시한다. 그래서 성경은 천사들과 별들을 동의어로 사용하기도 한다. "하늘의 만군"은 때로는 별들을 가리키고, 때로는 천사들을 가리킨다(왕상 22:19). 욥기 38장 7절은 천사들을 "새벽 별"로 표현한다. 이런 표현들은 그들이 숫자상으로 엄청날 뿐 아니라 매우 영광스러운 존재임을 나타낸다. 과학자들은 우주에 수십억 개의 별들이 존재한다고 이야기한다. 어쩌면 천사들의 수도 그렇게 많을지 모른다.

사도 요한은 요한계시록 5장 11절에서 "내가 또 보고 들으매 보좌와 생물들과 장로들을 둘러 선 많은 천사의 음성이 있으니 그 수가 만만이요 천천이라"고 말했다. 이 숫자를 액면 그대로 받아들이면 10억이 넘는다는 계산이 나온다. 물론 요한의 표현은 정확한 숫자보다 천사들이 헤아릴 수 없이 많다는 사실을 묘사하는 데 중점을 두었을 가능성이 높다.

히브리서 12장 22절은 "너희가 이른 곳은 시온 산과 살아 계신 하나님의 도성인 하늘의 예루살렘과 천만 천사와"라고 말씀한다. 하늘의 별들과 해변의 모래알들처럼 천사들의 숫자는 가히 헤아릴 수 없는 정도다. 우리로서는 도무지 그들의 규모를 헤아리기 어렵다. 오직 하나님만이 정확히 알고 계실 것이다.

천사의 타락

사탄과 귀신들은 타락한 천사들이다. 성경은 사탄의 타락에 관한 정보를 다소 우회적으로 전달하고 있다. 일차적으로는 세상의 통치자들을 대상으로 한 내용 같지만 실제로는 사탄을 염두에 둔 내용으로 보이는 성경 본문이 두 곳에서 발견된다. 그들 통치자들은 너무나 극악무도해 사탄의 화신으로 생각될 정도다. 예를 들어 이사야 14장 12-15절은 바벨론 왕을 겨냥하고 있지만 사실은 사탄에 대한 말씀이다. 본문은 그를 "루시퍼('아침의 별'이라는 뜻)"로 일컫는다.

"너 아침의 아들 계명성이여 어찌 그리 하늘에서 떨어졌으며 너 열국을 엎은 자여 어찌 그리 땅에 찍혔는고 네가 네 마음에 이르기를 내가 하늘에 올라 하나님의 뭇 별 위에 내 자리를 높이리라 내가 북극 집회의 산 위에 앉으리라 가장 높은 구름에 올라가 지극히 높은 이와 같아지리라 하는도다 그러나 이제 네가 스올 곧 구덩이 맨 밑에 떨어짐을 당하리로다"

사탄은 하나님의 보좌를 넘보려고 했기 때문에 하늘에서 추방되었던 것이 분명하다.

에스겔 28장도 겉으로 보기에는 두로 왕을 향한 메시지이지만 실제로는 그의 배후에 도사리고 있는 사탄을 겨냥하고 있다. 그렇게 생각할수 있는 이유는 사탄이 에덴동산에서 하와를 유혹했던 사실을 암시하고 있기 때문이다.

> "주 여호와의 말씀에 너는 완전한 도장이었고 지혜가 충족하며 온전히 아름다웠도다 네가 옛적에 하나님의 동산 에덴에 있어서 각종 보석 곧 홍보석과 황보석과 금강석과 황옥과 홍마노와 창옥과 청보석과 남보석과 홍옥과 황금으로 단장하였음이여 네가 지음을 받던 날에 너를 위하여 소고와 비파가 준비되었도다 너는 기름 부음을 받고 지키는 그룹임이여 내가 너를 세우매 네가 하나님의 성산에 있어서 불타는 돌들 사이에 왕래하였도다 네가 지음을 받던 날로부터 네 모든 길에 완전하더니 마침내 네게서 불의가 드러났도다 네 무역이 많으므로 네 가운데에 강포가 가득하여 네가 범죄하였도다 너 지키는 그룹아 그러므로 내가 너를 더럽게 여겨 하나님의 산에서 쫓아냈고 불타는 돌들 사이에서 멸하였도다" (12~16절).

루시퍼는 타락하면서 천사들의 3분의 1을 자기편으로 끌어갔다(계 12:3-4). 이들 타락한 천사들이 바로 귀신들이다. 그들 중에 더러는 오늘날까지 세상을 혼란스럽게 하고 있다. 이들은 하나님의 마지막 심판이 이루어질 때까지 계속해서 악을 저지를 것이다(계 20:10).

천사들의 형태

천사들은 인격체다. 즉 그들은 지성과 감정과 의지라는 인격의 속성을 모두 갖추고 있다. 다시 말해 천사들에게는 인격이 있다.

"기름 부음을 받은 덮는 그룹"을 묘사하고 있는 에스겔서 28장에는 "너는 완전한 도장이었고 지혜가 충족하며 온전히 아름다웠도다"(12절)라는 내용이 있다. 이 말씀은 사탄으로 전락한 타락한 천사장이 하나님이 지으신 피조물 가운데 가장 탁월한 지성을 소유하고 있었음을 드러낸다.

성경은 천사들을 뛰어난 지성을 소유하고 있는 존재로 묘사한다. 마리아라는 이름의 두 여인이 부활의 아침에 예수님의 무덤이 비어 있는 것을 발견했을 때 천사가 나타나 "너희는 무서워하지 말라 십자가에 못 박히신 예수를 너희가 찾는 줄을 내가 아노라"(마 28:5)고 말했다. 이처럼 천사들은 대화를 통해 의사를 전달할 수 있다. 또한 그들에게는 상황을 파악하는 능력이 있다. 한마디로 천사들은 지성을 지닌 존재다.

하지만 천사들이 모든 것을 알지는 못한다. 베드로전서 1장 12절은 복음이 "천사들도 살펴 보기를 원하는" 진리를 내포하고 있다고 말씀한다. 아울러 천사들이 더 많은 지식을 알고자 하는 욕구를 지녔다는 것은 그들이 지성을 지닌 존재라는 사실을 입증하는 또 하나의 증거다.

그 밖에 천사들은 감정을 표현하기도 했다. 천사들은 창조 사역이 이루어질 때 함께 노래했다(욥 38:7). 누가복음 15장 10절은 "죄인 한 사람이 회개하면 하나님의 사자들 앞에 기쁨이 되느니라"고 말씀한다. 나는 이 말씀이 선택받은 백성의 구원을 기뻐하시는 하나님을 묘사하고 있다고 생각한다. 하지만 천사들도 역시 그 기쁨에 동참할 것이다. 예수님의 비유는 잃어버린 동전을 되찾은 한 여인을 묘사한다. 그녀는 등불을 켜고 온 집안을 샅샅이 쓸면서 동전을 찾았다. 마침내 동전을 찾은 그녀는 "벗과 이웃을 불러 모으고 말하되 나와 함께 즐기자 잃은 드라크마를 찾아내었노라"(9절)고 했다. 이어서 10절에서는 죄인 한 사람이 구원을 받으면 큰 기쁨이 있다고 말씀한다. 이 말씀은 천사들 앞에서 기뻐하시는 하나님을 암시한다. 물론 천사들도 하나님과 더불어 기뻐할 것이 분명하다. 따라서 천사들이 감정을 표현할 줄 아는 능력을 지녔다는 것은 틀림없는 사실이다.

나는 감정이 결부되지 않는다면 의미 있는 예배가 불가능하다고 생각한다. 물론 맹목적인 감정의 분출을 참된 예배와 동일시할 수는 없다. 그러나 하나님은 "영과 진리로" 드리는 예배를 원하신다(요 4:23). 더욱이 참된 감정의 표현이 없이는 그런 예배가 결코 이루어질 수 없다. 가장 순수한 예배는 진리 안에서 기뻐하는 태도를 요구한다(고전 13:6 참조). 그러므로 천사들이 하나님의 보좌 주위에서 예배를 드린다는 사실은 그들이 감정을 가지고 있다는 명확한 증거다. 이사야는 하나님의 보좌 앞에서 예배를 드리고 있는 천사들을 아래와 같이 묘사했다.

"내가 본즉 주께서 높이 들린 보좌에 앉으셨는데 그의 옷자락은 성전에 가득하였고 스랍들이 모시고 섰는데 각기 여섯 날개가 있어 그 둘로는 자기의 얼굴을 가리었고 그 둘로는 자기의 발을 가리었고 그 둘로는 날며 서로 불러 이르되 거룩하다 거룩하다 거룩하다 만군의 여호와여 그의 영광이 온 땅에 충만하도다 하더라"(사 6:1-3).

천사들에 대한 이사야의 묘사는 그들이 단순한 기계나 동물이 아니라 가장 순수한 예배를 드릴 수 있는 탁월한 지성과 감정을 지닌 존재임을 드러낸다.

뿐만 아니라 천사들은 의지도 지니고 있다. 루시퍼의 죄는 완악하고 교만한 마음에서 비롯되었다. 그는 "내가 하늘에 올라 하나님의 뭇 별 위에 내 자리를 높이리라 내가 북극 집회의 산 위에 앉으리라 가장 높은 구름에 올라가 지극히 높은 이와 같아지리라"(사 14:13-14)는 악한 뜻을 품었다.

하나님도 천사들이 의지를 지닌 존재임을 인정하셨기에 성자가 태어나실 때 그를 경배하라고 명령하셨다(히 1:6). 명령에 대한 복종은 명백한 의지의 행위다.

천사들은 인격의 속성을 모두 갖추었을 뿐 아니라 인간보다 더욱 뛰어난 권위와 능력을 지닌 고귀한 피조물이다. 성경은 인간이 되신 그리스도를 묘사할 때 "그를 잠시 동안 천사보다 못하게 하시며"(히 2:7)라고 했다. 천사들은 우리보다 더 높은 지위를 가지고 있다. 최소한 지금은 그렇다. 물론 언젠가는 구원받은 성도들이 천사들을 판단하게 될 것이다. 즉 우리는 장차 천국에서 천사들을 다스리게 될 것이다. 바울은 "우리가 천사를 판단할 것을 너희가 알지 못하느냐 그러하거든 하물며 세상 일이랴"(고전 6:3)라고 말했다. 또한 예수님은 소아시아의 교회들에게

"이기는 그에게는 내가 내 보좌에 함께 앉게 하여 주기를 내가 이기고 아버지 보좌에 함께 앉은 것과 같이 하리라"(계 3:21)고 말씀하셨다. 그리스도의 보좌를 공유한다는 것은 우리가 천사들을 다스리게 될 것을 암시한다. 만일 그렇다면 이것은 진정 놀라운 일이 아닐 수 없다.

천사들의 역할

천사들도 우리와 마찬가지로 분주하고 활동적인 삶을 살고 있는 듯하다. 그들은 다른 차원의 세계에 살고 있지만 우리와 그들의 세계가 완전히 동떨어져 있지는 않다. 천사들이 하는 일에는 이 세상과 관련된 업무가 포함된다. 히브리서 1장 14절은 "모든 천사들은 섬기는 영으로서 구원 받을 상속자들을 위하여 섬기라고 보내심이 아니냐"라고 말씀한다.

마틴 루터는 하나님이 기독교와 교회를 섬기게 하기 위해 육체 없는 영적 존재, 즉 천사들을 창조하셨다고 믿었다. 이것이 천사들의 주된 업무인지 아닌지는 분명하지 않다. 그러나 그것이 그들의 임무 가운데 하나인 것만은 틀림없는 것 같다. (천사들이 질서 정연한 명령 체계로 되어 있다는 사실은 그들이 서열에 따라 다양한 임무를 수행한다는 것을 암시한다.)

선택받은 자들을 섬기는 임무가 부과된 천사들은 비록 눈에 보이지는 않지만 세상일에 적극적으로 개입하고 있을 것이 분명하다. 그들은 우리를 대신해 많은 일들을 수행하고 있지만, 그들의 활동을 유도할 수 있는 방법을 제시하는 성경 말씀은 단 한 구절도 없다. 성경은 천사들이 행하는, 눈에 보이지 않은 일들을 식별해야 한다고 말씀하지 않는다. 성경은 단지 언제, 어떤 형태로 천사들을 만날지 모르기 때문에 항상 친절하고 관대한 태도를 지녀야 한다고 권고할 뿐이다. 특히 골로새서 2장 18절은 천사 숭배를 금하고 있으며 주관적인 환상을 토대로 그릇된 교리를 세우려는 태도를 엄중히 경고한다.

히브리서 1장 14절은 천사들을 "영"으로 부른다. 이는 그들이 육체가 없다는 사실을 드러낸다. 하지만 그들은 하나님이 원하시면 눈에 보이는 모습으로 나타날 수도 있는데 성경은 그들이 남자의 형상을 하고 있다고 말씀한다. 그래서 천사들을 가리키는 데 항상 남성 대명사가 사용되는 것이다. 예를 들어 창세기 18-19장에는 천사들이 아브라함을 방문한 뒤에 소돔으로 향하는 내용이 있다. 그들은 인간의 모습이었다. 그들은 아브라함과 함께 앉아 음식을 먹었을 뿐 아니라 함께 걷기도 했으며 인간의 언어로 대화를 나누었다. 그들의 형태를 묘사한 내용을 보아도 그들은 영락없는 인간의 모습이었다.

또 어떤 경우에는 겉으로는 인간의 모양을 하고 있으면서 초자연적인 속성을 지니기도 한다. 예를 들어 마태복음 28장 3절은 예수님의 빈 무덤에 나타난 천사의 용모에 대해 "그 형상이 번개 같고 그 옷은 눈 같이 희거늘"이라고 묘사했다.

성경에 기록된 천사들의 발현은 일반적으로 민간전승에 등장하는 천사들의 모습과는 달리 종종 큰 두려움과 충격을 불러일으킨다. 한 천사가 마리아에게 나타나 인사말을 건네자 그녀는 "그 말을 듣고 놀라 이런 인사가 어찌함인가"(눅 1:29)라고 생각했다. 예수님이 탄생하실 때 한 천사가 목자들에게 나타났을 때도 그들은 크게 무서워했다(눅 2:9). 예수님의 무덤을 지키던 로마 군인도 "무서워하여 떨며 죽은 사람과 같이 되었더라"(마 28:4)고 기록되었다.

천사들은 사람 앞에 나타날 때면 으레 메신저의 역할을 했다. 사실 헬라어 "앙겔로스"의 가장 주된 의미가 바로 "메신저"다. 이처럼 천사들은 천국의 전령들이다. 우리는 그런 사실을 성경의 여러 곳에서 확인할 수 있다. 그리스도의 탄생이 이루어질 무렵 천사가 마리아와 사가랴에게 나타났다. 천사는 사가랴에게 "나는 하나님 앞에 서 있는 가브리엘이라 이 좋은 소식을 전하여 네게 말하라고 보내심을 받았노라"(눅 1:19)고 자신을 소개했다. 메시지의 중요성 때문에 하나님 앞에서 시중들던 천사장이 직접 보내심을 받은 것이다.

이미 살펴본 대로 천사들은 또한 하나님의 보좌 주위에서 경배를 드리는 역할을 한다. 예배는 그들의 주된 임무 가운데 하나다(사 6:3; 계 4:6-9, 5:9-12).

천사들과의 관계

성경은 우리가 장차 천국에서 천사들과 함께 하나님의 보좌 주위에서 예배를 드리게 될 것이라고 말씀한다. 요한계시록 4장 4절은 요한의 환상에 나타난 천국의 첫 번째 장면을 이렇게 묘사한다. "보좌에 둘려 이십사 보좌들이 있고 그 보좌들 위에 이십사 장로들이 흰 옷을 입고 머리에 금관을 쓰고 앉았더라." 이들 장로들은 교회를 대표한다. 그들을 위해 영원한 보좌가 마련되었다는 사실은 구원받은 하나님의 백성이 천사들과 더불어 영원히 하나님을 경배할 것을 암시한다.

요한은 "그들이 밤낮 쉬지 않고 이르기를 거룩하다 거룩하다 거룩하다 주 하나님 곧 전능하신 이여 전에도 계셨고 이제도 계시고 장차 오실 이시라"(8절)는 말로 하나님의 보좌 앞에서 잠시도 멈추지 않고 예배를 드리는 천사들의 모습을 증언했다. 천사들은 이사야의 말대로(사 6:3 참조) 한시도 그치지 않고 하나님께 가장 순수하고 완전한 예배를 드린다.

> "그 생물들이 보좌에 앉으사 세세토록 살아 계시는 이에게 영광과 존귀와 감사를 돌릴 때에 이십사 장로들이 보좌에 앉으신 이 앞에 엎드려 세세토록 살아 계시는 이에게 경배하고 자기의 관을 보좌 앞에 드리며 이르되 우리 주 하나님이여 영광과 존귀와 권능을 받으시는 것이 합당하오니 주께서 만물을 지으신지라 만물이 주의 뜻대로 있었고 또 지으심을 받았나이다 하더라"(계 4:9-11).

요한계시록 5장 8-12절도 비슷한 광경을 묘사하고 있다. 본문을 보면 셀 수 없이 많은 천사들이 하나님과 어린양을 소리 높여 찬양하고 있음을 알 수 있다.

이것이 바로 천국의 노래다. 나는 그 노랫소리를 듣고 싶은 마음이 간절하다. 어서 빨리 영화롭게 되어 구원받은 성도들과 천사들의 대열에 합류하여 그들이 부르는 웅장한 합창 소리에 나의 음성을 보태고 싶다. 그 웅장한 찬양을 들을 때면 세상의 온갖 고초가 지극히 하찮게 느껴질 것이다. 우리의 모든 수고가 끝나고, 눈물이 그치고, 천국의 축복 가운데서 하나님을 온전히, 영원토록 즐거워하게 될 것이다.

The Glory of Heaven

이제 천국과 그곳의 거주자들에 관한 우리의 연구를 마쳐야 할 때가 왔다. 이 책에서 묘사한 천국의 영광은 장차 우리 눈으로 직접 보게 될 천국의 영광과는 감히 비교조차 하지 못할 것이다. 하지만 우리와 같이 아무 자격도 없고, 또 늘 불순종만 일삼아 온 죄인들을 불러 천국에서 영원히 함께 살게 하시는 하나님의 한량없는 은혜에 나 자신이 깊은 감동을 느끼듯 여러분도 그랬으면 하는 마음 간절하다. 하나님이 우리에게 천국의 영광에 동참할 수 있는 기회를 제공하셨다는 사실은 인간의 생각으로는 감히 헤아릴 수조차 없는 놀라운 일이다. 어쩌면 영원한 천국에 가서야 비로소 합당한 말로 감사를 드릴 수 있을 것이다. 아니 천국에서 영원히 감사와 찬양을 드린다고 해도 그 경이로움과 영광을 온전히 찬송하지 못할 것이다.

이 책이 읽는 이들에게 천국의 영광과 축복에 참여하고 싶은 마음을 갖게 했다면 나의 의도했던 바를 이룬 셈이다. 바라건대 일시적인 세상 일에 집착하지 말고 천국의 영광을 바라보기를 간절히 기도한다. 천국의 영광을 조금이라도 맛본다면 밭에서 보화를 발견하여 모든 것을 팔아 그 땅을 샀던 사람처럼 될 것이다(마 13:44). 만약 당신이 그리스도를 구주로 영접하지 못했다면 지금 당장 그분 앞에 나아가 죄 사함을 구하고 흰옷처럼 한 점의 티도 없는 그분의 의를 덧입기 바란다.

가장 영광스럽고 고귀하고 축복된 일들이 장차 천국에서 우리를 기다리고 있다. 우리 모두가 그곳에 갔으면 좋겠고, 우리의 마음이 그리스도와의 재회를 갈망하기를 소원한다.

천국은 우리가 생각하는 것보다 훨씬 더 가까운 곳에 있을지 모른다. 사도 바울은 이렇게 권고했다.

"또한 너희가 이 시기를 알거니와 자다가 깰 때가 벌써 되었으니 이는 이제 우리의 구원이 처음 믿을 때보다 가까웠음이라 밤이 깊고 낮이 가까웠으니 그러므로 우리가 어둠의 일을 벗고 빛의 갑옷을 입자 낮에와 같이 단정히 행하고 방탕하거나 술 취하지 말며 음란하거나 호색하지 말며 다투거나 시기하지 말고 오직 주 예수 그리스도로 옷 입고 정욕을 위하여 육신의 일을 도모하지 말라"(롬 13:11-14).

THE
GLORY
OF
HEAVEN

부록

빛에 유혹되다

가장 초기에 출판된 천국 여행기 가운데 독자의 관심을 사로잡은 책 중 하나는 베티 이디의 『그 빛에 감싸여』[1]다. 이 책은 출간된 지 20년을 훌쩍 넘기며 40쇄를 거듭하는 기염을 토했다. 지금도 여전히 잘 팔리고 있다.

이디 부인은 1973년에 자궁절제술을 받은 후 병실에 입원해 있던 도중 갑자기 죽음을 경험한다. 그녀의 사후 체험담은 마치 현실처럼 매우 생생하다.

내 영혼이 갑자기 가슴에서 빠져나오더니 마치 거대한 자석에 빨려 들어가듯 위로 이끌려졌다. 첫 느낌은 매우 자유로웠다. 아무것도 부자연스럽게 느껴지지 않았다. 나는 침대 위로 떠올라 천장 근처를 떠다녔다. 무한한 자유로움이 느껴졌으며, 마치 이전부터 그렇게 존재해 온 듯했다. 나는 돌아서서 침대에 누워 있는 육체를 보았다. 누구의 것인지 궁금한 생각이 들어 즉시 아래로 향했다. 간호사로 일했던 나는 시체의 외형적 특성을 잘 알고 있었다. 얼굴 근처에 다가간 나는 곧 그것이 생명이 없는 시체임을 알 수 있었다. 그 순간 그것이 내 몸이라는 생각이 들었다. 침대에 누워 있는 육체는 바로 내 것이었다. 하지만 나는 소스라치게 놀라지도 않았고 두렵지도 않았다. 단지 일종의 연민의 정이 느껴질 따름이었다. 내 몸은 내가 기억했던 것보다 더 젊고 아름다워 보였다. 다만 생명이 없는 상태였을 뿐이다.[2]

이디의 말에 의하면 그때 갑자기 긴 옷을 입은 세 남자가 나타났다고 한다. 그리고 그들이 '영원 전부터' 그녀와 함께 있어 왔다고 말했다는 것이다. 그 순간 '세상에 오기 전의 삶'과 '전에' 그들과 사귀었던 기억이 떠올랐다.[3] 그녀는 "전생의 현실이 생생히 떠올랐고, 죽음이 과거와 미래를 꿰뚫는 예지와 지식이 충만한 삶을 얻기 위한 과정으로 생각되었다"[4]고 증언했다.

여기까지는 전생과 이생, 유체 이탈, 텔레파시 등과 같이 뉴에이지 냄새가 물씬 풍기는 다른 이야기들과 별 차이가 발견되지 않는다. 그녀는 영혼의 상태로 자신의 집을 방문해 아이들의 모습을 지켜보았고 심지어는 그들의 미래까지 알 수 있었다고 한다.

하지만 다음 대목에서 그녀의 이야기는 조금 다르게 전개된다.

나는 멀리서 한 점의 빛을 보았다. 내 주위의 어두운 공간이 점차 터널 형태를 띠기 시작했다. 나는 빠른 속도로 그 빛을 향해 날아갔다. 본능적으로 그 빛에 이끌린 것이다. 가까이 다가가자 빛 가운데서 사람의 형상이 나타났다. 그의 주위로 찬란한 광채가 뿜어져 나왔고 가까이 다가갈수록 빛은 더욱 밝아졌다. 그것은 말로 형용할 수 없는 광채, 태양보다 훨씬 더 밝은 광채였다. 만일 세상에 사는 일반인의 눈으로 그 빛을 보았다면 그 즉시 눈이 멀고 말았을 것이다.[5]

이디는 그 사람 주위에 밝은 광채가 보였다고 했다. 아울러 그녀는 그가 조건이 없는 순수한 사랑으로 자기에게 다가왔다고 말했다. 그녀는 "그 사람이 누구인지 분명히 알 수 있었다. 그분은 나의 구원자요 친구이자 하나님이셨다. 그분은 바로 예수 그리스도였다"[6]고 증언했다.

이때부터 이디의 증언은 예수 그리스도와 그에게서 들은 이야기에 초점을 맞추어 전개된다. 그녀는 마치 이미 알고 있는 것을 단순히 '떠올리는 것' 같은 초자연적인 지식과 이해력을 갖추게 되었다고 말한다.

나는 그분이 세상의 창조주이심을 밝히 이해했다. 아니, 기억했다고 해야 더 정확할 것이다. 그분의 사명은 세상에 오셔서 사랑을 가르치는 것이었다. 이 지식은 단순한 기억 이상이었다. 내가 세상에 태어나기 오래 전의 일들, 즉 태어날 때에 의도적으로 망각의 '베일'에 의해 가려졌던 일들이 새삼 떠올랐다.[7]

이 부분은 이디의 지식이 마치 모든 것을 아는 수준에 이른 듯한 느낌을 주는 대목이다. 실제로 그녀는 그렇게 주장했다. "전지全知하다는 말은 더 이상 내게 아무 의미가 없었다. 지식이 내 온몸에 깊이 스며들었다. 지식이 곧 '나'라는 생각이 들었다. 나는 생각만으로도 우주의 신비를 이해할 수 있게 되었고 그런 능력을 지니게 된 것이 사뭇 놀라웠다."[8]

이디는 다시 살아난 이후에도 '우주의 신비'를 아는 지식을 그대로 보유했다고 믿었다. 그녀의 책에는 천국을 방문하기 이전까지 늘 궁금해했던 문제들에 대한 답변을 찾았다는 내용들이 가득하다. 구체적인 예를 들면 다음과 같다.

나는 세상에 왜 그렇게 많은 교회가 있는지 궁금했다. 나는 하나님이 하나의 교회, 하나의 순수한 종교만을 허락하지 않으신 이유가 무엇인지 알고 싶었다. 그러나 이제 그 문제에 대한 명확한 답변을 알고 있다. 나는 각 사람마다 영적 수준과 이해력이 다르기 때문에 영적 지식을 받아들이는 능력에도 차이가 있다는 설명을 들었다. 세상에 있는 종교는 모두 필요하다. 그 이유는 그들의 가르침을 필요로 하는 사람들이 있기 때문이다. 하나의 종교만을 가진 사람들은 주님의 복음을 온전히 이해할 수 없거나 아예 아무것도 모른 채 자신의 종교에만 머물러 살아갈 것이다. 하지만 그들의 종교는 사실 좀 더 나은 지식을 얻기 위한 발판으로 이용되어야 한다. 각 교회는 다른 교회가 채울 수 없는 영적 필요를 채워 주어야 한다. 어떤 교회도 혼자서는 각기 수준이 다른 모든 사람들의 필요를 채울 수 없다. 하나님에 관한 개인의 지식이 증대되고 영원한 진보의 가능성을 깨닫게 되면 현재 다니고 있는 교회의 가르침에 만족하지 못하고 다른 종교나 철학을 통해 부족한 지식을 채우게 될 것이다. 그렇게 되면 그 사람은 한 단계 진보된 지식에 도달하게 되고, 좀 더 많은 지식과 진리를 얻기 위해 또 다른 기회를 찾아 나설 것이다.[9]

그녀는 "나는 그런 지식을 얻은 후에 어떤 교회나 종교도 비판할 수 있는 권리가 없다는 점을 깨닫게 되었다"[10]고 결론지었다.

그럼에도 불구하고 이디는 그리스도의 독특성을 인정했다. 그녀는 "하지만 모든 지식 가운데서 예수 그리스도를 아는 지식보다 더 중요한 것은 없다. 나는 그분이 우리 모두가 통과하게 될 문이라는 말씀을 들었다. 그분은 우리가 다시 돌아가야 할 유일한 문이시다"[11]라고 말했다.

베티 이디는 자아의 신격화와 만인구원설과 환생주의를 내세우면서도 성경을 암시하는 말과 기독교 관련 용어를 적당히 사용하고 있다. 그런 이유로 그녀를 복음주의 신자로 잘못 생각하는 기독교인들이 많다. 그녀의 증언은 미국 전역에서 뜨거운 반응을 불러일으켰다. 기독교인을 자처하는 많은 사람들이 그녀의 경험을 무시해서는 안 된다고 주장했고, 심지어 복음주의를 표방하는 상당수의 기독교인들 중에도 천국과 사후 세계에 관한 이디의 증언이 기독교의 증언 못지않게 중요하다고 보는 입장이 많다.

그러나 이디의 주장은 대부분 성경의 증언과 상충된다. 책에서는 밝히지 않았지만 사실 그녀는 모르몬교 신자다. 때문에 그녀가 하늘에서 배웠다고 말하는 진리들은 모르몬교의 교리와 매우 흡사하다. 그녀가 모든 종교의 가치를 길게 논의한 것은 사실이다. 하지만 그녀는 유타주의 한 기자에게 천국을 방문하는 동안에 예수그리스도 후기성도後期聖徒 교회(모르몬교회)가 "세상에서 가장 참된 교회"임을 알게 되었다고 털어놓았다.[12] 이디의 책을 펴낸 출판사(모르몬교 출판사의 지류 가운데 하나)는 독자들, 특별히 유타주에 사는 독자들의 관심을 자극할 목적으로 초판에 자극적인 광고 전단지를 삽입했다. "예수그리스도 교회의 신자들에게 특별한 관심을 불러일으킬 책"이라는 제목의 광고 전단지는 이디를 최근에 모르몬교로 개종한 인물로 내세우며 책을 적극 홍보했다.[13]

하지만 책의 판매량이 늘어나자 이디와 출판사는 그녀와 모르몬교의 관계를 더 이상 강조하지 않았다. 오히려 그들은 그녀가 모르몬교 신자라는 사실을 적당히 가렸다. 더욱이 그녀는 크리스천 리서치 저널과의 인터뷰에서 자신은 모르몬교 신자가 아니라고 말했다.[14]

물론 이디의 교리가 모르몬교의 교리와 정확히 일치하는 것은 아니다. 그녀의 교리는 모르몬교와 뉴에이지 철학의 혼합물이다. 때문에 모르몬교 내에서도 그녀의 가르침에 대한 논란이 적지 않다. 아울러 그들 교회의 지도자들은 이디의 책이 뜻밖의 성공을 거둔 것에 대해서는 기뻐하지만 그렇다고 그녀를 선지자로 간주하지는 않는다.

성경보다 구체적인 천국

성경은 빛의 천사로 가장한 사탄의 수하들을 경계하라고 말씀한다(고후 11:13-15). 지금까지 교회를 가장 크게 위협했던 거짓 교리들은 성경과 비슷한 용어를 사용하며 정통을 가장해 왔다. 그러므로 성경 용어를 사용한다고 해서 성경적이라고 말할 수는 없다.

또한 천사들을 만났다고 증언한 베티 이디가 보기에 호감을 주는 여성이라는 이유로, 의도적으로 남을 속일 생각은 없는 사람이라고 단정해서도 안 된다. 사실 그녀의 주장은 좀 더 주의 깊고 면밀하게 조사해야 할 필요가 있다. 이디는 주님으로부터 직접 계시를 받았다고 주장했다. 그녀가 자신의 경험을 기술한 내용은 마태복음, 마가복음, 누가복음에 기록되어 있는 변화 산의 이야기보다 훨씬 더 자세하고 극적이다.

천국에 대한 그녀의 증언은 "삼층천"에 올라갔다 온 사도 바울의 증언보다 훨씬 더 길고 상세하다. 사도 바울은 그런 체험을 하고서도 많은 이야기를 하지 않았다. 그러니 이디의 증언이 사실이라면 그녀의 이야기로 성경에 기록되어 있는 천국의 계시를 대체해야 할 것이다. 만일 베티 이디가 옳다면 기독교 신학을 전체적으로 다시 수정해야 한다. 또한 그녀의 증언이 사실이라면 2천 년의 기독교 역사는 그 타당성을 인정받을 수 없다.

그러므로 이디의 주장이 진실의 판단 기준에 부합하지 못하다면 단호히 배격해야 할 뿐 아니라 그 가면을 벗겨 참된 실상을 밝히 드러내야 할 것이다. 우리가 참 사랑을 지녔다면, 거짓에 속아 그릇된 교리를 믿게 될 사람들을 위해서라도 반드시 진실을 밝혀야 할 것이다.

수호천사의 행동 개시

그러면 이디 부인이 천국에서 듣고 보았다고 주장하는 계시의 본질은 무엇일까? 그녀의 증언들을 살펴보면 일부는 모르몬교의 교리와 비슷하고, 일부는 뉴에이지 철학에서 비롯된 듯하며, 또 어떤 것은 성경과는 전혀 무관하게 개인적으로 만들어 낸 개념도 있다.

모르몬교의 교리

천국에 관한 이디 부인의 증언에는 모르몬교의 흔적이 뚜렷하다. 그녀의 증언 가운데 모르몬교의 교리가 반영되어 있는 대목은 구체적으로 다음과 같다.

영혼의 선先존재를 믿는 신념. 베티 이디는 인간에게 전생이 있다고 증언했다. 그러나 이것은 모르몬교의 핵심 교리일 뿐 성경의 어느 곳에도 나타나 있지 않다. 앞에서 이야기한 대로 이디 부인은 긴 옷을 입은 안내자와 영원 전부터 이미 알고 있었던 것 같았다고 했다. 그리고 그녀는 다른 곳에서도 이와 비슷한 증언을 하고 있다.

세상이 창조될 때가 기억났다. 나는 세상의 창조가 마치 내 눈앞에서 다시 재현되는 것 같은 경험을 했다. 이것은 매우 중요했다. 예수님은 내가 이 지식을 습득하기를 원하셨다. 그분은 세상이 창조되었을 당시에 내가 어떻게 느꼈었는지를 다시 깨닫길 원하셨다. 이렇게 할 수 있는 유일한 방법은 다시 그 장면을 보고, 예전에 느꼈던 그 느낌을 느껴 보는 것이었

다. 전생의 세계에 거하는 모든 영혼이 세상의 창조에 참여했다.[15]

그러나 성경은 어떻게 말씀하고 있는가? 성경은 우주 만물이 모두 창조된 후에 인류 최초의 인간이 창조되었다고 말씀한다. 창세기 2장 7절을 읽어 보자. "여호와 하나님이 땅의 흙으로 사람을 지으시고 생기를 그 코에 불어넣으시니 사람이 생령이 되니라." 아담이 생령이 된 것은 하나님이 창조 사역을 모두 마치신 후였음을 알 수 있다. 이처럼 성경은 영혼의 선先존재를 전혀 암시하지 않는다.

하나님이 욥에게 하신 말씀 중에도 이런 증거가 나타난다. 하나님은 욥에게 "내가 땅의 기초를 놓을 때에 네가 어디 있었느냐"(욥 38:4)라고 물으셨다. 이 말씀은 하나님이 세상을 창조하실 때 욥이 아직 존재하지 않았다는 의미를 함축하고 있다. 하나님은 이 말씀으로 욥에게 그분의 주권을 일깨워 주셨다. 욥은 창조 사역이 이루어질 당시 아직 존재하지 않았기 때문에 아무 말도 할 수 없었다. 이처럼 인간의 영혼이 출생 이전에 존재했음을 암시하는 구절은 성경 어디에도 없다. 오히려 성경은 다른 주장을 제기한다(시 51:5 참조). 우주가 창조될 때는 오직 하나님 한 분밖에 계시지 않았다는 것이다(창 1:1; 골 1:16-17).

삼위일체 교리의 부정. 이디 부인은 삼위일체 교리를 부정한다. 그녀는 "나는 어렸을 때 배웠던 가르침과 신앙 때문에 고민했다"[16]고 말했다. 그녀가 말한 가르침과 신앙은 무엇을 의미할까? "나는 개신교 신앙 안에서 성장했다. 개신교 신앙은 내게 성부 하나님과 예수 그리스도가

한 분이라고 가르쳤다"[17]는 그녀의 말대로 그것은 바로 삼위일체 교리였다. 하지만 천국을 경험한 후, 삼위일체에 관한 이디 부인의 신앙은 달라졌다. 그녀는 "놀랍게도 나는 예수님이 하나님과 독립된 실체로서 그 나름의 신성한 목적을 지니고 계신다는 점을 깨닫게 되었다"[18]고 말했다. 이 대목에서 그녀의 주장은 모르몬교의 교리와 완벽하게 맞아떨어진다. 그리고 성경 말씀과는 크게 상충된다. 성경은 처음부터 끝까지 삼위일체 하나님을 증언한다(신 6:4; 고전 8:6; 딤전 2:5; 약 2:19). 예수님은 "나와 아버지는 하나이니라"고 말씀하셨다(요 10:30). 즉 성부 하나님과 성자 하나님의 목적이 서로 다르다고 말씀하지 않는다(요 4:34, 5:30, 8:29).

물론 삼위일체 교리는 설명하거나 이해하기가 매우 어려운 개념이다. 하지만 성경은 삼위일체 교리를 분명히 확증하고 있다. 기독교의 주요 교단들도 거의 2천 년 동안 성부 하나님과 예수 그리스도가 위격 상의 구별은 있으나 서로 독립된 존재나 다른 신이 아니라는 데에 의견을 같이 해 왔다. 또한 성경은 "이스라엘아 들으라 우리 하나님 여호와는 오직 유일한 여호와이시니"(신 6:4) 라고 분명히 가르친다.

인간 영혼의 신격화. 베티 이디는 천국에서 전지全知한 능력을 경험했다고 주장했다. 그런데 이런 그녀의 주장은 모든 신자가 신의 수준까지 진보한다고 믿는 모르몬교의 신앙과 일치한다. 그녀는 "하나님은 우리가 그분과 같은 존재가 되기를 원하신다. 그분은 우리에게 신과 같은 속성을 부여하셨다. 나는 이 점을 순수한 지식으로 깨달았다"[19]고 피력했다.

성경은 우리가 천국에서 그리스도처럼 될 것이지만, 전지 또는 전능과 같은 하나님의 비공유적 속성에 참여하지는 못한다고 가르친다. 천국의 영광을 누리는 중에도 우리는 엄연히 하나님의 피조물일 뿐이다. 우리에게는 신성이 존재하지 않으며 하나님의 신성을 나눠가질 수도 없다. 하나님은 "나는 여호와니 이는 내 이름이라 나는 내 영광을 다른 자에게 주지 아니하리라"(사 42:8)라고 말씀하셨다.

하와의 행위를 고결하게 여김. 이디의 증언은 하와가 금단의 열매를 따 먹은 행위를 고결하게 생각하는 모르몬교의 신앙과 일치한다. 모르몬교는 하와가 자녀를 출산해 신성의 단계에 도달할 수 있는 능력을 얻으려고 사심 없는 희생정신을 발휘해 금단의 열매를 따먹었다고 믿는다. 불순종의 행위를 오히려 긍정적인 행위로 평가하는 것이다. 모르몬경에 보면 "아담의 타락은 인간이 존재하기 위해서고, 사람이 존재하는 이유는 기쁨을 얻기 위해서다"[20]라는 구절이 나온다.

이디 부인은 창조 사역을 다시 지켜보면서 아래와 같은 점들을 알게 되었다고 했다.

나는 아담과 하와의 차이점을 알게 되었다. 아담은 에덴동산의 삶에 만족하는 것처럼 보였지만 하와는 어쩐 일인지 안정을 찾지 못했다. 그녀는 자녀를 낳기 원했으며 그 능력을 얻기 위해 기꺼이 목숨이라도 내놓을 각오가 되어 있었다. 하와는 자신의 진보를 가능하게 할 조건을 만들기 위해 의도적인 결단을 내렸다. 그러므로 그녀가 유혹에 굴복해 타락했다고 할 수 없다. 그녀는 먼저 열매를 따 먹고 그 다음 남편인 아담에게 주었다. 그 결과 그들은 유한한 생명을 지닌 인간이 되었다. 그것은 그들에게 자녀를 낳을 수 있는 조건을 제공했다. 하지만 그들은 죽음의 운명 또한 짊어져야 했다.[21]

그러나 성경은 하와가 사탄에게 미혹되었기 때문에, 타락을 엄연한 죄악으로 규정한다(딤전 2:14; 고후 11:3).

사후의 구원. 모르몬교는 죽은 자들을 위해 세례를 받는 관습으로 유명하다. 모르몬교 신자들은 모르몬교의 복음을 듣지 못하고 사망한 사람들이 죽은 후에도 복음을 듣고 구원을 얻을 수 있는 기회를 부여받는다고 생각한다. 그들은 세례가 그들의 구원에 반드시 필요한 요소라고 믿기 때문에 '대리자'를 세워 죽은 자들을 위해 세례를 받게 한다. 구체적으로 말하면 살아 있는 모르몬교 신자들이 모르몬교 교회에서 세례를 받지 않고 사망한 지인知人들을 위해 대신 세례를 받는 것이다.[22]

베티 이디의 증언은 죽음이 영혼의 구원을 결코 방해하지 못한다는 모르몬교의 신앙을 반영한다. 그녀는 사후 세계의 안내자들에게서 들었던 이야기를 다음과 같이 전한다.

육체로 거하는 동안 영혼의 지식을 획득하는 것이 매우 중요하다. 세상에서 더 많은 지식을 획득할수록 더욱 빠르게 진보할 수 있다. 어떤 영혼들은 지식이나 신앙이 없는 탓에 세상에서 죄수와 다름없는 삶을 산다(이 말도 모르몬교의 교리를 암시한다). 무신론자로 죽은 자들이나 욕심이나 정욕, 또는 그 밖의 세속적인 욕망 때문에 세상에 속박되어 있는 자들은 진보하기가 어렵다. 그들은 땅에 매여 있게 된다. 그들에게는 하나님께로 나갈 수 있는 능력과 믿음이 부족하다. 어떤 경우에는 그런 것이 있다는 사실조차 알지 못한다. 이런 사람들의 영혼은 자신들의 주변에 보다 큰 능력이 존재한다는 사실을 깨닫고 세상에 대한 집착을 버리기 전까지 땅에 머물 수밖에 없다. 내가 빛을 향해 이동하기 전, 즉 어둠에 감싸여 있을 때 나는 그렇게 머뭇거리는 영혼들의 존재를 의식했다. 어둠이 주는 사랑과 따사로움에서 치유의 능력을 얻고자 하는 한 그들은 그곳에 머물 수밖에 없다. 하지만 결국 그들은 보다 큰 안전과 따뜻함을 주시는 하나님을 받아들이기 위해 떠나야 한다는 것을 알게 된다.[23]

하지만 성경은 "한번 죽는 것은 사람에게 정해진 것이요 그 후에는 심판이 있으리니"(히 9:27)라고 말씀한다. 또한 성경은 사악한 자들이 땅에서 행한 악한 행위에 대해 심판을 받게 될 것이라고 거듭 가르친다(롬 2:5-6; 고후 11:15).

뉴에이지 신앙

천국에 대한 베티 이디의 증언은 이렇듯 모르몬교의 색채를 짙게 드러낸다. 하지만 그녀는 교조적인 모르몬교 신자가 아니다. 그녀의 증언에는 예수그리스도 교회의 교리뿐 아니라 뉴에이지의 신비주의와도 일치하는 대목이 있다.

뉴에이지 운동이란 힌두교와 고대 영지주의의 공통점을 담은 이론과 철학을 뭉뚱그려 놓은 사상 노선을 말한다. 뉴에이지 종교는 범신론적이며(창조주뿐 아니라 창조 세계의 신성을 믿는 신념), 신비주의적이고(진리를 자아의 내부에서 발견할 수 있다는 신념), 혼합주의적이다(다양한 종교적 사상을 서로 섞어서 믿는 신념). 또한 대부분의 뉴에이지 운동에는 미신적인 행위가 상당 부분 가미되어 나타난다.

물론 뉴에이지 사상 중에는 모르몬교와 자연스럽게 일치하는 부분이 많이 있다. (예를 들면 모르몬교의 신앙에도 범신론, 신비주의, 혼합주의의 요소들이 존재한다.) 하지만 베티 이디의 증언에서는 전통적인 모르몬교 신앙보다 뉴에이지 사상에 좀 더 가까운 대목이 발견된다. 그녀에게서 발견되는 뉴에이지 사상에 대해 잠시 살펴보도록 하자.

보편주의. 베티 이디가 증언하는 천국은 궁극적으로 모든 사람을 환영한다. 이상하게도 그녀는 기독교의 배타성을 강하게 역설하면서도 무조건적인 보편주의 또한 옹호한다. 앞에서 말한 대로 그녀는 그리스도가 구원에 이르는 유일한 문이시라고 말했다. 그러면서도 그녀는 장차 '모든 사람'이 그 문을 통과하게 될 것이라고 말한다.[24] 게다가 사후 세계에 대한 그녀의 증언에는 지옥을 언급하는 대목이 전혀 없다. 이것을 통해 그녀가 지옥의 영원한 형벌을 믿지 않는다는 것을 알 수 있다.

이와 같은 보편주의는 모든 종교가 똑같이 필요하다는 그녀의 주장과 밀접하게 관련되어 있다. 그녀의 말에 의하면 세상에서 어떤 종교를 갖느냐는 그렇게 중요하지 않다. 왜냐하면 모든 사람이 궁극적으로 사후의 삶을 통해 진리를 알게 될 것이기 때문이다. 종교적인 잘못이나 그릇된 교리도 궁극적인 관점에서 볼 때 그다지 위험하지 않다. 이것이 바로 뉴에이지 사상의 가장 큰 특징 중 하나다. 이는 결과적으로 진리와 거짓의 차이를 없애는 것이며, 거짓 종교를 확산시키려는 사탄의 계획과도 정확히 일치한다. 사탄이 그런 일을 하는 이유는 모든 사람을 미혹하기 위한 미끼를 제공하기 위해서다.

사탄은 사람들이 어떤 거짓 종교를 받아들이든 관심을 기울이지 않는다. 그의 관심은 거짓 종교를 만드는 데 있지도 않다. 그의 목표는 오로지 기독교의 진리를 파괴하는 것이다. 사람들이 성경의 복음을 받아들이지 않는다면 그것이 어떤 종교든 상관이 없다. 그러므로 점술 행위, 모르몬교, 뉴에이지 사상, 힌두교 등 성경의 진리를 공격하는 것은 무엇이나 사탄의 목적에 이바지하는 셈이 된다.

양 에너지와 음 에너지. 다음은 베티 이디가 뉴에이지 사상에도 많은 영향을 받았음을 보여 주는 대목이다.

우주에는 양 에너지와 음 에너지가 있다. 두 에너지 모두 창조와 발전에 필수적이다. 이들 에너지는 지성을 지니고 있어서 우리의 뜻에 따른다. 말하자면 그것들은 우리를 섬기는 종이다. 하나님은 그 두 에너지에 대해 절대적인 권세를 행사하신다. 즉 빛, 선, 친절, 사랑, 인내, 자선, 희망은 양 에너지에 해당하고, 어둠, 증오, 두려움, 불친절, 성급함, 편협, 이기심, 절망, 낙심은 음 에너지에 해당한다. 이렇듯 양 에너지와 음 에너지는 서로 반대로 움직인다.

그러나 이 에너지를 내면화하면 우리의 종으로 부릴 수 있다. 양은 음을 잡아당기고, 음은 양을 잡아당긴다. 빛은 빛을 향해 나아가고 어둠은 어둠을 사랑한다……. 우리의 생각에는 힘이 존재한다. 우리는 생각으로 우리 자신의 환경을 창조할 수 있다.[25]

이디는 위와 비슷한 논조를 몇 장에 걸쳐 전개한 다음 뉴에이지 운동의 기본 신조라고 할 수 있는 기도문을 실었다.

영적인 치유. 뉴에이지 운동가들은 정신의 치유 능력을 언급한다. 베티 이디의 말처럼 "생각으로 우리 자신의 환경을 창조할 수 있다"면, 긍정적인 생각을 통해 질병 치유가 가능하다는 논리가 성립된다. 이디도 바로 그 점을 주장했다.

우리의 생각 속에는 주변의 양 에너지와 음 에너지를 끌어낼 수 있는 탁월한 능력이 있다. 음 에너지만을 너무 오랫동안 끌어내면 육체의 면역력이 약화된다. 특히 우리 자신에 대해 부정적인 생각을 가질 때 그런 결과가 나타나기 쉽다. 낙심에 사로잡힐 때는 대개 자기중심적인 상태에 지나치게 몰입되어 있는 경우가 많다.

모든 치유는 내면에서 시작된다. 즉 영혼이 육체를 치유한다. 의사의 수술도 도움이 되고 약도 건강에 이로울 수 있지만, 치유의 주체는 영혼이다. 영혼이 없는 육체는 치유될 수 없을 뿐 아니라 오래 살지도 못한다.[26]

이디는 우리 안에 존재하는 영적 능력이 몸의 세포에 영향을 끼쳐 치료 효과를 일으킨다고 말한다. 그러므로 스스로의 약점에만 초점을 맞추는 태도는 음 에너지를 오용하는 것이자 온갖 부작용의 원인이 될 수 있다는 것이 그녀의 주장이다.

나도 전에는 "아이고, 몸이 온통 쑤시고 아프네", "나는 사랑받지 못하는 존재야", "나는 너무 고통스러워", "나는 더 이상 감당할 수 없어"와 같이 스스로에게 부정적인 말들을 하곤 했다. 그러다가 불현듯 그런 말들이 모두 "나"라는 존재를 중심에 두고 있다는 사실을 깨닫게 되었다. 말하자면 지나칠 정도로 스스로에게 매몰된 자신의 모습을 발견하게 된 것이다. 나는 부정적인 생각들을 입 밖으로 소리 내어 말했을 뿐 아니라 마음의 문을 활짝 열고 그것들을 내 안으로 받아들였다. 그러자 "나는 저주받았다"는 자기 연민의 감정이 일어나 육체에 영향을 미쳤고, 그것이 몸이 아픈 증상으로 나타나게 되었다. 전에는 미처 깨닫지 못했지만 지금은 내 자신이 바로 문제의 핵심이라는 점을 분명히 알게 되었다.[27]

물론 위와 같은 생각을 가졌던 사람들은 전에도 많이 있었다. 약 1세기 전에 한참 유행했던 형이상학적 심령 과학 집단이나 메리 베이커 에디가 그 대표적인 사례다. 이들 집단은 마음과 치유의 관계에 대해 비슷한 교리를 설파하는 현대 뉴에이지 운동의 선구자라고 할 수 있다.

자신의 현실 창조. 이 밖에도 "생각으로 우리 자신의 환경을 창조할 수 있다"는 베티 이디의 주장은 진리와 현실이 각 개인의 주관적 속성을 따른다는 논리를 함축하고 있다. 형이상학적 현실들을 포함한 "우리 자신의 환경"은 단지 생각의 결과물에 불과하다는 것이다. 이디는 "우리의 생각이 지니고 있는 힘을 이해하고 나면 생각을 할 때 좀 더 신중한 태도를 취하게 된다. 우리의 말이 지니고 있는 놀라운 힘을 이해한다면 부정적인 말을 하기보다 차라리 침묵을 선택하게 된다. 우리의 약함과 강함은 전적으로 생각과 말에 의해 좌우된다"[28]고 말했다. 한 마디로 이는 우리의 생각이 현실을 결정짓는다는 뜻이다.

이런 식의 주관주의는 심각한 도덕적 해악을 가져온다. 예를 들면 신체장애나 질병도 스스로가 초래한 결과가 된다. 이디는 "놀랍게도 나는 대다수의 사람들이 스스로 각종 질병을 선택했다는 사실을 발견했다. 그들 중에는 불치병을 선택한 이들도 있다"[29]고 말했다. 이디는 휴 다운스와의 인터뷰에서 홀로코스트의 희생자들이 태어나기 전에 스스로의 운명을 선택했다고 주장했다.[30] 이것은 인간의 고통을 사소한 것으로 치부할 뿐 아니라 나치 전범자들을 용납하는 결과를 낳는다.

뉴에이지 운동을 연구하는 복음주의 학자 더글러스 그루투이스는 "홀로코스트의 희생자들이 희생자가 아니라 자원자들이라면 나치에게 도적적인 책임을 물을 수 없다. 왜냐하면 그들은 단지 사람들이 원하는 바를 실현시켜 주었을 뿐이기 때문이다. 하지만 이런 논리는 도덕적으로 용납될 수 없다"[31]고 지적했다.

범신론. 범신론은 하나님과 우주가 하나라는 사상이다. 범신론은 창조주 하나님뿐 아니라 자연 만물까지 신격화하는 경향이 있다. 여배우 셜리 맥클레인은 "내가 곧 하나님이다"라고 주장한 것으로 유명하다. 우리는 그녀의 말에서 뉴에이지가 주창하는 범신론 사상을 분명하게 확인할 수 있다. 그리고 그런 주장은 뉴에이지 신봉자들 사이에서 흔히 볼 수 있는 것으로 대부분의 뉴에이지 사상가들은 하나님이 만물 안에 구현되어 있다고 믿는다. 뉴에이지 운동가들이 자연을 신격화하고 '대지'를 숭배하는 이들과 비슷한 태도를 취하는 이유가 바로 여기에 있다.

베티 이디는 우리 모두에게 신성이 존재한다고 말한다. 그녀가 신봉하는 뉴에이지 사상과 모르몬교의 교리에 따르면 인간의 영혼은 하나님의 후손이기 때문에 신의 속성을 그대로 지닌다. 또한 앞에서 살펴본 대로 그녀는 전지한 지식을 소유하고 있다고 주장한다. 그녀는 다른 곳에서 인간의 본성은 "성스럽다"고 표현했다.[32] 그녀는 인간의 영혼은 육신을 입고 태어나기 전에 땅에서 겪게 될 일을 정확히 알 수 있는 전지한 지식, 곧 "신의 지식"을 소유한다고 말했다.[33]

이디는 천국을 여행하는 동안 강가에 핀 장미를 보았는데 장미를 들여다보는 순간 존재의 현실이 가득 느껴졌었다고 한다. "마치 내 자신이 장미가 된 것 같은 순간이었다……. 장미와 내 안에서 하나님의 존재가 느껴지면서 그분의 사랑이 감당할 수 없을 정도로 가득 밀려왔다. 우리는 모두 하나가 되었다."[34] 이것은 영락없는 범신론 사상이다.

베티 이디는 예수님과 처음 만났던 상황을 묘사하면서도 "그분의 빛이 내 안에 섞여 들어오는 듯한 느낌이었다. 내게 있는 빛이 그분의 빛에 빨려 들어갔다. 그것은 한 방에 있는 두 개의 등불이 서로 빛을 발하며 섞이는 것과 같았다. 하나의 빛이 어디에서 끝나고 다른 하나의 빛이 어디에서 시작하는지를 구별하기 어려웠다. 그 둘은 하나의 빛이 되었다……. 그분의 거대한 영혼의 존재가 느껴짐과 동시에 내 자신이 항상 그분의 일부였음을 알게 되었다. 아니, 나는 그분과 한 번도 괴리된 적이 없었다"[35]고 말했다.

물론 성경도 신자가 그리스도와 연합한다고 가르친다. 하지만 성경은 결코 창조주와 피조물의 구별을 지워 없애거나 하나님과 인간이 영원 전부터 하나였다고 말씀하지 않는다. 베티 이디의 신학은 범신론에 불과할 뿐 기독교 사상과는 거리가 멀다.

이원론. 비성경적인 이원론은 모든 뉴에이지 사상에 깊이 스며들어 있다. 이원론은 우주 만물을 두 개의 근본 원리(예를 들면 음과 양, 선과 악, 빛과 어둠 등)로 축소할 수 있다고 믿는 신념을 말한다. 이원론자들은 모든 현실을 두 개의 근본 원리가 빚어내는 갈등과 대립의 관점으로 설명할 수 있다고 주장한다. 쉽게 말해 두 개의 근본 원리는 「스타워즈Star Wars」에 나오는 "포스"와 "어둠의 포스"와 흡사하다. 뉴에이지 철학은 두 개의 근본 원리를 영혼과 물질, 빛과 어둠, 지식과 무지, 마음과 육체, 하늘과 땅 등으로 표현한다.

베티 이디의 천국도 뉴에이지 이원론을 여지없이 드러낸다. 선과 악, 영혼과 육체, 하늘과 땅이라는 이원론이 그녀의 증언에 일관된 주제를 형성한다. 물론 그녀가 사용하는 용어들에도 뉴에이지의 색채가 농후

하다. 예를 들어 그녀의 양 에너지와 음 에너지에 관한 개념 속에는 이 원론이 숨어 있다. 영혼과 육체가 치유의 과정에서 함께 작용한다고 주장하는 견해 역시 이원론을 바탕으로 한다. 또한 그녀의 죄와 악에 관한 견해도 이원론에 치우쳐 있다.

이원론은 죄에 대한 성경의 견해와 근본적으로 상충된다. 만일 이원론적 세계관이 옳다면 서로 반대되는 두 세력이 영원 전부터 갈등과 대립 상태를 지속해 왔다는 의미가 된다. 이는 결과적으로 악도 선만큼 필요하다는 의미를 함축한다. 베티 이디의 천국은 이와 같은 이원론을 근거로 한다. 앞에서 말한 대로 그녀는 아담과 하와의 타락이 필요악이었다고 믿는다. 더욱이 그녀는 죄가 거룩하신 하나님의 뜻을 어긴 결과가 아니라 음 에너지를 너무 많이 끌어들인 결과라고 말한다. 그녀에게 분노, 증오, 질투, 원망, 용서하지 않는 마음은 속죄가 필요한 죄가 아니라 스스로 제거할 수 있는 부정적인 요소일 뿐이다.[36]

이디는 죄를 이따금씩 언급하는 데 그친다. 그루투이스의 관찰에 따르면 그녀는 죄라는 용어를 사용할 때 대개 인용 부호를 붙였다고 한다.[37] "우리의 영체靈體는 빛과 진리와 사랑으로 가득 차 있지만 육체를 극복하기 위해서 끊임없는 투쟁이 필요하다"[38]는 이디의 말은 이원론 사상을 여실히 드러낸다. 그녀의 말에 의하면 육체와의 싸움은 우리 안에 선의 힘을 강화하는 효과를 가져다줄 뿐 아니라 궁극적으로 악의 영향력으로부터 우리를 자유롭게 해준다. 이처럼 죄는 영혼이 정상적으로 성장하는 데 없어서는 안 될 필수 요소인 것이다. 다시 말해 죄를 통제하고 극복하는 과정을 통해 영혼이 성장한다는 것이 그녀의 지론이다. 그 논리에 따르면 죄는 궁극적으로 정복되어야 할 원수가 아니다. 따라서 그리스도의 대속 행위를 통해 용서받을 필요도 없다.

베티 이디는 속죄의 필요성을 인정하기는커녕 "죄는 우리의 참된 본성이 아니다. 우리는 빛이다. 다만 흐리고 밝음의 차이만 있을 뿐이다. 빛은 곧 지식이다. 우리는 신성한 영적 본성을 지니고 있기 때문에 선을 행하려는 마음으로 가득하다"[39]고 말했다. 그러나 이 말은 성경과 정면으로 충돌한다. 성경은 인간을 가리켜 "본질상" 진노의 자녀요(엡 2:3), 하나님의 원수이자(롬 5:10), 하나님의 법에 굴복할 수 없는 존재(롬 8:7)라고 말씀한다. 또한 성경은 "선을 행하는 자는 없나니 하나도 없도다"(롬 3:12)라고 말씀한다. 하지만 베티 이디는 "영의 세계에서는 현세에서와 달리 죄를 찾아볼 수 없다. 그곳에서의 경험은 모두 긍정적이다"[40]라고 말한다.

이원론은 어떤 형태를 띠든지 악이 지닌 도덕적 의미를 축소하는 경향이 있다. 악이 영원한 우주의 힘이라면 용인해야 하고 이해해야 하며 심지어는 이용해야 한다는 결론이 도출된다. 그런 경우 악은 멸망해야 할 원수가 아니다. 베티 이디가 인간의 죄 문제에 무관심한 이유가 바로 여기에 있다. 그녀는 천국에 있는 동안 "레이저 영상을 보듯이" 자신의 삶 전체를 돌아볼 수 있는 기회를 가졌다고 말했다.[41] 그녀는 자신의 삶을 돌아보면서 부끄러움을 느끼기 시작했다고 고백한다.

다른 사람들을 실망시켰던 일들이 눈앞에 펼쳐졌다. 죄책감이 밀려오면서 그들이 느꼈을 실망감이 고스란히 내게 전달되었다. 나는 내가 초래한 고통을 이해했고 느끼기 시작했다. 그 순간 몸이 떨려 왔다. 내 못된 성질이 많은 슬픔을 초래했음을 알게 되자 똑같은 슬픔이 느껴졌다. 내 자신의 이기적인 태도를 깨닫게 되자 마음에서부터 해방을 부르짖게 되었다. 그토록 남을 배려하지 못하고 살았던 삶이 후회스러웠다.[42]

이디는 자신의 잘못된 행동이 "파장 효과"를 일으키며 번져 나갔던 사실을 깨닫게 되었다고 한다. 그녀가 사람들에게 잘못된 행동을 하면 그들도 다시 다른 사람들에게 잘못을 행하고, 그런 일들이 연쇄적으로 계속되었다고 한다. 자신의 잘못이 그토록 광범위한 영향을 미치는 것을 본 그녀는 너무나 고통스러워서 더 이상 감당할 수가 없었다고 말한다.

이디는 바로 그 순간 구세주가 다가오시더니 스스로를 너무 나쁘게 생각하지 말라고 하셨다고 했다. 또한 그녀는 예수님이 "네 자신을 너무 자책하지 말라"고 말씀하시며 그녀가 행한 착한 행동도 그와 똑같은 "파장 효과"를 일으켰다면서 몇 가지 사례를 보여 주셨다고 했다.[43] 선한 행동이 악한 행동과 대립한다는 이원론을 다시 엿볼 수 있는 대목이다. 그녀는 "그러자 고통이 사라지고 기쁨이 찾아왔다"고 말했다.

이런 식의 사고방식은 자연히 속죄의 필요성을 부정하기 마련이다. 그 이유는 죄에서 벗어나기 위해서 선한 행동으로 악한 행위를 상쇄하면 그만이기 때문이다. 결국 그리스도의 구속 사역은 불필요한 것이 된다. 그러므로 이것은 참된 기독교가 아니라 이교도의 이원론 사상에 불과하다.

한편, 어떤 이들은 기독교 자체를 이원론적으로 생각하기도 한다. 선과 악, 하나님과 사탄의 싸움이 오랫동안 존재해 오지 않았느냐, 그것이 이원론이 아니고 무엇이냐고 말하는 것이다.

하지만 결코 그렇지 않다. 사탄은 하나님과 동등한 신적 존재가 아닌 피조물이다. 하나님 이외에 영원한 근본 원리는 결코 존재하지 않는다. 때문에 악은 하나님의 선하심을 영원히 대적하지 못한다. 다만 악은 타락으로 인한 결과일 뿐이다. 모든 피조물은 장차 악으로부터 영원히 구원받을 것이다.

이처럼 악은 하나님과 쌍벽을 이루는 영원한 세력이 아니다. 하나님과 사탄은 서로 대등하지 않다. 그러므로 참 기독교는 본질적으로 일원론이다. 기독교인들이 믿는 유일하고 영원한 원리는 바로 하나님뿐이다. 하나님이 사탄과 악을 다스리신다. 정통 기독교는 모든 존재가 시작하기 전 오직 하나님만이 존재하셨다고 믿는다. 성경은 "그가 만물보다 먼저 계시고 만물이 그 안에 함께 섰느니라"(골 1:17)고 말씀한다. 심지어 삼위일체 교리도 기독교의 일원론에 위배되지 않는다. 하나님은 삼위로 계시지만 본질은 하나이시기 때문이다.

이렇듯 기독교의 진리는 이원론을 배제한다. 역사를 돌이켜 보면 기독교 신앙에 이원론을 혼합시키려고 했던 이들이 모두 이단으로 치우쳤음을 알 수 있다. 영지주의의 오랜 역사 속에서 그런 사례를 쉽게 찾아볼 수 있다.

영지주의. 베티 이디의 교리는 뉴에이지 철학과 함께 영지주의의 영향을 받았다. 영지주의는 기독교 초창기에 번성했던 비정통 집단들의 교리를 총칭하는 용어로, 이원론과 신비주의를 내세운 영지주의는 항상 이단 사상에 치우쳤다. 그리고 그 영지주의 사상이 오늘날 뉴에이지 운동에 계승되어 나타났다. 사실 뉴에이지 운동은 영지주의의 부활이라고 해도 과언이 아니다. 영지주의자들은 주로 성경과 기독교가 사용하는 용어를 사용했는데 그럼에도 그들의 사상은 참 기독교 신앙과 정면으로 배치되는 것들이었다. 따라서 우리 기독교인들은 신新영지주의 사상을 경계해야 할 필요가 있다.

영지주의의 핵심 사상은 그 명칭이 암시하는 대로 선각자들이 성경에 계시된 진리보다 한 차원 더 높은 지식을 소유할 수 있다는 것이다. '깨달음의 비밀'이 무엇이냐는 질문에 영지주의자들의 대답이 항상 일치하는 것은 아니지만, 그들은 깨달음을 얻은 소수의 선각자들이 성경을 뛰어넘는 지식을 소유할 수 있다는 데에는 모두 의견을 같이한다.

이런 점에서 영지주의는 근본적으로 신비주의적인 속성을 지닐 수밖에 없다. 여기에서 말하는 신비주의는 비밀스러운 지식을 알기 위해 내면을 깊숙이 성찰하는 태도를 의미한다. 영지주의가 말하는 지식은 꿈과 환상, 천사의 메시지, 마음을 통한 하나님과의 직접적인 대화, 생체 자기 제어, 내면의 감정, 유체 이탈과 같은 방법을 통해 획득될 수 있다. 또는 베티 이디의 경우처럼 모든 요소가 혼합된 상태로, 즉 영혼의 형태로 영적 세계를 방문함으로써 이루어지기도 한다.

이디는 사후 경험을 통해 우주의 비밀을 내밀히 들여다보았다고 주장한다. 그녀는 자신이 천국에 관한 성경의 증언을 뛰어넘는 지식을 얻었다고 이야기한다. 이는 결국 스스로에게 성경보다 더 높은 권위를 부여하는 셈이다. 전형적으로 영지주의의 특성을 띠고 있음을 알 수 있다.

그 밖의 다른 비성경적인 사상들

베티 이디의 책에서는 그 밖에도 여러 가지 비성경적인 사상들이 발견된다. 비교적 사소한 것도 있고 또 매우 중요한 것도 있다. 몇 가지 예를 들어 보면 다음과 같다.

인간 의지의 주권. 이디는 성경이 말하는 하나님의 주권 교리를 인정하지 않고 극단적인 자유의지 교리를 설파한다. 그녀는 사후 세계에서 자녀들의 모습을 내려다보며 이런 생각이 떠올랐다고 한다. "아이들도 나처럼 세상에 태어나기 전에 발달된 지식을 소유한 독립된 영혼이었다. 그들은 각자 자신들이 선택한 삶을 살 수 있는 자유의지를 지녔다. 그들의 자유의지는 마땅히 인정되어야 한다."[44] 그녀는 자녀들이 태어나기 전에 이미 선택한 삶을 살아가고 있다고 보기 때문에 그들이 자유의지를 통해 선택한 삶을 부정해서는 안 된다고 말한다. 그리고 "슬픔이나 두려움을 안겨 줄 필요는 없다"[45]고 강조한다.

그녀는 이런 생각들을 책에서 좀 더 확실하게 정립했다.

우리는 전생에서 필요한 정보를 배우고 우리의 삶을 스스로 선택한다……. 우리는 스스로 행동할 수 있는 능력을 부여받았다. 우리의 행동이 우리의 삶을 결정한다. 우리는 언제라도 우리의 삶을 바꿀 수 있고, 새로운 방향을 설정할 수 있다. 이는 매우 중요하다. 하나님은 우리가 원하지 않으면 우리의 삶에 개입하지 않으시겠다고 약속하셨다. 하나님은 전지한 지식으로 올바른 소망을 이룰 수 있도록 우리를 도와주신다. 우리는 자유의지를 마음껏 발산하고 활용할 수 있는 능력을 주신 것에 감사해야 한다. 우리는 자유의지를 통해 큰 기쁨을 얻을 수도 있고 우리에게 슬픔을 안겨 주는 일들을 선택할 수도 있다. 우리의 선택은 우리 자신의 결단을 통해 이루어진다.[46]

그러나 성경은 결코 이런 식으로 가르치지 않는다. 성경은 인간의 자유의지를 높이 평가하지 않는다. 오히려 성경은 인간이 죄와 그릇된 욕망에 속박되어 있다고 말한다. "육신의 생각은 하나님과 원수가 되나니 이는 하나님의 법에 굴복하지 아니할 뿐 아니라 할 수도 없음이라"(롬 8:7). 인간은 일생 동안 죄의 속박에 매여 있을 따름이다(히 2:15).

성경은 인간의 부패한 마음 상태를 죽음에 빗대어 표현한다. 인간은 "허물과 죄로 죽었던"(엡 2:1) 존재들이다. 인간은 그릇된 욕망에 사로잡혀 있다. "우리 육체의 욕심을 따라 지내며 육체와 마음의 원하는 것을 하여 다른 이들과 같이 본질상 진노의 자녀이었더니"(3절)라는 말씀에서 그 점을 확인할 수 있다. 우리가 구하지 않으면 하나님이 우리의 삶에 개입하지 않기로 약속하셨다는 이디의 말은 거짓이다. 우리의 구원을 위해서는 반드시 하나님의 주권적인 개입이 필요하다(4-5절). 하나님이 우리 스스로 살도록 방치하셨고, "우리가 원하지 않으면 우리 삶에 개입하지 않기로" 작정하셨다면 우리에게는 아무런 소망이 없다.

"원하는 자로 말미암음도 아니요 달음박질하는 자로 말미암음도 아니요 오직 긍휼히 여기시는 하나님으로 말미암음이니라"(롬 9:16)는 말씀에서 볼 수 있듯이 주권을 행사하는 주체는 죄인이 아닌 하나님이시다. 하나님은 우리가 죄를 사랑하고 그분의 의를 무시하는 데도 우리를 구원하신다. 구원은 창세전에 작정된 일이지만, "우리로 사랑 안에서 그 앞에 거룩하고 흠이 없게 하시려고"(엡 1:4) 결정한 주체는 우리가 아닌 바로 하나님이시다.

인간의 자기만족. 베티 이디는 죄인을 주권자로 만들었을 뿐 아니라 인간이 스스로 모든 영적 욕구를 만족시킬 수 있다고 주장했다.

그녀의 그런 주장은 하나님을 불필요한 존재로 전락시킨다. 이디는 하나님이 인간의 문제에 개입하지 않기로 약속하셨다고 했다. 그리고 그녀는 하나님의 개입 없이 스스로를 도울 수 있는 능력이 모든 사람들에게 있다고 말했다. "우리가 인정하지 않거나 활용법을 알지 못할 수도 있지만 인간에게는 누구나 스스로를 도울 수 있는 능력이 있다. 우리는 내면을 성찰해야 할 필요가 있다. 우리 자신의 능력을 신뢰해야 할 필요가 있다. 올바른 영적 수단이 우리 안에 항상 존재한다는 사실을 믿어야 한다."[47] 그러나 죄인인 인간은 스스로를 구원하기에 전적으로 무능하다. "나를 떠나서는 너희가 아무 것도 할 수 없음이라"(요 15:5)는 예수님의 말씀은 이디의 주장과 정면으로 충돌한다.

행위에 의한 구원. 죄인이 자유의지를 통해 주권을 행사할 수 있고, 또 영적으로 만족을 누릴 수 있다는 주장은 구원의 문제를 인간의 소관으로 만들 뿐 아니라 행위에 의한 구원으로 귀결시킨다. 이는 모든 형태의 거짓 교리와 컬트 집단이 일반적으로 저지르는 잘못이다.

베티 이디의 사고방식에 따르면 땅에서의 삶은 영원한 성장 과정 중 일부에 불과하다. 인간의 죄는 더 나은 성장을 위한 수단에 지나지 않는다.[48] 이 주장대로라면 은혜의 개입을 달가워할 수 없다. 왜냐하면 하나님이 인간을 대신해 어떤 일을 행하신다면 그것은 곧 성장의 기회를 잃는 것이나 다름없기 때문이다. (이것이 그녀가 구하기 전에는 개입하지 않으시기로 약속하셨다고 주장하는 이유다.) 그녀의 주장대로라면 인간의 결함은 극복할 수 있는 불완전한 약점에 불과하다. 우리는 스스로 성장의 길을 헤쳐 나가야 한다. 이디는 "우리는 우리 자신의 삶을 창조하며 재능을 활용해야 한다. 우리는 실패와 성공을 모두 경험할 수밖에 없다. 우리는 자유의지를 사용해 우리의 삶을 더욱 넓게 확대하고 발전시켜 나가야 한다"[49]고 주장했다.

또한 이디는 사랑을 으뜸으로 꼽았다.[50] 그녀는 "중요한 것은 오직 사랑뿐"[51]이라고 말하며, "모든 것은 매우 단순하다. 친절한 행동을 하면 기쁨을 얻게 될 것이다"[52]라고 덧붙였다.

천사에 관한 지나친 강조. 베티 이디는 하나님의 개입은 인정하지 않으면서도 천사들의 개입은 기꺼이 인정했다. 그녀는 천사들이 섭리의 사역을 행한다고 말했다.[53] 그녀는 천사들이 사람들의 기도에 응답하며[54] 수호천사가 항상 우리 위를 맴돌다가 명령이 떨어지면 행동을 개시한다고 이야기한다.[55] 이디는 또한 천사들이 종종 우리에게 찾아와 탄생 전에 결심했던 바에 충실할 것을 격려한다고 말한다.[56]

물론 성경은 이런 사상을 전혀 가르치지 않는다.

후안무치厚顔無恥한 태도. 최근에 출간된 천국 여행기들과 마찬가지로, 베티 이디도 자아를 한층 더 높이 추켜세운 채로 세상으로 돌아왔다.

사실, 그녀는 처음에 천국을 보았다고 할 때도 상당한 자긍심을 지니고 있었던 것으로 보인다. 에스겔은 하나님을 보는 순간 경외심을 느끼고 땅에 엎드렸지만, 이디는 자신이 세상으로 돌아가는 데 필요한 조건들을 하나님 앞에서 상세히 말했다고 증언한다. 그녀는 "그들은 내 조건에 동의했다"라고 말했다.[57] 하나님 앞에서 자신의 불결함을 의식하고 두려워했던 이사야와는 달리 그녀는 어디에서부터 자신의 빛이 사라지고 예수님의 빛이 비추기 시작했는지 알 수 없었다고 말했다.[58] 또한, 그녀는 사도 요한처럼 예수 그리스도를 "알파와 오메가요 처음과 마지막이요 시작과 마침"(계 22:13)으로 보지 않고, 창조 사역이 이루어질 때 자신이 입회인의 신분으로 그분과 함께 있었다고 말했다.

그녀가 보았다는 "천국"은 성경이 가르치는 천국과는 아무 관계가 없는 것이 분명하다.

여러 가지 비성경적인 주장. 이 밖에도 이디의 책에는 성경의 지지를 받지 못하는 여러 가지 개념들이 존재한다. 예를 들어 그녀는 태아의 영혼이 "임신 중인 엄마의 몸 안에 언제 들어갈 것인지를 선택할 수 있다"[59]고 말했다. 또한 그녀는 죽은 자들을 대신하는 기도가 영의 세계에서 그들에게 도움이 될 수 있다고 말한다.[60] 그녀의 책에는 성령의 역할을 언급하는 대목이 전혀 눈에 띄지 않는다. 이는 그녀가 성령의 인격성을 믿지 않는다는 증거다.

부정적 생각의 주범, 기독교

천국에 관한 이디의 증언에서 잘못된 개념들을 논하는 일에 너무 많은 시간을 할애한 듯한 인상을 줬는지 모르겠다. 하지만 그것들은 결코 좌시할 수 없는 심각한 오류다. 더군다나 수많은 사람들이 그것에 영향을 받고 있다. 특히 그녀의 저서 중 『그 빛에 감싸여』는 대중에게 이미 널리 알려져 많은 인기를 누리고 있다. 그리고 앞으로도 계속 영향력을 행사할 가능성이 높다.

아울러 이와 유사한 책들이 시중에 나오기 시작했다. 어떤 책들은 베티 이디의 책보다 훨씬 더 심각한 오류를 지니고 있다. 그 가운데 하나가 대니언 브링클리의 『죽음의 저편에서 나는 보았다 Saved by the Light』[61]이다. 이 책은 이미 뉴욕타임스의 베스트셀러 목록에도 포함되어 있다.

브링클리는 번개에 맞은 후 사후 세계를 체험하게 되었다고 이야기한다. 그의 증언과 이디의 증언은 많은 점에서 유사하다. 한 가지 중요한 차이가 있다면 브링클리의 경우 기독교, 특히 성경의 권위를 믿는 기독교에 적대적이라는 점이다. 그는 "우리의 참 모습을 되찾을 수 없

다"는 부정적인 생각을 갖게 만드는 주범이 기독교라고 역설했다.[62]

브링클리는 자신이 세상에 메시지를 전하라는 명령을 받고 다시 살아났다고 믿는다. 그것은 인류의 앞길이 아직 결정되지 않았다는 메시지다. 바꾸어 말해 이는 모든 상황을 바꿀 수 있는 기회가 우리에게 있다는 의미다. 브링클리는 천상의 존재에게 들었다는 내용을 다음과 같이 정리했다.

나는 세상으로 되돌아가야 했다. 사람들이 변하지 않을 것을 대비해서다. 우리가 알고 있는 세상은 변하여 사라지고, 종교가 없어지고, 제도가 허물어지고, 거짓 때문에 정부가 와해될 것이다. 사람들을 위해 도그마(교리)도 없고, 그것을 신봉하는 종교도 없는 세상을 준비하는 것이 내가 해야 할 일이다. 사람들은 여덟 단계의 프로그램을 통해 더 이상 안전하지도 신뢰할 수도 없는 세상에서 그들의 영혼을 새롭게 하고 스스로를 혁신할 수 있는 길을 되찾게 될 것이다.[63]

대니언 브링클리는 뉴에이지 운동에서 "도그마 없는 세상"을 발견했다. 그는 현재 뉴에이지 운동의 전도자다. 그는 자신의 경험을 베티 이디의 경험과 어떻게 조화시킬 수 있느냐는 질문에 아래와 같이 대답했다.

사람들의 이야기는 문화적 배경 또는 종교적 배경 등에 따라 저마다 다르게 나타난다. 내가 빛의 존재를 본 것처럼 베티는 예수님을 보았다. 어떤 이들은 무함마드를 보기도 하고, 어떤 이들은 크리슈나를 보기도 한다.

사람들마다 빛의 존재를 가리키는 명칭이 다르다. 하지만 사람들의 경험은 모두 똑같다. 나는 레이먼드 무디를 비롯한 몇몇 사람들과의 대화를 통해 가사 상태의 경험이 일률적이고 구체적이라는 점, 그렇기 때문에 특정 교리나 문화적 배경과는 상관 없이 동일한 체험을 한다는 점을 확인할 수 있었다……. 다른 사람들도 영적으로 의식이 깨어나게 되면 그들의 삶이 가르치는 바를 직접 체험하게 될 것이다.[64]

가사 상태의 체험을 옹호하는 선두 주자 가운데 한 사람의 입에서 그런 경험들이 사후 세계에 대한 객관적인 진리를 형성하지 못한다는 점을 인정하는 발언이 나온 셈이다. 이는 사후 세계의 체험담이 각자의 세계관에 의해 서로 다르게 구성되고 해석될 수 있다는 의미를 함축한다. 꿈의 해석을 통해 보이지 않는 세상에 관해 신뢰할 만한 대답을 얻을 수 없듯이, 가사 상태의 체험담도 신뢰할 수 없기는 마찬가지다.

가사 상태의 경험을 근거로 사후 세계에 관한 견해를 이끌어내고 여러 가지 영적 문제를 논하는 이들은 한마디로 불, 곧 지옥 불을 가지고 장난하는 것과 같다. 그리고 이것이 곧 사탄의 전략이다.

천국에서
돌아온 소년

어린 아들의 임사 체험을 다룬 케빈 말라키의 책은 토드 부포의 책과 매우 흡사하다. 비교해 보자면, 후자에 비해 글도 더 잘 썼고 재미도 더 있지만, 성경이나 신학의 관점에서 보면 조금도 나은 점이 없다. 부포와 말라키 모두 천국을 너무나도 하찮게 다루고 있다. 둘 다 하나님의 말씀보다 인간의 경험에 의존해 천국을 설명하고 있고, 독자들에게 모든 판단을 중지한 채 인간의 공상이 빚어낸 허구를 받아들이라고 요구한다.

『천국에서 돌아온 소년』은 2004년 11월에 그의 가족이 끔찍한 교통사고를 당했던 경험을 다루고 있다. 그 사고로 인해 장남 알렉스(당시 여섯 살)는 거의 죽음 직전에 이르렀다. 책의 겉표지에는 케빈과 알렉스가 공동 저자로 쓰여 있지만, 저작권 부분에는 케빈의 이름만 올라와 있다. 책을 쓴 사람은 케빈인 것이 분명하다. 또한, 그 책의 표지에는 큰 글자로 "실제 이야기"라고 적혀 있다. 그러나 앞으로 알게 될 테지만, 이 책에는 케빈 말라키가 알렉스가 보고 경험했다는 환상을 과장하고 윤색하고 날조한 흔적이 곳곳에 명백하게 드러나 있다.

알렉스의 몸이 마비된 사실을 묘사하는 케빈의 글은 가슴을 아프게 만든다. 그와 알렉스는 교회에서 집으로 돌아가는 중이었다. 최근에 새 집으로 이사한 그들은 그날 아침 새 동네에 있는 한 교회를 방문했다. 케빈의 아내 베스는 며칠 전에 넷째 아이를 출산하고, 새로 태어난 아이와 함께 병원에서 퇴원해 집에서 몸조리를 하는 중이었다. 따라서 자동차에 타고 있던 사람은 어린 알렉스와 그의 아버지뿐이었다.

케빈은 집으로 돌아오는 도중에 낯선 교차로와 마주쳤다. 그는 의식하지 못했지만, 그 교차로는 사방의 시야가 완전하지 못했다. 교차로 건너편 몇백 미터 앞의 도로가 우묵하게 내려가 있었기 때문에 그 아래쪽 끝에서 올라오는 차가 있다면 순간적으로 시야에서 완전히 사라질 수밖에 없는 형국이었다. 다시 말해, 교차로에 들어선 운전자가 정확히 그런 순간에 도로를 계속 주시하지 않고 슬쩍 한 번 내려다보는 것으로 그치면, 도로가 텅 비었다고 착각할 가능성이 매우 높았다.

그 순간에 하필 전화가 걸려와 정신이 잠시 산만해진데다 시각적 착각에 속아 넘어가기까지 한 케빈은 마주 오는 차량을 피하려고 급히 핸들을 꺾었지만 결국 그 측면을 들이받고 말았다. 알렉스는 목에 외상을 크게 입고 거의 소생이 불가능한 상태가 되고 말았다. 케빈은 이렇게 말했다. "알렉스의 목뼈가 부러졌다. 그의 두개골은 척추와 분리되었고, 피부와 근육과 힘줄만이 두개골을 겨우 지탱하고 있는 상태였다. 그의 척수는 완전히 절단되었다."[1]

알렉스는 의사들의 예상을 뒤집고 살아남았지만, 부상 부위 아래로는 모든 감각과 운동 능력을 잃고 말았다. 척수에 가해진 손상이 너무 심해 음식물을 삼킬 수가 없어 급식관을 사용해야 했고, 심지어는 스스로 숨조차 쉴 수가 없어서 기도를 절개한 뒤에 부착시킨 인공호흡기에 의존해야 했다.

알렉스가 회복하기까지는 많은 시간과 고통이 뒤따랐다. 그는 그 기간 동안 대부분 혼수상태로 지냈다. 그러나 그는 점차 의식을 회복했고, 다시 의사소통하는 법을 배웠다. 사고가 난 지 4년이 지나서 의사들이 그의 횡경막을 인위적으로 자극해 스스로 숨을 쉬게 만드는 장치를 심는 수술을 실시했다. 그 후로부터 그의 회복은 급속히 이루어지기 시작했다. 알렉스는 마침내 인공호흡기에서 벗어났다. 그러나 휠체어 신세를 면하지는 못했다.

알렉스가 회복하기까지의 일과 사지마비의 상태로 삶에 적응해 나가는 과정을 묘사한 부분은 그 자체로 큰 용기와 믿음을 보여 주는 이야기가 아닐 수 없다. 그러나 케빈 말라키는 자기 아들의 증언에 성경에 어긋나는 내용을 너무 많이 덧붙였고, 그 결과 그의 책은 매우 위험한 오류에 치우치고 말았다. 알렉스 자신도 그 책을 알리는 웹페이지에서 자기 아버지의 증언에 대해 그런 견해를 피력했지만, 그의 말은 곧 삭제되었다.[2] 베스 말라키는 알렉스의 말을 자신의 블로그에 다시 게재하고, "알렉스는 그 책에 관해 정확하게 말했지만, 그의 말은 묵살되었다"라고 말했다. 그녀도 알렉스와 마찬가지로 남편의 책에 수록된 내용 가운데 많은 것을 인정하지 않았고, "독자들은 조심하세요. 절대적으로 진실하고 오류가 없는 책은 단 한 권, 곧 하나님의 말씀뿐입니다. 성경은 헛된 공상을 가미하거나 상업적인 목적으로 사용하기 위해 잘 포장할 필요가 전혀 없습니다. 성경은 그 자체로 참으로 놀랍기 그지없습니다"라고 말했다.[3]

그러나 그 책을 읽는 독자들은 그런 말에 조금도 동요하지 않았다. 그들 가운데 한 사람은 알렉스의 말을 그를 사칭한 사기꾼의 말로 생각했는지 "알렉스가 자기 책이 사실이 아니라고 말했을 리가 없습니다"라는 답변을 보내왔다. 더욱이 그는 "진짜 알렉스에게: 나는 지금까지 내가 읽은 책 중에 네 이야기가 가장 정직하고 진실한 경험담이라고 생각한다. 하나님이 네 이야기와 너를 통해 말씀하고 계신단다. 나는 네 이야기가 참된 진실이라는 것을 알고 있다"라고 덧붙이기까지 했다.

인간적인 차원에서 생각하면, 성경 지식이 없고 남의 말을 쉽게 믿는 독자들이 속아 넘어가는 이유를 이해하기는 그리 어렵지 않다. 『천국에서 돌아온 소년』은 사람의 감정을 움직이는 강력한 힘을 지니고 있다. 이 책은 알렉스가 그토록 심한 부상에서 다시 회복하게 되는 감동적인 이야기에서부터 시작한다. 그런 이야기를 읽고 있노라면 알렉스와 케빈 말라키에 대해 깊은 동정심을 느끼지 않을 수 없다. 한 아버지와 어린 아들의 즐겁고 행복했던 삶이 아무런 예고도 없이 극심한 공포로 뒤바뀌어 한 가족의 삶에 영원히 지울 수 없는 상처를 남기기까지의 과정을 전하는 케빈의 이야기는 독자의 심금을 충분히 울리고도 남는다.

그러나 책의 내용이 알렉스가 듣고 보았다고 주장하는 사실을 묘사하는 내용으로 전환하는 순간, 그의 책은 영지적 신비주의와 말씀 신앙의 교리(word-faith doctrine, 성경 외에 인간이 쓴 글을 새로운 계시로 받아들이는 말씀 신앙 운동의 교리_역자주)를 지지하는 쪽으로 신속히 기울기 시작한다. 다시 말해, 공상, 미신, 그릇된 교리, 성경 구절 등이 복음주의를 연상시키는 언어로 포장되어 천국과 천사와 사후 세계에 관한 그릇된 견해를 전하는 위험한 내용으로 돌변한다.

케빈은 "나는 천국에 갔다"라는 항목에서 알렉스가 천사들이 아버지를 자동차 밖으로 옮기는 모습을 본 것을 기억한다고 전했다.[4] 케빈은 계속해서 알렉스가 "그러고 나서 조수석을 바라보았더니 마귀가 내 눈을 쳐다보면서 '그렇단다. 네 아버지는 죽었다. 모두 네 잘못이다'"라고 말했다고 전한다.[5]

케빈의 이야기에 나오는 알렉스의 말은 마귀의 출현을 잠시 언급하고 나서 곧바로 천국의 환상을 묘사하는 내용으로 이어진다. 그의 이야기는 단락을 새로 바꾸지도 않은 채 계속된다. "그 차와 충돌한 직후 나는 천국에 갔다. 그러나 내 영혼이 언제 몸에서 빠져나왔는지는 정확히 알 수 없다. 단지 내가 천국에 있을 때 모든 것이 완전했다는 사실만이 기억난다."[6] 케빈은 알렉스가 가사 상태를 체험한 많은 사람이 흔히 말하는 대로 긴 터널을 통과했지만, 그 터널은 어둡지 않고 알렉스를 위해 빛이 밝혀져 있었다고 말했다. 또한, 그는 터널 속에서 울려 나오는 음악 소리는 알렉스의 취향에 맞지 않았다면서 "긴 줄을 가진 악기에서 울려 나오는 듣기 싫은 소리였다"라고 말했다.[7]

케빈 말라키는 알렉스가 천국에 도착했을 때 "아빠도 천국에 있었다. 천사들은 나와 함께 있었기 때문에 아빠는 하나님과 단 둘이 있을 수 있었다. 아빠도 나처럼 부상을 입었지만, 하나님이 그를 고쳐 주고 계셨다"라고 말했다고 전한다.[8] 케빈은 사고 당시 잠시 의식을 잃었지만, 부상이 그리 심각하지 않았다. 그는 자신은 천사들을 본 기억도, 천국에 간 기억도 없지만, 그곳에서 자신을 보았다는 알렉스의 증언을 독자들이 사실로 믿어 주기를 바라는 듯 보인다.

알렉스가 중증 외상을 다루는 장비가 설치된 헬리콥터를 타고 병원으로 이송되는 동안, 케빈은 심한 부상을 입은 아들을 떠나보내 놓고 몹시 걱정스러워하면서 근처에 있는 병원 응급실에서 치료를 받았다.

"긍정적인 고백"이라는 이단 사상

알렉스가 헬기로 이송되는 동안, 그와 함께 있던 응급처치원 가운데 한 사람인 데이브 높은 소위 "긍정적인 고백"을 가르치는 번영 신학을 굳게 신봉하는 신자였다. 텔레비전에서 은사주의를 외치는 사람들 가운데 대다수가 치유와 경제적 번영을 약속하는 말과 함께 이 교리를 강조한다. 이 교리는 인간의 말이 현실을 창조하는 영적(마술적)인 능력을 발휘한다는 그릇된 신념을 바탕으로 한다. 이 교리는 귀에 들리는 말로 마음속의 믿음을 드러내면 기도 응답이나 축복과 같은 뜻밖의 행운이 주어지지만, 반대로 잘못해서 부정적인 말을 하거나 두려움과 의심을 드러내면 모든 과정이 취소되고 기도 응답을 받을 수 없다고 가르친다.

이런 가르침은 기도를 마법을 행하는 수단으로 전락시켜 기도하는 사람이 올바른 주문을 외워야만 복을 받을 수 있다는 미신을 부추긴다. 치유와 기적이 이루어지지 않으면, 병을 치유하거나 기적을 행하는 사람은 구하는 사람이 기적을 진정으로 바라지 않았다면서 모든 책임을 그에게 돌린다. 다시 말해, 그런 결과가 나타난 이유는 구하는 사람의 긍정적인 고백이 충분하지 못했기 때문이라는 것이다.

데이브 놉은 알렉스 말라키가 병원으로 이송되는 동안에 그에게 손을 얹고 치유를 빌었다고 말했다. "나는 그 아이가 예수님의 이름으로 고침을 받게 해달라고 기도했다. 그리고 주님이 알렉스를 치유해 주실 줄 믿고 감사했다."[9]

놉은 나중에 병원에서 베스 말라키를 만났고, 그녀에게 알렉스를 위해 기도했다는 말을 전했다. 그러면서 그는 그녀가 하는 말이 알렉스의 치유와 죽음에 중요한 영향을 미치게 될 것이라며 주의를 당부했다.

데이브는 베스의 눈을 유심히 바라보며 이렇게 말했다. "제 말을 잘 들으세요. 부인은 곧 응급실에 들어가서 그곳에서 끔찍한 소리를 듣게 될 것입니다. 의사들은 아이가 죽을 것이라고 말할 것이 틀림없습니다. 그러나 제가 아이에게 손을 얹고 예수님의 이름으로 기도했습니다. 분명히 말하지만, 아이는 죽지 않을 것입니다. 그러나 부인이 응급실에 들어가 의사들이 하는 말을 곧이곧대로 받아들여 아이가 죽을 것이라고 말한다면, 제 기도에 의해 시작된 일이 결실을 맺지 못하게 될 것입니다. 두려운 생각이 들거나 나쁜 소식을 듣게 되더라도 주님의 치유 능력을 믿고 감사하세요. 그러면 주님이 다 알아서 해주실 것입니다. 제 말이 무슨 말인지 아시겠죠?"

베스는 진지하게 고개를 끄덕이며, "네, 잘 알겠습니다"라고 대답했다.

"좋습니다. 그러면 제가 지금까지 당부한 말을 다시 제게 그대로 말씀해보세요."

베스는 공손한 태도로 그가 지시한 말을 되풀이했다.

데이브는 만족스러운 표정으로 "됐습니다. 하나님이 축복하시길 바랍니다"라고 말했다.[10]

케빈의 책에는 데이브 놉의 생각을 적은 항목이 포함되어 있다. 그 내용을 읽어 보면, 그의 믿음이 한갓 미신에 불과하다는 것을 분명히 알 수 있다.

나는 그녀에게 두려움에 굴복해 아이가 죽을 것이라고 말하기 시작하면 실제로 그렇게 될 것이라고 경고했다. 나는 하나님이 약속을 지키실 것이며, 우리가 말한 대로 알렉스가 회복될 것이라고 힘주어 말했다. 그런데 그녀와 헤어져 돌아가는 동안, 그런 담대한 믿음은 온데간데없이 사라졌다. "내가 무슨 말을 한 것이지?"라는 생각이 들었다. 그러나 나는 알렉스가 회복될 것을 의심하는 말은 한 마디도 하지 않았다. 나는 계속 주님께 감사를 드렸다.[11]

긍정적인 고백이라는 개념은 케빈의 책에 깊이 침투해 있다. 케빈은 베스 말라키가 "주차장에서 데이브의 말을 듣고 나서" 알렉스의 목숨이 위태롭다고 말했던 응급실 의사들을 못마땅하게 여겼다고 말했다. 그녀는 혹시라도 부정적인 고백을 할까 두려워하며 "알렉스는 괜찮을 거예요. 그의 건강은 온전히 회복될 것입니다. 그의 이야기는 온 나라에 큰 영향을 미치게 될 것이고, 수많은 사람에게 희망을 줄 것이 틀림없어요"라고 말했다고 한다.[12]

케빈 말라키는 자기 아내가 "헛소리를 하는 듯" 보였지만, 너무나도 강한 확신을 드러냈기 때문에 의사는 그녀를 동정하며 그녀의 말을 인내심 있게 경청했다고 말했다. "베스는 긍정적인 믿음을 갖기 시작했다. 그녀는 '당신이 나를 믿지 않는 것을 잘 알아. 그러나 아이는 회복될 거야. 건강을 완전히 되찾을 거야'라고 생각했다."[13]

케빈은 자신도 하나님이 언젠가는 알렉스를 온전히 치유하실 것이라고 확신하게 되었다고 거듭 강조했다. 그는 그런 고백을 가능한 한 긍정적으로, 자주 하려고 노력했다. 이것은 케빈의 책을 관통하는 주제다.

하나님으로부터 메시지를 받았다고 주장하는 한 친구는 케빈에게 "알렉스가 온전히 회복될 것이라는 생각이 갑자기 들었네"라고 말했다.[14] 케빈은 그 말을 데이브 놉의 긍정적인 고백과 자기 아내의 확신에 찬 주장과 연결시켜 생각했고, "나도 믿고 싶었다. 그 모든 것이 사실이기를 바랐다"라고 말했다.[15]

그러던 어느 날, 그는 "마치 브라운 목사가 강단에서 그렇게 말하기라도 하듯 알렉스가 회복될 것이라는 생각이 나의 의식 속에 분명하게 떠올랐다"라고 말했다.[16] 그런 생각이 떠오를 무렵, 케빈은 교회에서 설교를 듣고 있던 중이었다. "설교자의 말을 경청하고 있는데 알렉스가 온전히 회복될 것이라는 소리가 들려왔다. 나는 그 소리를 떨치기 위해 다시 설교자의 말에 귀를 기울였지만, 알렉스가 온전히 회복될 것이라는 소리는 사라지지 않았다. 그 소리는 너무나 확실했기 때문에 내 자신의 생각에서 나온 것이라고 생각하기 어려웠다."[17] 그때부터 케빈의 책에는 알렉스의 회복이 임박했음을 강조하는 말이 거듭 등장한다.

그런 확신은 긍정적인 고백을 통해 주어지는 초자연적인 믿음과는 아무 상관이 없다. 그것은 단지 미신적인 두려움에 지나지 않는다. 그런 사실이 그의 책 전반에 걸쳐 여실히 드러난다. 예를 들어, 케빈은 휠체어가 다닐 수 있도록 집을 개조하는 과정을 설명하면서 "경사로를 영구적으로 설치하는 일이 조금 마음에 걸렸다. 하나님이 알렉스를 영원히 고쳐 주지 않으실 것이라고 생각하며 체념하는 듯한 느낌이 들었기 때문이다. 그러나 경사로를 만드는 것이 필요했기 때문에 우리는 그것을 '자전거를 위한 경사로'로 생각하기로 했다. 결국에는 우리 아이들이 그것을 그런 용도로 사용하게 될 것이 틀림없었다"라고 말했다.[18]

책의 말미에서 케빈 말라키는 조금 건전해 보이는 조언을 제시했다. 그는 "겸손히 권고의 말을 한마디 덧붙인다면, 우리의 원수는 광명의 천사로 가장하고 우리를 속인다. 우리는 위조된 진리를 경계해야 한다. 성경에 일치하지 않는 것은 무엇이든 거짓이다"라고 말했다.[19]

그러나 그는 가장 중요한 문제를 다룰 때 스스로에게 그 원리를 적용하지 못했다. 그는 자신이 진술하게 될 이야기의 어떤 측면은 건전한 신학적 설명을 제시할 수 없다면서 이야기를 시작했다. 그는 "알렉스의 초자연적인 경험을 어떻게 이해해야 할지 알 수 없다. 그런 경험의 어떤 측면은 신학적으로 설명하기가 불가능하다"라고 말했다. 그러면서도 그는 사건들에 대한 자신의 해석을 독자들이 받아들여주기를 원했다. 그는 "겸손히 부탁하건대, 이 책을 읽는 동안에는 잠시 판단을 보류해 달라"고 말했다.[20]

위조된 진리를 경계하라는 것이나 성경을 토대로 어떤 일의 진실을 가려야 한다는 것은 백번 지당한 말이 아닐 수 없다(행 17:11 참조).

그러나 긍정적인 고백이라는 교리가 케빈의 근본 전제 가운데 하나가 되는 순간부터 문제는 심각해지기 시작했다. 이 교리는 성경에 전혀 부합하지 않는다. 성경은 아무리 긍정적으로 끈질기게 기도하더라도 응답을 받지 못하는 경우가 얼마든지 가능하다고 가르친다(약 4:3). 건강이나 물질적 번영과 같이 긍정적인 고백을 가르치는 교사들이 가장 힘써 강조하는 것들을 구할 때는 특히 더 그렇다. "그를 향하여 우리가 가진 바 담대함이 이것이니 그의 뜻대로 무엇을 구하면 들으심이라"(요일 5:14)라는 말씀대로, 오직 하나님의 뜻에 일치하는 기도만 응답받는다.

하나님은 이 세상에서 모든 신자에게 온전한 치유를 약속하지 않으셨다. 우리는 죄의 저주에서 비롯하는 온갖 연약함을 감당해야 한다. 우리는 모든 형태의 질병에 노출되어 있고, 심지어는 죽음을 당하기도 한다. 이것이 "그뿐 아니라 또한 우리 곧 성령의 처음 익은 열매를 받은 우리까지도 속으로 탄식하여 양자 될 것 곧 우리 몸의 속량을 기다리느니라"(롬 8:23)고 말씀하신 이유다. 물론, 은혜로우신 하나님은 종종 우리의 힘을 회복해 주시거나 세상의 많은 고난과 질병으로부터 일시적으로 우리를 구원해 주신다. 그러나 우리 몸의 구원은 부활의 때가 되어야만 비로소 완전해진다.

한 사람의 개인이 전하는 말이나 그가 받은 강한 인상, 또는 천국을 보았다는 주장은 하나님에게서 비롯한 믿을 만한 계시가 될 수 없다. 우리는 그런 경험담을 토대로 믿음을 고백하거나 기적을 주장해서는 안 된다. 자신의 진리 주장이 신뢰할 만한 건전성을 지닌 것으로 받아들여지려면 먼저 그것이 성경에 일치하는지부터 확인해야 한다고 생각하는 사람은 성경의 근거 없이 "긍정적인 고백"만을 강조하거나 마음속에 떠오르는 인상을 토대로 교리를 세우려고 애쓰지 않을 것이 분명하다.

천국에 관한 비성경적인 관점

마지막으로, 케빈 말라키의 책에 묘사된 천국과 성경의 가르침을 비교하면, 그가 정확성의 기준으로 제시한 원칙과 그의 이야기가 아무 관계가 없다는 사실을 금방 알 수 있다. 예를 들어, 케빈은 알렉스가 "천국 바깥쪽에는 구멍이 있었어요. 그것은 지옥으로 가는 구멍이었어요"라고 말했다고 전한다.[21]

케빈이 전하는 알렉스의 이야기 가운데는 변덕스럽고 유치한 어린아이의 속성이 고스란히 배여 있는 내용이 적지 않다. 천사들은 "아주 하얗고, 날개를 가지고 있다"고 하고, 그들 가운데 일부는 키가 고작 70센티미터도 못 되었다고 한다.[22] "천국에는 건물들이 많았어요. 나는 성전을 보았어요. 하나님은 성전의 보좌에서 잠시도 떠나 계시지 않았어요.

유리로 된 용기에는 두루마리가 하나 있었어요. 거기에는 종말에 있을 일들이 기록되어 있었어요. 그 두루마리는 예수님 외에는 아무도 읽을 수 없었어요."[23] "마귀의 입은 썩은 이빨 몇 개만 나 있는, 우스꽝스러운 모습이었어요. 귀도 보지 못했어요. 그의 몸은 인간의 모습을 하고 있었는데 팔과 다리는 뼈만 앙상했어요. 몸에도 살이 없었고, 여기저기 곰팡이가 피어 있었어요. 그가 입은 옷도 지저분했고, 찢어져 너덜거렸어요."[24] 또한, 마귀가 다른 모습을 하고 있는 것을 본 적 있느냐고 묻자 알렉스는 "아뇨, 마귀는 항상 똑같이 기괴한 모습을 하고 있었어요"라고 대답했다고 한다.[25] 물론, 어린아이가 천국을 그런 식으로 유치하게 생각하는 것은 당연한 일일 수도 있다. 그러나 그런 이야기가 천국에 관한 성경의 가르침을 뒷받침하는 믿을 만한 증거라도 되는 듯 떠벌이며 성인 독자들이 진지하게 받아들여주기를 바라는 것은 위험한 속임수가 아닐 수 없다. 알렉스가 아버지의 책을 "기만적"이라고 말한 것은 참으로 지당했다.

간단히 말해, 케빈 말라키의 천국 이야기는 성경과 일치하지 않는다. 그는 이사야, 에스겔, 요한의 증언과는 전혀 딴판인 천국의 모습을 묘사한다.

그러나 케빈 말라키는 그런 모순을 아무렇지도 않게 생각하는 듯 보인다. 그는 알렉스가 성경 저자들의 증언을 모두 합쳐 놓은 것보다 천국의 요모조모를 더 많이 목격한 것처럼 말한다. 그는 (가사 상태에서 천국을 방문했다고 주장하는 대다수 사람들과는 달리) 알렉스가 이따금 천국을 재방문한다고 주장한다. 물론, "너무 많은 싸움이 벌어지고 있는 동안에는"[26] 알렉스가 천국에 갈 수 없을 때도 있다. 그러나 케빈에 따르면, 천국이 이따금 알렉스를 찾아온다고 말한다. 케빈의 말을 들어보자.

알렉스가 약 여덟 살이 될 무렵이었다. 당시는 그가 가장 심각한 신체장애를 겪던 시기였는데 이따금 천사들이 우리 집 안방에 있는 알렉스의 침대 주위에 나타나곤 했다. 알렉스는 그들의 이름을 모두 알고 있었고, 그들과 대화를 나누었다. 그는 존, 벤트, 라이언과 같은 이름을 언급했다. 당시 호흡 장치에 의존하고 있는 그에게는 라이언이라는 이름의 젖먹이 동생이 있었다. 그런 아이가 상상 속의 친구들에게 자기가 알고 있는 이름을 붙여 주는 것은 매우 자연스러운 일이 아닐 수 없다. 잘 알다시피, 어린아이들은 새롭게 겪는 힘든 상황에 대처하는 데 필요한 도움을 얻기 위해 상상 속의 친구들을 불러내는 것이 보통이다. 목 아래로는 아무것도 움직일 수 없는 상태로 휠체어에 앉아 무료한 시간을 보내야만 하는 상황에서 어린아이의 상상력은 당연히 대응 기제의 기능을 발휘해야 했을 것이다. 아마도 이것이 천사들과의 접촉이라는 기이한 현상과 익숙한 이름들이 사용되었던 의심스러운 이유를 설명해주지 않나 싶다. 나는 한동안 그런 의심을 떨치려고 애써야 했다.[27]

그릇된 믿음

케빈이 얼마나 오랫동안 의심을 떨치려고 애썼는지는 분명하지 않다. 그러나 그의 의심은 결국 경솔한 맹신으로 발전하고 말았다. 케빈은 알렉스가 자기에게 "심령을 맑게 하면 천사들을 볼 수 있을 거예요" 라고 말했다고 한다.[28] 케빈은 이러한 알렉스의 말에 좌절을 느꼈다. 그는 "나의 심령은 맑지 못했다. 내 아들은 물리적인 세계에서 옳게 기능할 수가 없는 상태였고, 나는 영적 세계에서 장애를 지닌 상태였다. 과연 누가 더 큰 장애자일까? 나는 알렉스의 말을 믿었기 때문에 열심히 노력했다"라고 말했다.[29]

케빈은 집 밖으로 나가 보이지 않는 천사들을 보지 못하는 자신의 무능력함을 생각했다. 그 순간, 그의 입에서 "내가 너를 희망의 메시지로 새롭게 해줄 것이다"라는 소리가 갑작스레 터져 나왔다.

"대체 이 말이 어디에서 나온 것일까? 주의를 둘러보는데 온몸에 전율이 느껴졌다. 눈에 보이는 평범한 것들에서는 아무것도 발견할 수가 없었다. 누군가가 내 심령 속에서 말을 건넨 것이 분명했다."[30] 그는 계속 이렇게 말했다.

무선 신호가 올바른 주파수를 찾는 것처럼 그 소리는 처음에는 끊겼다가 이어지기를 반복했다. 가슴 속에서 심장박동이 급속히 빨라졌다. 주님이 내게 자신의 뜻을 직접 전달하고 계셨다. 나는 현관 진입로를 뛰어올라가 문을 박차고 안으로 들어갔다. 그리고는 작업대와 책상을 손으로 황급히 더듬어 쓸 것을 찾아 '내가 너를 희망의 메시지로 새롭게 할 것이다' 라고 쓰기 시작했다.[31]

케빈은 하나님의 직접 계시라고 믿었던 긴 메시지를 운문의 형태로 기록했다. 그의 말에 따르면, 하나님이 자기에게 "알렉스를 통해 내가 누구인지 보여 주라"는 사명을 허락하셨다고 한다.[32] 그는 알렉스의 이 야기가 빌리 그레이엄의 명성에 못지않은 영향을 미치게 될 것이라고 확신했다. 그 이유는 어떤 사람이 그에게 다음과 같은 예언의 말씀을 전했기 때문이다. "알렉스는 혼수상태에서 깨어날 것이고, 그의 사역을 통해 사람들이 하나님이 어떤 분이신지 알게 될 것입니다. 그레이엄 박사처럼 선생님의 아들도 온 세상에 영향을 미치게 될 것입니다."[33]

간단히 말해, 『천국에서 돌아온 소년』은 분별력이 결여된 인간의 열정이 맹신으로 귀결되기 쉽다는 것을 보여 주는 좋은 사례다. 이 책은 영적 문제와 관련해 성경의 한계를 뛰어넘어 제멋대로 상상력의 날개를 펼치는 행위가 얼마나 위험한지를 일깨워줄 뿐 아니라 인간의 부패한 마음이 얼마나 쉽고도 교묘하게 미신과 교만과 자기기만을 부추기는지를 잘 보여 준다.

천국에
다녀오다

메리 닐의 "죽음과 천국과 천사와 회복을 경험한 한 의사의 놀라운 이야기"는 천국에 관한 전혀 새로운 개념을 전달한다.[1] 닐은 칠레에서 카약 사고를 당해 목숨을 잃을 뻔했던 척추 전문 외과의사다. 그녀는 의식을 잃은 채로 거의 15분 동안 폭포에 갇혀 있었다. 그녀는 그 순간에 자신의 영혼이 육체를 떠나 "천국에 다녀왔다"고 말했다.[2]

그녀의 책을 펴낸 복음주의 출판사의 말에 따르면, 닐 의사는 "개혁주의 교회에서 열심히 활동하고 있는" 신자라고 한다.[3] 그러나 그녀의 증언은 만인구원주의자나 불교 신자에 가깝다고 할 만큼 교리적으로 크게 왜곡되어 있다. 그녀의 책은 복음주의 출판사에 의해 출간되었지만, 복음주의 신자들에 의해서나 그들을 위해 출판된 최근의 책들보다 베티 이디의 견해와 더 많은 공통점을 지니고 있다. 그녀의 책은 모르몬교의 교리, 뉴에이지 사상, 기독교 교리를 약간씩 다르게 변형시켜 혼합한 사상을 전하고 있다.

예를 들어, 그녀는 자신이 천상의 존재와 나누었던 대화를 묘사하면서 "그가 천사인지 전령인지 그리스도인지 교사인지 확실한 정체를 알수는 없지만, 그가 하나님께 속했고, 그분 안에 있으며, 그분에게서 온 사람이었다는 것은 분명하다"라고 말했다.[4] 그녀는 그 대화를 이렇게 진술했다.

나는 다음과 같은 지혜를 얻었다.

우리 각자에게는 제각기 다른 이유로 세상에 태어나는 기회와 특권이 주어졌다. 우리는 개인적으로 사랑, 희락, 화평, 오래 참음, 자비, 양선, 충성, 온유, 절제와 같은 영의 열매를 발전시키고 강화하기 위해 태어나기도 하고, 또 다른 사람들이 그런 열매를 맺도록 돕기 위해 태어나기도 한다. 로마서 8장에 기록된 대로, 우리 모두가 세상에 태어난 이유는 그리스도를 더욱 닮기 위해서다.

우리는 우리 삶의 기본적인 계획을 수립해 세상으로 여행할 채비를 갖출 수 있다. 물론, 그렇다고 해서 인간인 우리가 우리의 삶의 계획을 온전히 주관한다는 뜻은 아니다. 하나님이 계획을 세워 주시면, 우리가 그것을 검토하면서 "개인적인 계획"을 돕는 천사와 의견을 나누는 식이라고 이해하는 것이 좀 더 정확하다. 그러한 계획 속에는 우리의 삶과 관련된 분기점들, 곧 우리가 어느 때에 세상에 존재했다가 하나님께로 되돌아오는지, 또는 어느 때에 다른 사명과 목표를 다시 부여받는지와 같은 일정이

기록되어 있다.[5]

인간의 영혼이 임신할 때 만들어지지 않고 태어나기 전에 의식이 있는 상태로 천국에 존재한다는 개념은 기독교 교리와는 거리가 멀다. 베티 이디의 이야기를 다루면서 살펴본 대로, 그것은 모르몬교의 교리에 해당한다. 성경은 그런 교리를 가르치지 않는다. 그럼에도 불구하고, 메리 닐은 그런 개념을 자기의 이야기 속에서 여러 차례 언급했다.

그녀는 사고를 당하고 나서 집에 다시 돌아와 자신의 18개월 된 아들이 자기에게 매달리는 모습을 보았을 때 "나는 아들이 여전히 하나님의 세계를 기억하고 있다고 믿는다. 그런 기억이 아들에게 나의 경험과 내가 겪었던 일의 영적 현실을 이해하는 능력을 부여해 준 듯하다"라고 말했다.[6]

그녀는 뒤에 가서 또 이렇게 덧붙였다.

다시 한번 분명히 말하지만, 나는 나이가 아주 어린아이들은 자신들이 온 세계를 분명하게 기억하고 있을 뿐 아니라 아직도 여전히 하나님의 세계와 관련을 맺고 있다고 확신한다. 나는 그들이 자신이 태어나기 전에 거주했던 세계를 사랑하고, 그곳의 모습과 지식을 기억하고 있다고 믿는다. 나는 어린아이들이 여전히 천사들을 볼 수 있다고 생각한다.[7]

그 밖에도 닐은 사후 구원의 가능성을 믿는다. 그녀는 천국에 도착했을 때 인도된 큰 홀을 아래와 같이 묘사했다.

내 영혼이 입구를 향해 빨려 들어가는 듯한 느낌이 들었다. 입구에 다가가자 그곳에서 나오는 빛이 내 몸에 흡수되기 시작했고, 홀에서 순수하고, 온전하고, 절대적인 사랑이 뿜어 나오는 느낌이 들었다. 그렇게 아름답고 매혹적인 것은 난생 처음 보고, 또 경험하는 것이었다. 이것이 인생의 마지막 분기점, 곧 모든 인간이 반드시 통과해야 할 문이라는 깊은 확신이 들었다. 그 홀은 우리 각자에게 우리의 삶과 선택을 돌아보고, 하나님을 선택할 것인지 아니면 돌아서서 나갈 것인지를 영원히 결정할 수 있는 마지막 기회를 부여하는 장소인 것이 분명했다.[8]

메리 닐은 자신이 그 홀에 들어갈 때가 아직 되지 않았다는 생각이 들어 몸을 돌이켜 그곳을 떠났다고 말했다. 그 순간, 그녀의 영혼은 자신이 거의 익사 직전에 이르렀던 강기슭으로 되돌아와 다시 몸 안으로 들어갔다. 그러나 그녀는 천국과 연결된 상태였고, 그 연결 고리는 여전히 끊어지지 않았다. 닐이 부상에서 회복되는 동안, 천상의 존재가 그녀를 거듭 방문했고, 그 존재는 그녀를 햇빛이 찬란한 들판으로 데려가 오랜 대화를 나누었으며, 그녀에게 여러 가지 삶의 신비를 가르쳐 주곤 했다. 그녀는 그 사실을 크게 부각시키지는 않았지만, 스스로 그 천상의 존재가 예수님이라고 믿었다.[9]

복음주의 출판사가 출간한 임사 체험에 관한 책들 가운데서 닐의 책이 신학적으로 가장 오류가 많다. 더욱이, 그런 책을 쓴 저자들 중에서 스스로의 신학적 한계를 그녀만큼 적게 의식하는 저자는 아무도 없다. 그녀는 "나는 미신적이지 않다. 그러나 사건들은 종종 셋씩 짝을 지어 일어난다"라고 말했다.[10] 사실, 그녀는 매우 미신적이다. 그녀는 자신이 올빼미인 척 가장한 천사의 참된 정체를 감지해 낼 수 있을 뿐 아니라 그 올빼미가 자신에게 텔레파시로 전한 메시지를 해독할 수 있다고 믿었다. ("그 새는 무엇인가 할 말이 있는 것이 분명했다. 내가 마침내 주의를 집중하자, 올빼미가 나의 어머니와 함께 노스캐롤라이나에 가라고 말하는 것이 느껴졌다.")[11]

닐 의사의 자만심은 할 말을 잊게 만든다. 그녀는 성경의 가르침과 명백하게 다른 개념들에 대해 "깊은 확신"을 느낀다고 자주 말하면서 마치 직관을 통해 신비로운 지식을 알 수 있는 듯한 태도를 취한다. 그녀는 영혼선재설과 사후 구원론을 주장할 뿐 아니라 마치 하나님이 우리의 선택에 따라 본래의 계획을 그때그때 수정하실 필요가 있으신 것처럼 인간의 자유의지와 자유로운 결정을 크게 강조한다. 그녀는 하나님이 미래를 분명하게 알지 못하신다고 믿는 것이 틀림없다.

이 모든 그릇된 개념이 닐의 세계관에 깊이 뿌리를 내리고 있는 미신을 부추긴다. 예를 들어, 그녀는 어린아이들이 영적 세계에 관한 기억을 가지고 있으며, 그 세계의 지식을 세상에 전달한다고 믿었기 때문에 자기 아들 윌리가 열여덟 살이 되기 전에 죽을 것이라고 생각했다. 그녀가 그런 생각을 갖게 된 이유는 윌리가 "네다섯 살 때"에 해준 말 때문이다.[12] 그녀의 말에 따르면, 그녀는 어느 날 윌리와 함께 침대 앞에서 그가 "열여덟 살이 되었을 때"에 일어날 일에 관해 대화를 나누었다고 한다. 이야기를 나누는 도중, 윌리는 불쑥 입을 열어 "저는 열여덟 살까지 살지 못할 거예요. 엄마도 알겠지만, 그것은 계획이예요"라고 말했다.

닐은 어린아이의 입에서 아무렇게나 흘러나오는 "계시" 앞에서 스스로가 얼마나 감상적인 태도를 취했는지 전혀 의식하지 못하는 듯하다. 그녀는 "그런 대화는 내 가슴을 칼로 후비는 듯했다. 나는 그 말을 절대 잊지 않았고, 늘 마음속에 품고 살았다. 나는 언제가 아들의 마지막 날이 될지 몰라 그와 함께 보내는 하루하루를 매우 소중하게 생각했다. …… 윌리의 열여덟 번째 생일이 가까워 오자 내 마음속에는 벌써부터 슬픔이 가득했다"라고 말했다.[13]

그러나 윌리는 열여덟 살이 되기 전에 죽지 않았다. 그러자 닐은 그를 위한 하나님의 계획이 변경되었다고 결론지었다. 그녀는 "꿈속에서 내가 모르는 한 소년이 나타나 윌리와 자리를 바꾸었다"고 말했다.[14] 윌리가 열여덟 살을 넘기자 닐은 그가 "수년 전에 예고했던 죽음을 선택하느냐 계속해서 삶을 영위하느냐를 결정하는 인생의 분기점에 도달했다"고 말하고, "나는 윌리를 위한 계획이 바뀌었다고 생각한다. 윌리가 삶을 선택한 이유는 내가 살아 있었기 때문이다"라고 덧붙였다.[15]

그러나 불행하게도 닐이 자기 책의 최종 원고를 끝마쳤다고 생각했던 날, 윌리는 메인주의 한 도로에서 롤러스케이트를 타다가 차에 치여 목숨을 잃고 말았다. 그는 스무 살에 세상을 떠났다.

이미 뒤틀릴 대로 뒤틀린 그녀의 그릇된 신념 체계는 그 후로 더욱더 뒤틀리기 시작했다. 그녀는 윌리가 죽은 사고 현장을 바라보면서 그가 스스로 자신의 운명을 결정했고, 또 죽을 장소까지 선택했다고 믿었다. 그녀는 "윌리는 가능한 한 우리에게 가장 좋은 장소, 곧 쉽게 알아볼 수 있고, 쉽게 접근할 수 있는 아름다운 장소를 선택했다"[16]고 말했다.

솔직히, 닐의 책이 많이 팔려 나간 이유를 설명하기는 매우 어렵다. 그녀의 책은 성경의 가르침과 너무 크게 어긋난다. 그녀가 전하는 개념은 억지스러운 면이 너무 많아 복음주의자들(이 책이 목표로 삼은 독자층)이 큰 영향을 받을 가능성은 거의 없었다. 팀 찰리스는 닐의 책이 "뉴욕타임스의 베스트셀러 목록에 이름을 올린" 것을 보았지만, 자신의 블로그에서 논평할 가치조차 없다고 혹평했다.

도저히 자세히 읽고 싶은 마음이 들지 않아 대충 읽었는데 다른 책들과 매우 흡사하다는 것을 발견했다. 솔직히 말해, 이 책은 기독교 신학이나 복음에 관한 내용은 거의 없고 뉴에이지 사상이나 기독교를 가장한 얼토당토않은 개념을 훨씬 더 많이 포함하고 있다는 점에서는 다른 책들보다 더 못했다. 기독교 서적을 펴내는 출판사가 이런 책을 펴냈다니 참으로 어안이 벙벙하다.

나는 이 책에 대해 논평할 생각이 없다. 자서전을 가장한 허구이자 기독교를 가장한 이단 사설에 지나지 않는다. 한 마디로, 쓰레기다. 그러나 이 책을 비롯해 동일 장르에 속하는 책들을 보면, 마음속에서 한 가지 물음이 떠오른다. 바로 "나는 그런 책들을 어떻게 생각해야 할까? 나는 천국에 다녀왔다고 주장하는 사람들을 어떻게 이해해야 할까? 기독교인이나 기독교인을 자처하는 사람이 천국에 다녀왔다고 말한다면, 그 말을 믿어야 할까, 아니면 의심해야 할까?" 라는 물음이다.

물론, 나는 그 말을 믿어야 할 의무가 없다. 나는 돈 파이퍼나 콜튼 부포, 메리 닐 그리고 빌 위스가 사후 세계를 방문했다고 믿지 않는다. 그들은 스스로가 원하는 이야기를 무엇이든 말할 수 있다. 그런 이야기를 진지한 태도로 말하는 것은 그들의 자유다. 그러나 (그들이 인격을 모독했다면서 화를 내며 잘난 척하는 이메일을 보낸다고 해도) 나는 그들을 믿을 생각이 눈곱만큼도 없다. 굳이 그들을 거짓말쟁이라고 잘라 말할 필요는 없을지라도, 나는 다른 사람의 경험을 믿어야 할 의무가 없다.[17]

그의 말은 매우 지당하다. 그런 책에 관심을 기울이는 복음주의자들이 이토록 많은 현실은 오늘날 교회의 영적 상태가 매우 심각하다는 사실을 여실히 보여 준다.

우리는 천국의 영광을 좀 더 옳게 이해해야 할 필요가 있다. 성경이 명령하는 대로, 우리는 위의 것을 찾는 법을 배워야 한다. 신자인 우리는 "우리의 시민권이 하늘에 있다"는 것을 알고 있다(빌 3:20). 따라서 우리의 마음도 그곳에 있어야 한다. 우리는 인간이 날조한 신비주의적인 천국이 아니라 성경이 가르치는 참된 천국을 사모해야 한다.

예수님은 "오직 너희를 위하여 보물을 하늘에 쌓아 두라 거기는 좀이나 동록이 해하지 못하며 도둑이 구멍을 뚫지도 못하고 도둑질도 못하느니라 네 보물 있는 그 곳에는 네 마음도 있느니라"(마 6:20-21)고 말씀하셨다. 예수님이 그렇게 말씀하신 이유가 무엇이라고 생각하는가?

예수님이 그렇게 말씀하신 이유는 우리의 보물을 갖고 싶으시기 때문이 아니다. 그분은 우리의 마음을 원하신다. 그분은 "하나님이 계획하시고 지으실 터가 있는 성을 바랐음이라"(히 11:10)는 참 믿음의 위대한 원리를 강조하셨다. 그분은 우리가 천국을 사모하고, 천국의 영광을 갈망하며, "그리스도께서 하나님의 우편에 앉아 계시는"(골 3:1) 천국의 것을 구하기를 원하신다.

천국은 주님의 거처다. 그분은 우리를 위해 처소를 예비하시려고 그곳에 가셨다. 이것이 천국이 신자들에게 그토록 보배로운 이유다. 우리는 천국에서 그리스도와 함께 영원히 거하면서 그분과 친밀한 교제를 나눌 것이며, 그분의 얼굴에서 뿜어 나오는 빛을 받으며 살게 될 것이다. 삶의 우선순위를 분명하게 알고 있는 신자라면 누구나 그런 천국을 가장 먼저 사모할 것이 분명하다. 그리스도 자신이 곧 천국의 영광이시다.

> "그 성은 해나 달의 비침이 쓸 데 없으니 이는 하나님의 영광이 비치고 어린 양이 그 등불이 되심이라"(계 21:23).

《 주

머리말

1. Gallup Poll, May 10-13, 2007.

2. Gallup/Nathan Cummings Foundation and Fetzer Institute Poll, May 1997.

3. Greg Paul, "Atheism on the Upswing in America," The Washington Post, September 20, 2011.

4. Gallup poll, May 5-8 2011. See also Jeffrey M. Jones, "In U.S., 3 in 10 Say They Take the Bible Literally," July 8, 2011 at http"//gallup.com/poll/148247/say-bible-literally.aspx.

5. 바나 리서치 그룹이 2003년과 2011년에 실시한 여론조사에서도 동일한 경향이 나타났다.

6. Heaven Is for Real: A Little Boy's Astounding Story of His Trip to Heaven and Back (Nashville: Nelson, 2010).

7. Maud Newton, "My Son Went to Heaven, and All I Got Was a No. 1 Best Seller," New York Times Magazine, April 27, 2012.

8. Mary C. Neal, To Heaven and Back: A Doctor's Extraordinary Account of Her Death, Heaven, Angels, and Life Again (Colorado Springs: Waterbrook, 2012).

9. 출판사 통계에 따르면, 『3분: 소년의 3분은 천상의 시간이었다』는 출간된 지 18개월 만에 7백만 부 이상 팔려나갔다(어린이용도 50만 부 이상 팔렸다). 『To Heaven and Back 천국에 다녀오다』는 그 기록을 갱신하려는 찰나에 있고, 돈 파이퍼가 2004년에 펴낸 『기적의 90분』은 4백만 부가 팔려나갔다. 첫 번째 책이 기록적인 성공을 거두자 나중에 나온 두 권의 책은 그 반사이익을 톡톡히 본 것으로 추정된다. 2012년에도 이 책들 가운데 두 권은 뉴욕타임스 베스트셀러 목록에서 여전히 상위권을 차지했다. "복음주의 기독교 출판연합회" 베스트셀러 목록 가운데 상위 5위에 오른 성경 관련 도서는 『킹제임스 스탠더드 주석』이 유일하다.

10. Wilbur M. Smith, The Biblical Doctrine of Heaven (Chicago: Moody, 1968), 7.

11. Ibid., 17.

12. Ibid., 19.

13. Ibid., 21.

14. Ibid., 22.

15. Charles H. Spurgeon, The New Park Street Pulpit, 6 vols. (London: Passmore & Alabaster, 1856), 2:20-21.

1장 그릇된 천국 여행기

1. Tim Challies, "Heaven Tourism," blogpost June 18, 2012, at http://www.challies. com/articles/heaven-tourism

2. Elisabeth Kubler-Ross, On Death and Dying (New York: Simon & Schuster, 1969).

3. Elisabeth Kubler-Ross, On Life after Death (Berkeley, CA: Celestial Arts, 1991), 40.

4. Raymond A. Moody, Life after Life (New York: Mockingbird, 1975; and Bantam, 1976).

5. Raymond A. Moody, Reflections on Life after Life (New York: Mockingbird, 1977); The Light Beyond (New York: Bantam, 1989); Coming Back: A Psychiatrist Explores Past-Life Journeys (New York: Bantam, 1990); Reunions: Visionary Encounters with Departed Loved Ones (New York: Villard, 1993).

6. "The Conversion of Kubler-Ross: From Thanatology to Seances and Sex," Time, November 12, 1979, 81.

7. Christopher Reed, "Obituary: Elisabeth Kubler Ross," The Guardian, August 30, 2004.

8. Kubler-Ross, On Life after Death, 40.

9. Ron Rosenbaum, "Dead Like Her: How Elisabeth Kubler-Ross Went around the Bend," Slate, September 23, 2004.

10. Ibid.

11. Moody, Life after Life, 128-129.

12. Ibid., 92.

13. Ibid.

14. Raymond A. Moody, Elvis after Life: Unusual Psychic Experiences Surrounding the Death of a Superstar (Atlanta: Peachtree, 1987).

15. Moody, Reunions, 65-66.

16. Ibid., xvii. 무디는 자신의 할머니가 살아 있을 때는 "항상 괴팍하고 부정적이었지만" (20), 혼령의 상태로 나타난 동안에는 그때와 매우 달라 보였다고 말했다.

　　나는 내 앞에 서 있는 할머니가 매우 긍정적으로 변했다는 사실을 즉시 감지했다. 그녀에게서 사랑과 온정이 느껴졌다. 할머니는 내가 도무지 이해하기 어려운 동정심과 이해심을 보여 주었다. 차분하면서도 즐거운 표정이 역력했고, 심지어는 당당하고 익살스럽기까지 했다.

처음에 할머니를 알아보지 못했던 이유는 사망 당시보다 훨씬 젊어보였기 때문이다. 사실, 할머니는 내가 태어났을 당시보다 훨씬 더 젊게 보였다. 할머니와 접촉하는 동안, 젊었을 때의 사진을 본 기억이 전혀 나지 않았지만, 그것은 그렇게 중요하지 않았다. 왜냐하면 내가 할머니를 알아보게 된 이유가 전적으로 외모에만 의존한 것은 아니었기 때문이다. 우리는 옛 추억을 떠올리며 서로 대화를 나누었다. 그녀는 내 죽은 할머니가 틀림없었다. 나는 어디서나 할머니를 쉽게 알아볼 수 있었다(ibid.).

17. Ibid., 101.

18. Betty J. Eadie, Embraced by the Light (Detroit: Gold Leaf, 1992).

19. 2012년 8월, 모스는 열한 살 된 딸에게 물고문을 했다는 죄로 체포되어 기소되었다. 그 사건을 조사한 경찰은 그가 딸을 가사 상태에 이르게 하기 위해 그녀를 익사시키려고 했을지 모른다고 의심했다. (어린아이들의 임사 상태에 관한 연구는 그의 전문 분야 가운데 하나였다.)

   모스의 전 아내는 그가 약물과 알코올을 과다 복용한 사례가 많았다고 말한다. 그러나 그는 그런 경우가 단 한 차례 있었다고 말하면서 실제로 자살을 기도한 것은 아니었고, 단지 "자살을 흉내냈던 것" 뿐이었다고 주장했다.

   모스는 「래리 킹 라이브 쇼」와 「오프라 윈프리 쇼」에 임사 체험 천문가로 출현한 적이 있다. 그가 그 분야에 관해 직접 쓰거나 공동 집필한 책이 최소한 네 권에 이른다. ("Near-death Expriences Doctor May Have Been Experimenting by 'Waterboarding' Stepdaughter, Police Say," Associated Press, August 15, 2012).

20. Melvin Morse, in Eadie, Embraced by the Light, xv.

21. Ibid., xvi.

22. 이 책의 초판 『존 맥아더, 천국을 말하다(Wheaton, IL.: Crossway, 1996)』는 이디의 가르침을 비판하는 데 첫 장의 대부분을 할애했다. 그 내용 가운데 대부분이 개정판의 부록 1에 실려 있다. 이외에 다른 비평서를 소개하면 다음과 같다. Douglas R. Groothuis, Deceived by the Light (Eugene, OR: Harvest House, 1995); Richard Abanes, Embraced by the Light and the Bible: Betty Eadie and Near-Death Expriences in the Light of Scripture (Camp Hill, PA: Christian Publications, 1994).

23. 아마존과 뉴욕타임스에서 제시한 출판 목록에 따르면, 2012년 여름철 논픽션 부문 베스트셀러 가운데 천국에 다녀왔다고 주장하는 사람들의 이야기를 다룬 책이 네 권이나 된다. 그 책들은 모두 복음주의 출판사에 의해 출간되었다. Heaven Is for Real (Nelson); To Heaven and Back (Waterbrook Multnomah); The Boy Who Came Back from Heaven (Tyndale); 90 Minutes in Heaven (Revell).

2장 천국은 진짜 있다

1. Todd Burpo with Lynn Vincent, Heaven Is for Real: A Little Boy's Astounding Story of His Trip to Heaven and Back (Nashville: Nelson, 2010).

2. Ibid., 10.

3. 이 책은 콜튼 부포가 천국을 방문했을 당시 네 살이었다고 말한다. 그러나 이 책에 기록된 날짜들에 따르면, 콜튼은 1999년 5월 19일에 태어났고, 그의 생명을 위태롭게 만들었던 위급 상황이 발생했던 때는 2003년 5월 5일이었다(ibid., 155-158). 이것은 그가 당시에 고작 세 살하고, 9개월밖에 되지 않았다는 것을 의미한다. 따라서 그 당시의 경험을 몇 년 뒤에 그토록 상세하면서도 구체적으로 진술할 수 있었다는 것은 참으로 놀랍기 그지없다.

4. Ibid., xiii.

5. Ibid., xiv.

6. Ibid., 61.

7. Ibid., 62.

8. Ibid., 63.

9. Ibid., 64.

10. Ibid., 66.

11. Ibid., 65-67.

12. Ibid., 103.

13. Ibid., 126.

14. Ibid.

15. Ibid., 126.

16. Ibid., 72-73. 콜튼은 천국에 있는 모든 사람이 날아다녔다고 말했다. "예수님만 예외였어요. 천국에서 날개가 없는 사람은 예수님뿐이었어요. 예수님은 마치 엘리베이터처럼 위아래로 자유롭게 움직이셨어요."

17. Ibid., 71.

18. Ibid., 85-88, 94-95.

19. Ibid., 96, 122-123.

20. Ibid., 72.

21. Ibid., 133.

22. Ibid., 72.

23. Ibid., 134.

24. Ibid., 93.

25. Ibid., 145.

26. Tim Challies, "Heaven Is For Real," blogpost March 28, 2011, at http://www.challies.com/book-reviews/heaven-Is-for-real.

27. Burpo, Heaven Is for Real, 101.

28. Ibid., 100.

29. Ibid., 100-101.

30. Ibid., 84.

31. Ibid., 150.

3장 천국에서 진정으로 중요한 것은 무엇인가?

1. Quoted in Todd Burpo with Lynn Vincent, Heaven Is for Real: A Little Boy's Astounding Story of His Trip to Heaven and Back (Nashville: Nelson, 2010), 102.

2. Mary C. Neal, To Heaven and Back: A Doctor's Extraordinary Account of Her Death, Heaven, Angels, and Life Again (Colorado Springs: Waterbrook, 2012), 69.

3. Kevin Malarkey and Alex Malarkey, The Boy Who Came Back from Heaven: A Remarkable Account of Miracles, Angels, and Life beyond This World (Carol Stream, IL.: Tyndale, 2010), 182. 좀 더 자세한 설명을 원한다면 부록 2를 참조하라. 책의 겉표지에는 케빈과 알렉스가 공동 저자로 이름을 나란히 하고 있지만, 알렉스는 온라인에서 "지금까지 쓰인 가장 기만적인 책 가운데 넘버 원"이라고 일컬으며 그 책에 대한 저자의 권리를 공식적으로 포기했다. 또한, 알렉스의 어머니이자 케빈의 아내인 베스 말라키는 이 책을 "상업상의 목적으로 사용하기 위해 잘 포장시켜 만든, 왜곡되고 뒤틀린 그럴싸한 이야기"라고 평가했다. http://amomonamission.blogspot.com/2012/11/following-is-post-that-my-son-alex.html

4. Ibid.

4장 세상은 나의 집이 아니다

1. Herbert H. Wernecke, When Loved Ones Are Called Home (Grand Rapids, MI: Baker, 1972), 17.

2. Joni Eareckson Tada, Heaven (Grand Rapids, MI: Zondervan, 1995), 53-55.

3. Richard Baxter, The Saints' Everlasting Rest, abridged by John T. Wilkinson (1650; repr., London: Epworth, 1962,) 110.

4. Ibid., 118.

5. Ibid., 121.

5장 천국은 어떤 모습일까?

1. Wilbur M. Smith, The Biblical Doctrine of Heaven (Chicago: Moody, 1968), 155.

2. 이 주제에 관한 더 많은 이야기는 6장의 "이기는 자들"에서 살펴볼 수 있다.

6장 새 예루살렘

1. Joseph Dillow, The Reign of the Servant Kings (Miami Springs, FL.: Schoettle, 1992), 347.

2. Ibid., 481.

3. See John MacArthur, Faith Works (Dallas: Word, 1992), 175-192.

4. Dillow, Reign of the Servant Kings, 348.

5. Ibid., 48-49.

6. 마태복음 8장 12절은 "그 나라의 본 자손들은 바깥 어두운 데 쫓겨나 거기서 울며 이를 갈게 되리라"고 말한다. "그 나라의 본 자손들"은 믿지 않는 이스라엘을 의미한다. 그 나라의 관계는 오직 육신적으로만 묶여 있다. 그리고 그 관계는 천국으로 이어지지 못한다. 그래서 예수님은 만약 그들이 회개하지 않으면 그들은 믿지 않는 세계에서 심판 받게 될 것이라고 경고하셨다.

7. J. A. Seiss, The Apocalypse: Lectures on the Book of Revelation (1865; repr., Grand Rapids, MI: Zondervan, 1970), 499.

7장 천국에서의 삶

1. C. S. Lewis, Letters to Malcolm: Chiefly on Prayer (New York: Harcourt, 1964), 108-109.

2. A. A. Hodge, Evangelical Theology (Carlisle, PA: Banner of Truth, 1976), 400.

8장 성경이 가르치는 천사

1. Phil Johnson, "Angels: Messengers and Ministers of God," http://www-.ligonier.org/learn/articles/angels-messengers-and-ministers-god/.

2. Joan Wester Anderson, Where Angels Walk: True Stories of Heavenly Visitors (New York: Ballantine, 1992).

3. Doreen Virtue, Angles 101: An Introduction to Connecting, Working, and Healing with the Angels (Carlsbad, CA: Hay, 2006).

4. Doreen Virtue, How to Hear Your Angles (Carlsbad, CA: Hay, 2007).

5. Barbara Mark and Trudy Griswold, Angelspeak: How to Talk with Your Angles (New York: Simon & Schuster, 1995).

6. Joylina Goodings, Your Angel Journey: A Guide to Releasing Your Inner Angel (Ropley, UK: O Books, 2008).

7. Alma Daniel, Timonthy Wyllie, and Andrew Ramer, Ask Your Angles (New York, Ballantine, 1992).

8. Quoted in Bill Deckard, "Angles We Have Heard?" Moody, April 1995, 46.

9. Johnson, "Angels: Messengers and Ministers of God."

부록 1 빛에 유혹되다

1. Betty J. Eadie, Embraced by the Light (Detroit: Gold Leaf, 1992).
2. Ibid., 29.
3. Ibid., 31.
4. Ibid., 31–32.
5. Ibid., 40.
6. Ibid., 42.
7. Ibid., 44.
8. Ibid., 45.
9. Ibid., 45–46.
10. Ibid.
11. Ibid., 85.
12. The Ogden, Utah Standard-Examiner (March 6, 1993), cited in "News Watch," in The Christian Research Journal (Winter 1994): 7.
13. Doug Groothuis, Deceived by the Light (Eugene, OR: Harvest, 1995), 22.
14. Christian Research Journal, 7.
15. Eadie, Embraced by the Light, 47.
16. Ibid., 43.
17. Ibid., 47.
18. Ibid. (emphasis added).
19. Ibid., 61.
20. The Book of Mormon, 2 Nephi 2:25.
21. Eadie, Embraced by the Light, 109.
22. 몇 년 전 몇몇의 열성적인 모르몬 신자들은 홀로코스트 희생자들의 명단을 공개하고 그들에게 대신 세례를 줌으로써 유대인 사회에서 소동을 일으켰다(Los Angeles Times, May 6, 1995, 1).
23. Eadie, Embraced by the Light, 85.
24. Ibid., 85.
25. Ibid., 57–58.
26. Ibid., 63.
27. Ibid., 64.
28. Ibid., 58.
29. Ibid., 67.

30. Broadcast May 13, 1994.

31. Groothuis, Deceived by the Light, 26–27.

32. Eadie, Embraced by the Light, 50.

33. Ibid., 48–49.

34. Ibid., 81.

35. Ibid., 41.

36. Ibid., 51.

37. Groothuis, Deceived by the Light, 28.

38. Eadie, Embraced by the Light, 50.

39. Ibid., 49–50.

40. Ibid., 70.

41. Ibid., 112.

42. Ibid., 112.

43. Ibid., 113.

44. Ibid., 34–35.

45. Ibid., 35.

46. Ibid., 48–49.

47. Ibid., 94.

48. Ibid., 115–116.

49. Ibid., 59.

50. Ibid.

51. Ibid., 114.

52. Ibid.

53. Ibid., 115.

54. Ibid., 90, 103.

55. Ibid., 115, 121.

56. Ibid., 101.

57. Ibid., 119 (emphasis added).

58. Ibid., 41.

59. Ibid., 95.

60. Ibid., 84.

61. Dannion Brinkley, Saved by the Light: The True Story of a Man Who Died Twice and the Profound Revelations He Received (New York: Villard, 1994).

62. "A Conversation with Dannion Brinkley," The Monthly Aspectarian, September 1995.

63. Ibid.

64. Ibid.

부록 2 천국에 다녀온 소년

1. Kevin Malarkey and Alex Malarkey, The Boy Who Came Back from Heaven: A Remarkable Account of Miracles, Angels, and Life beyond This World (Carol Stream, IL: Tyndale, 2010), 33.

2. http://amomonamission.blogspot.com/2012/11/following-is-post-that-my-son-alex.html.

3. Ibid.

4. 베스 말라키는 이 책의 편집자에게 보낸 이메일에서 "내가 아는 한, 알렉스는 자신이 천국에 다녀왔다고 생각하지 않습니다. 그는 참으로 힘든 시련을 겪은 어린 소년이었을 뿐입니다. 그런데 어른들이 그의 이야기를 대중을 상대로 한 상업용으로 바꾸었습니다"라고 말했다. 그녀는 자신의 이메일을 이 책에 인용하도록 허락했다.

5. Malarkey and Malarkey, Boy Who Came Back from Heaven, 14.

6. Ibid.

7. Ibid., 16.

8. Ibid.

9. Ibid., 12.

10. Ibid., 26.

11. Ibid., 27.

12. Ibid., 32-33.

13. Ibid., 34.

14. Ibid., 61.

15. Ibid., 61.

16. Ibid., 148.

17. Ibid., 149.

18. Ibid., 157 (emphasis added).

19. Ibid., 189.

20. Ibid., x.

21. Ibid., 49.

22. Ibid., 86.

23. Ibid., 88.

24. Ibid., 171.

25. Ibid.

26. Ibid., 172.
27. Ibid., 166-167.
28. Ibid., 184.
29. Ibid.
30. Ibid., 186.
31. Ibid.
32. Ibid., 187.
33. Ibid., 62.

부록 3 천국에 다녀오다

1. 『천국에 다녀오다』라는 책의 부제다.
2. Mary C. Neal, To Heaven and Back: A Doctor's Extraordinary Account of Her Death, Heaven, Angels, and Life Again (Colorado Springs: Waterbrook, 2012).
3. 다음 자료에서 인용했다. Randy Alcorn, "Dialogue with Publisher about Mary Neal's To Heaven and Back," blogpost August 10, 2012, at http://www.epm.org/blog/ 2012/Aug/10/dialogue-publisher-heaven-and-back.
4. Neal, To Heaven and Back, 97-98.
5. Ibid., 98.
6. Ibid., 114.
7. Ibid., 147.
8. Ibid., 73.
9. 그녀는 전자 출판된 자신의 책 말미에 덧붙여진 "질문과 대답 항목"에서 그 천사의 정체에 관한 자신의 생각을 드러냈다.
10. Neal, To Heaven and Back. 152.
11. Ibid., 131.
12. Ibid., 149.
13. Ibid., 150
14. Ibid., 151.
15. Ibid., 154.
16. Ibid., 178.
17. Tim Challies, "Heaven Tourism," blogpost June 18, 2012, http://www.chal lies.com/article/heaven-tourism.

사명선언문

너희가 흠이 없고 순전하여……세상에서 그들 가운데 빛들로
나타내며 생명의 말씀을 밝혀 _ 빌 2:15-16

1. 생명을 담겠습니다
만드는 책에 주님 주신 생명을 담겠습니다.
그 책으로 복음을 선포하겠습니다.

2. 말씀을 밝히겠습니다
생명의 근본은 말씀입니다.
말씀을 밝혀 성도와 교회의 성장을 돕겠습니다.

3. 빛이 되겠습니다
시대와 영혼의 어두움을 밝혀 주님 앞으로 이끄는
빛이 되는 책을 만들겠습니다.

4. 순전히 행하겠습니다
책을 만들고 전하는 일과 경영하는 일에 부끄러움이 없는
정직함으로 행하겠습니다.

5. 끝까지 전파하겠습니다
모든 사람에게, 땅 끝까지, 주님 오시는 그날까지
복음을 전하는 사명을 다하겠습니다.

서점 안내

광화문점　서울시 종로구 새문안로 69 구세군회관 1층
　　　　　　02)737-2288 / 02)737-4623(F)

강남점　　서울시 서초구 신반포로 177 반포쇼핑타운 3동 2층
　　　　　　02)595-1211 / 02)595-3549(F)

구로점　　서울시 동작구 시흥대로 602, 3층 302호
　　　　　　02)858-8744 / 02)838-0653(F)

노원점　　서울시 노원구 동일로 1366 삼봉빌딩 지하 1층
　　　　　　02)938-7979 / 02)3391-6169(F)

일산점　　경기도 고양시 일산서구 중앙로 1391 레이크타운 지하 1층
　　　　　　031)916-8787 / 031)916-8788(F)

의정부점　경기도 의정부시 청사로47번길 12 성산타워 3층
　　　　　　031)845-0600 / 031)852-6930(F)

인터넷서점　www.lifebook.co.kr